末端防御系统建模与仿真

王 涛 苏延召 李爱华 曹继平 ◎ 著

MODELING AND SIMULATION OF

TERMINAL DEFENSE SYSTEM

北京理工大学出版社
BEIJING INSTITUTE OF TECHNOLOGY PRESS

内 容 简 介

本书以弹炮结合末端防御武器系统为对象，较为系统地介绍了末端防御武器系统的建模与仿真技术及其应用。主要内容包括：末端防御武器系统建模与仿真研究现状，末端防御武器系统军事概念建模，末端防御武器系统仿真模型构建，末端防御武器系统作战运用仿真，末端防御武器系统作战效能评估，末端防御武器系统仿真平台设计与实现，末端防御武器系统视景仿真软件设计与实现。

本书可作为从事末端防御武器系统研究、论证、设计及试验的科研人员的参考资料，也可供部队武器装备管理人员和指挥人员阅读参考。

版权专有　侵权必究

图书在版编目（CIP）数据

末端防御系统建模与仿真 / 王涛等著. --北京：北京理工大学出版社，2022.4
　　ISBN 978 – 7 – 5763 – 1270 – 6

Ⅰ. ①末… Ⅱ. ①王… Ⅲ. ①防御系统—系统建模②防御系统—系统仿真 Ⅳ. ①E813

中国版本图书馆 CIP 数据核字（2022）第 070127 号

出版发行　／　北京理工大学出版社有限责任公司
社　　址　／　北京市海淀区中关村南大街 5 号
邮　　编　／　100081
电　　话　／　(010) 68914775（总编室）
　　　　　　　(010) 82562903（教材售后服务热线）
　　　　　　　(010) 68944723（其他图书服务热线）
网　　址　／　http：//www.bitpress.com.cn
经　　销　／　全国各地新华书店
印　　刷　／　保定市中画美凯印刷有限公司
开　　本　／　710 毫米×1000 毫米　1/16
印　　张　／　17.5　　　　　　　　　　　　　责任编辑／刘　派
字　　数　／　334 千字　　　　　　　　　　　文案编辑／李丁一
版　　次　／　2022 年 4 月第 1 版　2022 年 4 月第 1 次印刷　责任校对／周瑞红
定　　价　／　88.00 元　　　　　　　　　　　责任印制／李志强

图书出现印装质量问题，请拨打售后服务热线，本社负责调换

前 言

  信息化战争条件下，随着敌方打击武器的远程化、精确化和智能化，军事目标面临着各种精确打击武器的严重威胁。各军事强国为确保其人员和装备安全，在建立中高空防空反导体系的同时，竞相研制并装备了各型末端防御武器系统。末端防御武器系统主要包括近程防空导弹武器系统、多管小口径高炮和弹炮结合防空武器系统。作为末端防御中的骨干力量，弹炮结合末端防御武器系统综合了防空导弹射击精度高、射程较远和高炮反应快、火力密集、近距离毁伤概率大的优点，能够对付低空近距离内几乎所有的目标，提高了末端防空体系的综合防御能力、作战效能和生存能力，它作为末端防御不可缺少的武器系统的地位正在日益巩固。

  为了充分发挥末端防御武器系统的效能，迅速形成战斗力，迫切需要作战人员掌握其作战运用，熟悉其作战效能。目前，主要采用实装打靶方式开展末端防御武器装备的作战使用训练和效能评估，存在实战训练前期准备工作量大、人员和武器弹药消耗大、费用消耗惊人等显著缺点。采用计算机仿真对武器装备的作战运用进行仿真推演和作战效能评估是国际上通行并大力发展的方式，具有安全性好、可重复多次执行、效费比高等诸多优点。基于此，本书以弹炮结合末端防御武器系统为对象，采用计算机建模与仿真技术，从作战运用和作战效能评估角度，较为系统地研究了末端防御武器系统的建模与仿真技术及其应用。全书共分7章：第1章介绍了建模与仿真的基本知识，以及末端防御武器系统建模与仿真研究现状；第2章以某通用型末端防御武器系统为例，介绍了末端防御武器系统的装备实体、作战行动、防御效果等军事概念建模方法；第3章介绍了来袭目标、搜索雷达、跟踪雷达、指挥控制、火力拦截等仿真模型的构建与单项效能评估方法；第4章介绍了末端防御武器系统作战运用原则、基本部署形式，以及武器系统的部署要地选址方法、兵力部署优化方法及仿真分析；第5章介绍了作战效能评估的基本概念及常用评估方法，以及基于云重心法、ADC法、排队论和马尔可夫过程的末端防御武器系统作战效能评估方法及仿真分析；第6章介绍了末端防御武器系统仿真平台的体系结构、仿真节点设计及实现；第7章介绍了末端防御武器系统视景仿真软件总体设计、武器系统视景仿真建模和视景场景驱动设计、碰撞检测和特效实现，以及视景仿真软件的实现及运行。

  本书是作者所在课题组研究领域部分成果的总结，其中涉及课题组成员的共同成果，他们是我的学生吴志林、温包谦、孔中武等。部分内容参考和引用了本领域一些专家、学者的书籍和公开发表的研究成果，在此一并表示感谢。

  由于作者知识面和水平有限，错误在所难免，希望广大读者批评指正。

作　者

2022年1月

目　录

第 1 章　绪论 ··· 1
　1.1　模型概念及分类 ··· 1
　1.2　建模与仿真基本过程 ·· 3
　　1.2.1　建模过程 ·· 3
　　1.2.2　作战仿真实验过程 ·· 5
　1.3　仿真技术及其应用 ··· 7
　　1.3.1　军事科研仿真 ·· 8
　　1.3.2　武器研制仿真 ·· 8
　　1.3.3　军事训练仿真 ·· 9
　　1.3.4　作战演习/作战仿真 ·· 10
　1.4　末端防御武器系统概述 ·· 11
　　1.4.1　末端防御武器系统的分类 ·· 12
　　1.4.2　末端防御武器系统的主要特点 ·· 13
　　1.4.3　末端防御武器系统研究现状 ··· 13
　　1.4.4　末端防御武器系统发展趋势 ··· 14
　1.5　末端防御武器系统建模与仿真研究现状 ····································· 15
　　1.5.1　末端防御武器系统作战仿真模型研究 ·································· 15
　　1.5.2　来袭目标运动轨迹仿真研究 ··· 16
　　1.5.3　末端防御武器系统毁伤效能仿真研究 ·································· 16

1.5.4 末端防御武器系统部署要地选址研究 …… 17
1.5.5 末端防御武器系统兵力部署优化研究 …… 18
1.5.6 末端防御武器系统作战效能评估研究 …… 18

第2章 末端防御武器系统军事概念建模 …… 21
2.1 某通用型末端防御武器系统概述 …… 21
2.1.1 武器系统组成 …… 21
2.1.2 武器系统工作流程 …… 23
2.1.3 武器系统作战运用 …… 23
2.2 武器系统实体描述 …… 26
2.2.1 武器系统实体术语 …… 27
2.2.2 与外部实体的关系 …… 27
2.3 武器系统行动概念模型 …… 28
2.3.1 导弹拦截 …… 29
2.3.2 火炮拦截 …… 34
2.4 武器系统防御效果概念模型 …… 39
2.4.1 导弹毁伤效果 …… 39
2.4.2 火炮毁伤效果 …… 42

第3章 末端防御武器系统仿真模型构建 …… 47
3.1 参考坐标系定义 …… 48
3.1.1 雷达坐标定义 …… 48
3.1.2 目标坐标系定义 …… 48
3.2 来袭目标仿真模型构建 …… 49
3.2.1 来袭目标进攻模式 …… 49
3.2.2 来袭目标运动模型 …… 50
3.3 搜索雷达仿真模型构建与发现概率评估 …… 69
3.3.1 搜索雷达发现概率 …… 70
3.3.2 发现概率评估模型构建 …… 72
3.3.3 非固定随机杂波模型构建 …… 79
3.3.4 搜索雷达发现概率主要影响因素分析 …… 79
3.4 跟踪雷达仿真模型构建与截获概率评估 …… 83
3.4.1 目标截获及截获概率模型构建 …… 84
3.4.2 目标信息加噪 …… 84
3.4.3 雷达数据处理 …… 86
3.4.4 航迹滤波 …… 91

3.5 指挥控制仿真模型构建与服务概率评估 ………………………………… 98
　　3.5.1 威胁度评估指标体系构建 …………………………………………… 98
　　3.5.2 目标威胁度判断与排序模型构建 …………………………………… 102
　　3.5.3 武器—目标火力分配模型构建 ……………………………………… 104
　　3.5.4 服务概率评估模型构建 ……………………………………………… 107
3.6 火力拦截仿真模型构建与杀伤概率评估 ………………………………… 108
　　3.6.1 火力防区划分 ………………………………………………………… 108
　　3.6.2 防空导弹发射模型构建 ……………………………………………… 113
　　3.6.3 防空火炮射击模型构建 ……………………………………………… 118
　　3.6.4 杀伤概率评估模型构建 ……………………………………………… 127

第4章　末端防御武器系统作战运用仿真 ……………………………………… 129
4.1 武器系统作战运用原则及基本部署形式分析 …………………………… 129
　　4.1.1 武器系统作战运用原则 ……………………………………………… 129
　　4.1.2 基本部署形式分析 …………………………………………………… 130
4.2 末端防御武器系统部署要地选址 ………………………………………… 131
　　4.2.1 典型部署环境航测数据获取与处理 ………………………………… 131
　　4.2.2 基于 GIS 的武器系统部署要地选择 ………………………………… 136
　　4.2.3 基于模糊评价法的武器系统部署要地决策 ………………………… 145
　　4.2.4 实例分析 ……………………………………………………………… 151
4.3 末端防御武器系统兵力部署优化 ………………………………………… 153
　　4.3.1 武器系统兵力需求计算 ……………………………………………… 153
　　4.3.2 武器系统兵力部署优化模型 ………………………………………… 155
　　4.3.3 基于 PSO-GA 混合算法的部署模型求解 …………………………… 160
　　4.3.4 算例仿真分析 ………………………………………………………… 163

第5章　末端防御武器系统作战效能评估 ……………………………………… 169
5.1 作战效能评估的基本概念及常用评估方法 ……………………………… 169
　　5.1.1 作战效能评估的基本概念 …………………………………………… 169
　　5.1.2 作战效能常用评估方法 ……………………………………………… 170
5.2 末端防御武器系统的作战过程 …………………………………………… 171
5.3 基于云重心法的武器系统综合效能评估 ………………………………… 172
　　5.3.1 武器系统效能评估指标体系 ………………………………………… 172
　　5.3.2 云重心模型 …………………………………………………………… 175
　　5.3.3 效能评估流程 ………………………………………………………… 175
　　5.3.4 评估分析 ……………………………………………………………… 176

5.4 基于ADC法的武器系统综合效能评估 ………………………………… 179
　5.4.1 末端防御武器系统可用性分析 ……………………………… 181
　5.4.2 末端防御武器系统可信赖性分析 …………………………… 184
　5.4.3 末端防御武器系统能力分析 ………………………………… 187
5.5 基于排队论和马尔可夫过程的武器系统作战效能评估 ……………… 188
　5.5.1 武器系统作战效能评估方法确定及评估模型构建 ………… 188
　5.5.2 末端防御武器双线配置情况下的作战效能评估 …………… 190

第6章 末端防御武器系统仿真平台设计与实现 …………………………… 199
6.1 仿真平台体系结构 ……………………………………………………… 199
6.2 仿真节点配置 …………………………………………………………… 201
　6.2.1 仿真节点的动态配置 ………………………………………… 201
　6.2.2 接口要求 ……………………………………………………… 202
　6.2.3 数据传输技术 ………………………………………………… 203
6.3 仿真节点界面设计 ……………………………………………………… 206
　6.3.1 搜索指控仿真节点设计 ……………………………………… 206
　6.3.2 跟踪雷达仿真节点设计 ……………………………………… 208
　6.3.3 综合火控仿真节点设计 ……………………………………… 209
　6.3.4 防空导弹仿真节点设计 ……………………………………… 212
　6.3.5 防空火炮仿真节点设计 ……………………………………… 213
　6.3.6 系统监控分析节点设计 ……………………………………… 215
6.4 运行测试 ………………………………………………………………… 217
　6.4.1 仿真软件初始化配置 ………………………………………… 217
　6.4.2 生成测试报告 ………………………………………………… 219

第7章 末端防御武器系统视景仿真软件设计与实现 ……………………… 225
7.1 视景仿真软件总体设计 ………………………………………………… 225
　7.1.1 开发技术路线 ………………………………………………… 225
　7.1.2 软件功能框架设计 …………………………………………… 226
　7.1.3 视景仿真功能模块设计 ……………………………………… 228
7.2 武器系统视景仿真建模 ………………………………………………… 231
　7.2.1 防御要地地形的生成与仿真 ………………………………… 231
　7.2.2 武器装备实体模型的建立 …………………………………… 234
7.3 武器系统视景场景驱动设计 …………………………………………… 237
　7.3.1 坐标系统的创建和转换 ……………………………………… 237
　7.3.2 Vega Prime 驱动程序 ………………………………………… 240

7.3.3　系统初始化配置 ……………………………………………… 241
7.3.4　系统场景的驱动实现 …………………………………………… 242
7.4　碰撞检测和特效实现 …………………………………………………… 244
7.4.1　碰撞检测模块 ……………………………………………………… 244
7.4.2　特殊效果的实现 …………………………………………………… 247
7.5　视景仿真软件实现及运行结果 ………………………………………… 250
7.5.1　视景仿真软件实现 ………………………………………………… 250
7.5.2　仿真运行结果 ……………………………………………………… 254

参考文献 ………………………………………………………………………… 259

第 1 章 绪 论

1.1 模型概念及分类

模型是当今科技工作者常常谈论的重要科学术语之一，它是相对于现实世界或实际系统而言的。在模型研究中，被研究的实际系统叫作原型，而原型的替身则称为模型。这种模型能够反映被替代系统的表征和特性，且具有如下主要性质：

（1）普遍性，也称等效性，是指同一个模型可从各个角度反映不同的系统。或者说，一种模型与多个系统可能具有相似性。

（2）相对精确性，是指模型的近似度和精确性都不超出有限度和许可条件。过于粗糙的模型将失去过多系统特性而变得无用；太精确的模型往往会非常复杂，甚至给模型研究带来困难（如计算量大、试验周期长、分析困难等）。因此，一个满意的模型应该具有诸多条件折中下的适当精确性。

（3）可信性，是指模型必须经过检验和确认，成为代表实际系统的有效模型，即具有良好的置信度（或可信度）。

（4）异构性，是指同一个系统的模型可以具有不同的形式和结构。为此，模型研究中将选择最方便、最合理的模型形式和结构。

（5）通过性，是指可以将模型视为"黑箱"。通过向其输入信息建立起模型的输入—输出概念，从而产生了实验辨识建模的方法。

在模型研究中，为方便起见，同系统一样可将模型进行各种分类[1]，如图1.1所示。

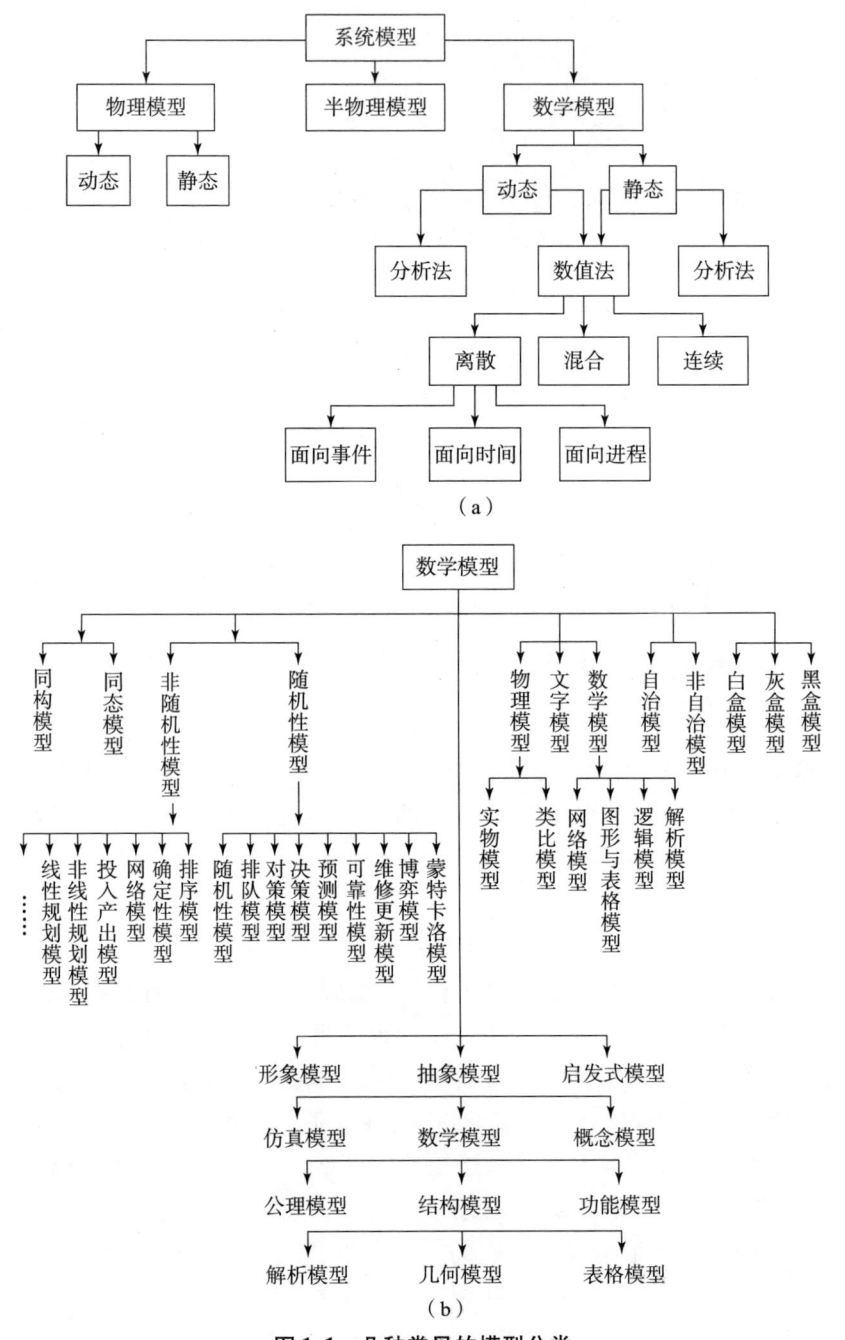

图1.1 几种常见的模型分类

（a）系统模型；（b）数学模型

1.2 建模与仿真基本过程

建模与仿真基本过程一般包括如图 1.2 所示的建模与仿真实验两大阶段[2]。建模阶段主要是从仿真需求分析入手，在现实系统的基础上抽象分析出军事概念模型，并以此为依据开发出仿真模型。仿真实验阶段是解决如何运用模型实现对象分析的阶段，其主要工作是将各种作战模型集成为一个有机的整体，以分析目标为服务目的，完成模型的运行环境和数据配置；在时间轴上进行模型运行实验，对仿真结果数据进行分析处理，获得对象分析结论。

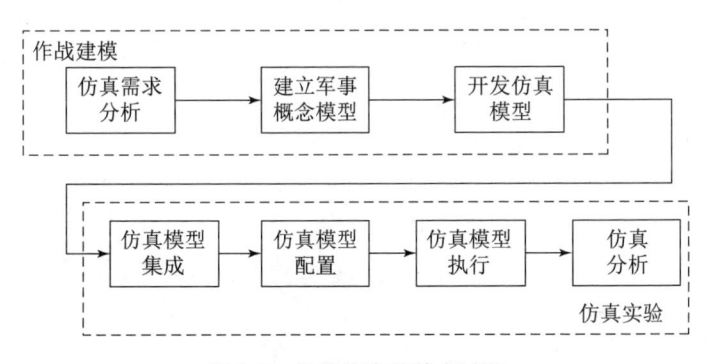

图 1.2 作战仿真的基本过程

1.2.1 建模过程

建模（Modeling）就是对所要仿真的系统特征进行提取的过程，也就是利用模型来代替系统原型的抽象化（形式化）过程。建立一个准确的系统模型是进行系统仿真的前提和必要条件。建模的依据是相似性原理，而相似与否取决于所要研究的问题。模型与系统原型在几何、特性、感觉、逻辑以及过程等多个方面具有相似性。

一般建模过程如图 1.3 所示。建模开始于真实系统的部分子集（一部分），这些子集通过设计过程的抽象，建立系统的概念模型（可以是数学模型，也可以是物理模型或逻辑模型）。概念模型反映原型系统的主要特征和行为，概念模型对真实世界特性描述的有效性需要通过验证得到确认；概念模型经过仿真系统开发者的计算机编程建立程序模型（仿真模型），程序模型必须准确反映概念模型中反映的细节，同时仿真模型对概念模型的正确实现通过校核过程得到验证。

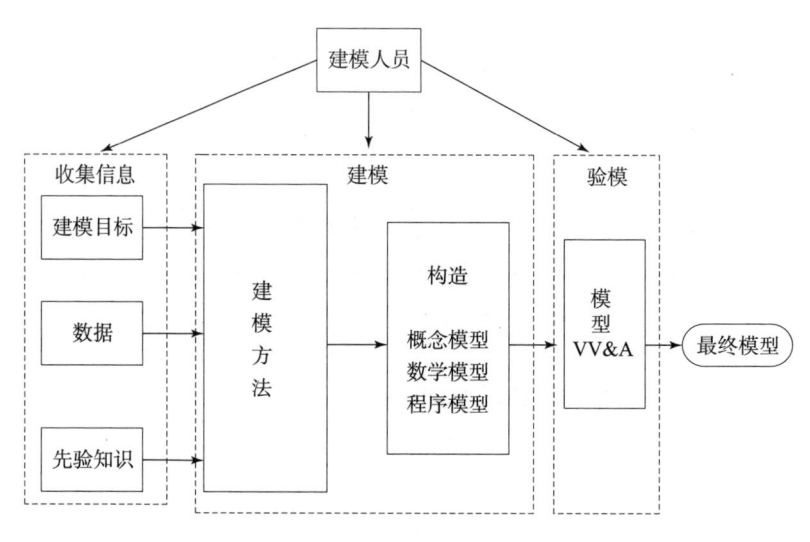

图 1.3　一般建模过程

针对作战系统的作战建模过程如图 1.4 所示，是将不同战场空间的作战模型按照面向作战实体的思想，进行实体、行为和交互三方面的建模，而每一方面建模过程又包括了军事概念建模、数学或逻辑建模和程序建模三个阶段。

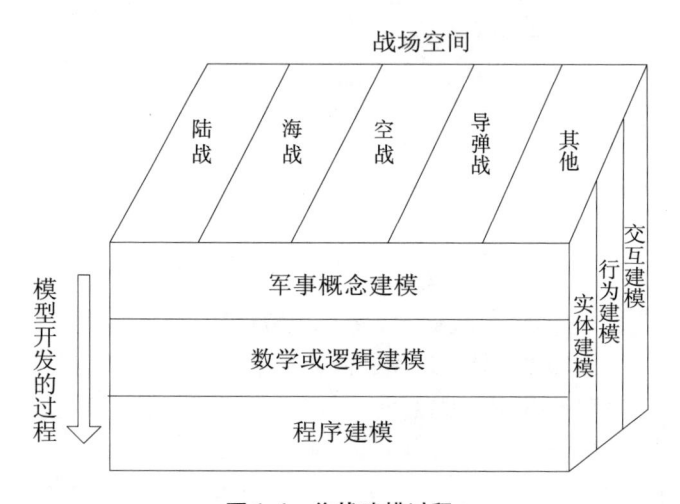

图 1.4　作战建模过程

1.2.1.1　军事概念建模阶段

军事概念建模阶段一般由军事领域专家完成。该阶段的主要工作是依据作战理论、条例纲要以及相应的军事知识，把需要描述的内容表达清楚。描述的主要内容包括基本概念、使用背景、适用范围、主要过程、军事行动规模和部队类型（例如分队、师团等）、军事行动的类型和样式（例如地面进攻、要地防御、空中支援、防空作战等）和军事行动发生的空间（例如位置、幅员等）。准确描述是建立准确概念的基础，许多概念在不同背景下会有很大差别，因此，必须给出准确的表达，并确定相应的规则。该过程的主要工作是收集相关资料数据，确定有关描述内容的范围和重点，规范不同内容的分类和原则，决定使用的方法。在该阶段采用格式化的方法比较易于形成规范的描述，也不会遗漏重要内容。

1.2.1.2 数学或逻辑建模阶段

数学或逻辑建模阶段由领域专家和技术专家共同完成，将军事概念建模的描述转变成为规范的、具有一定结构性和过程性的逻辑模型或数学模型。如果概念模型比较简单或有现成的数学模型，则可直接使用。但大部分概念模型是非结构化的，需要进一步结构化。实际上，这一阶段是对概念模型的整理、细化过程，把相关技术领域的知识融入模型中，将抽象性的概念和过程归纳成相关的规则、知识、条件、约束等。这个过程要对所有的实体及行动进行归纳分析和优化，检验模型描述和需求的合理性，检验知识与规则是否完备以及是否发生冲突，从而建立起模型的逻辑（数学）描述和相关关系。

1.2.1.3 程序建模阶段

程序建模阶段由技术专家完成，用合适的程序方法实现数学模型或逻辑模型。程序模型不是对数学模型或逻辑模型的简单转换，而是需要以达到所需的仿真为目标重新考虑，完成满足空间、时间和过程需求的计算机程序。例如，运算方法、过程控制、时钟推进、对象建模、访问方法等，都要在软件系统实现时统一加以考虑。

1.2.2 作战仿真实验过程

作战仿真实验是以决策方案、作战计划或作战方案为研究对象，将仿真实验引入军事科学领域，利用作战仿真方法在实验室中反复研究作战，实现"从实验室中学习作战"。它强调运用系统科学理论和工程思想，通过系统分析、设计、实验等关键环节，将相关的作战计划、任务规划等决策过程与仿真实验相结合，通过对系统进行适当的分解，从系统整体目标上进行分析，找到解决问题的途径。同时，强调在高度复杂和不确定条件下，按照自顶向下探索性建模的思路设计多维分析空间，并通过大量重复可控的计算实验，探索未来战争规律。作战仿真实验过程强调采用仿真方法来刻画作战系统中实体之间的相互作用，描述作战系统的演化过程，通过仿真结果数据的静态和动态分析，得出相应的分析结论。

作战仿真实验在仿真模型开发完毕后进行，通过模型集成构成完整的仿真系统并执行。仿真实验过程将产生希望从真实系统获得的结果和行为，产生的结果也需要通过校核过程得到验证。

作战仿真实验过程如图1.5所示，分为作战仿真实验信息收集、仿真运行和仿真分析三个阶段，完成仿真数据的准备、实验过程的设计与组织、实验过程的观察、实验结果的收集与分析，最后形成实验报告，准备进行新一轮的仿真实验。

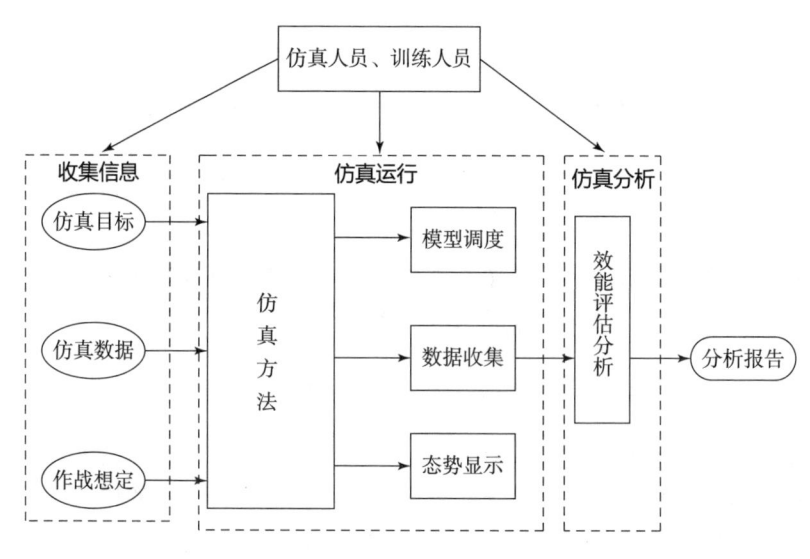

图1.5 作战仿真实验过程

1.2.2.1 信息收集阶段

信息收集阶段是作战仿真实验的准备与设计阶段，一般由军事领域专家和仿真工程技术人员共同完成。该阶段的主要任务是针对作战研究问题的要求明确仿真实验的目的，从整体角度全面设计仿真过程，对作战仿真进行规划和计划，谋划需要达成的效果以及如何达成效果，形成作战仿真实验的武器、装备、部队及战法等需求，为仿真实验进行顶层设计和数据准备。仿真实验的设计需要对研究的问题建立实验框架，面向不同领域用户设计不同的数据视图和逻辑结构，包括面向军事人员的军事想定框架、面向分析人员的分析指标框架和面向运筹人员的仿真脚本框架，并且根据这些不同设计框架收集准备仿真数据，例如作战编成数据、兵力部署数据、作战行动数据、武器装备数据、评价指标体系数据以及控制模型运行的仿真脚本数据等，从而支持仿真实验的运行。

1.2.2.2 仿真运行阶段

仿真运行阶段是作战仿真实验的实施阶段，一般由仿真工程技术人员完成。该阶段的主要任务是基于仿真技术规范和模型集成方法，读取实验设计阶段形成的仿真脚本数据，快速建立各个仿真模型的直接连接和运行，组成可以执行仿真的系统。作战仿真实验一般由仿真引擎控制整个仿真系统的运行，按照行动方案仿真逻辑建立一定的仿真推进机制，实现仿真实验运行过程中的时间推进、模型调度运行、仿真过程与结果数据的收集以及仿真实验控制，直观显示仿真运行过程的作战态势。作战仿真运行必须能够支持对作战系统的不确定性分析，提供多次反复的实验运行手段。

1.2.2.3 仿真分析阶段

仿真分析阶段是作战仿真实验的总结阶段，一般由军事运筹专家与军事研究专家共同完成。该阶段的主要任务是依据仿真实验过程收集的相关数据，按照分析要求和评价指标体系进行数据的挖掘、统计与分析，形成仿真分析实验报告。在作战仿真实验分析中，为完成作战效能评估分析任务，一般分析包括：采取探索性分析策略，运用联机分析处理技术（On Line Analytical Processing，OLAP）实现多维数据的旋转、钻取、切片等统计；采用方差分析进行结果的影响显著性和多因素关联性分析；利用数据挖掘技术，采用有指导的算法，从仿真结果多维数据表格中主动发掘出一些数据规律。所有的分析过程和相关结果数据作为报告依据，在分析报告模板支持下，综合形成作战仿真实验报告，为最初设定的作战分析问题提供数据上的辅助决策依据。

1.3 仿真技术及其应用

自古以来，人们总是将先进的科学技术和工程方法尽快地用于军事目的，以增强军事实力，进而在战争中处于优势地位并赢得战争胜利。系统仿真亦不例外，自问世以来就被迅速地应用于军事科学研究、武器装备研制、部队训练和作战模拟等国防军事领域[3]。

世界发达国家，特别是美国、俄罗斯等军事强国，一直十分重视复杂系统建模与仿真技术（Modeling and Simulation，M&S）的发展和军事应用，视"M&S为军队和效能的倍增器"，从战略高度将其列为"国防科技发展的关键项目"，从而不遗余力地深入研究军用仿真技术，加速开发和应用军用仿真工程。在此背景下，军用仿真技术及工程得到了持续快速发展，始终处于 M&S 领域的领先地位，并逐渐形成了仿真科学及技术学科的独立分支。目前，军用仿真技术及工程正代表着仿真科学与技术的最高技术学术水平，向着数字化、虚拟化、网络化、智能化、自动化、协同化以及服务于军事系统全寿命周期活动的现代化方向迅猛发展。

军事科研仿真、武器研制仿真、军事训练仿真和作战仿真是军用仿真技术及工程的四大组成部分；高性能科学计算、大型半实物仿真、实况虚拟构造组合仿真（Live Simulation & Virtual & Constructive，LVC）、分布式交互仿真（Distributed Interactive Simulations，DIS）和高层体系结构（High Level Architecture，HLA）及试验与训练使能体系结构（Test and Training Enabling Architecture，TENA）、虚拟战场环境仿真以及嵌入式系统仿真是军用仿真技术及工程的重要支撑技术。

1.3.1　军事科研仿真

军事科学技术研究仿真及其应用简称军事科研仿真。当今军事科学技术飞速发展、日新月异，新军事变革彻底改变着人们对军事世界的认识，有力地推动了军事科学技术领域的革命浪潮。军事科研仿真是其重要方面，并越来越发挥出极其重要的作用。

目前，军事科研仿真的热点和焦点是：信息化战争的理论、特点、样式、进程及发展趋势；军事高技术和新军事变革及其对于国防与军队建设所起的作用；军事高技术和新军事变革对信息化战争产生的巨大影响和基本对策等。除此之外，军队维和、反恐和救援也已成为军事科研仿真的重要内容。

通常，军事科研仿真以计算机仿真为主要方法和手段，多媒体技术、图形/图像技术、虚拟现实技术、可视化技术及科学计算是它的重要支撑技术，新兴的高级作战实验室为军事科研仿真创造了越来越优越的环境条件。

1.3.2　武器研制仿真

武器研制仿真简称研制仿真，武器装备体系对抗论证、主战武器系统和未来新武器系统是研制仿真的主要对象。

随着机械化战争向信息化战争演变，人类战争模式和使用的武器装备也发生着根本变化。现代战争已不再是硬杀伤兵器体系的对抗，也不是单一武器和单武器平台的较量，而是高技术兵器体系的对抗，是陆、海、空、天、电、信息等整个作战体系的较量。在此背景下，各种新型武器装备绵延不断、层出不穷，从而对武器装备研制仿真提出了严峻挑战，同时使武器装备体系对抗论证和精确制导武器、新概念武器、多武器平台（战机、舰船、潜艇、战车、军用航天器等）、综合电子信息系统（C^4I 系统、C^4ISR 系统、C^4IKSR 系统）及其相关装备的研制仿真成为重中之重，并极大地推动了武器装备研制方法、技术和系统（设施）的快速发展。

研制仿真是武器装备（系统）全寿命周期和仿真中最重要的阶段，包括新武器装备军事需求分析仿真、可行性论证仿真、系统方案论证仿真、工程设计和试制仿真、飞行或航行试验仿真、产品鉴定和定型仿真、武器装备效能评估仿真等。在研制仿真中，按照上述任务和特点的不同，可选取不同的仿真方法，即实物（全物理）仿真、数字仿真和半实物仿真。其中，半实物仿真技术及系统的研究、研制和构建对于武器装备研制仿真尤为重要，因此备受世界发达国家和各军事强国的青睐。他们视大型军用半实物仿真系统为武器装备研制的战略性仿真设施，几乎所有先进的 M&S 技术和设备都在此得到了集成和综合应用。值得关注的是，美国总是率先推出各个时期的标志性先进研究和研制成果。如美国"爱国者"防空导弹射频半实物仿真系统、空中拦截器 SLID 激光制导半实物仿真系统、动能杀伤飞行器（Kinetic Kill Vehicle，KKV）红外制导半实物仿真系统、MSS-2 导弹毫米波寻的双模融合制导半实物仿真系统等。美国三军利用红外成像半实物仿真系统成功完成了动能杀伤飞行器半实物仿真，突破了直接动能杀伤技术；利用雷达寻的制导毫米波半实物仿真系统完成了"爱国者"及其改进型的反导半实物仿真；继研制和应用共孔径毫米波/红外双模制导半实物仿真系统之后，又相继突破了半实物仿真技术难度最大的毫米波/激光/红外三模融合制导的半实物仿真技术；在建成半实物仿真各自分布式仿真网络（如美军 RTTC、空军 AFDTC、海军 SIMLB 等）的基础上，构成了一体化半实物仿真网络，实现了半实物仿真的异地分布式交互仿真；端对端导弹半实物仿真技术已实现远距地面设备（发射车、C^4I 单元、火控传感器及单元等）与部队及半实物仿真系统间的实时连接和交互；实现了 C^4ISR 太空导弹作战仿真器计划，已用于代号"X"的三军演习、"海军新军事变革 RMA"演习和"航空航天未来能力"演习等。

1.3.3 军事训练仿真

军事训练仿真简称训练仿真。训练仿真的范围很广，但从技术层面上讲主要是武器装备使用操作训练、战场战术训练和作战演习训练等。采用仿真技术和仿真器进行军事训练称为军事模拟训练，简称模拟训练。严格讲，模拟训练是指在模拟训练器/系统实现的模拟作战环境、作战过程和武器装备作战效应下，所进行的严格军事训练或军事作战演习或战术研究演练的全过程。训练作战人员对武器装备运用和使用操作是模拟训练的核心内容，而模拟训练器/系统是模拟训练的基本工具及技术手段。

上述模拟训练的军事需求使训练仿真成为系统仿真最早、最广、最活跃的应用领域之一。从20世纪40年代第一台林克飞行训练器问世至今，模拟训练技术及系统取得了惊人的发展，它一直走在半实物仿真技术及系统的前列，成为军事训练手段现代化的重要支柱和主要目标之一。应强调指出，军用模拟训练器/系统作为现代武器装备的重要组成部分，直接或间接地形成战斗力是近几次高技术局部战争引发的一个显著特征。为此，世界各国，尤其是美、俄以及北欧等军事强国都将军用模拟训练器/系统作为军事训练或作战演练的首选工具和最重要的技术手段，并不遗余力地加速这方面的新技术（如计算机生成兵力技术、虚拟现实技术、嵌入式系统技术、分布式交互技术和网络技术等）的研究和先进训练装备的研制及应用。

目前，训练仿真的如下新动向值得特别关注：

（1）美军参谋长联席会议主席曾多次指出，"通过运用先进的模拟系统与虚拟现实技术加强军事是21世纪美军现代化的重要目标。"据统计，美军的模拟训练装备研制和采办经费每5年增加1倍之多。美国空军和海军在大量研制和运用各种新型战机和战舰模拟训练装备的同时，还大力开发了战场兵力战术训练系统BFTT。

（2）军用模拟训练器/系统的研究、研制及应用，已成为除美国外世界其他发达国家在军事航空、航天、航海领域和部门的热点，军用模拟训练装备甚至形成了国际性的繁荣商贸市场。英国在研制和应用各种飞行模拟器和机载武器系统模拟训练装备的同时，还开发和应用了作战仿真系统 CSI 及舰艇陆上试验站 LBTS 等；加拿大在研制和应用各类常规武器模拟训练装备的基础上，创建了庞大的海战模拟训练系统 MWTS；俄罗斯始终如一地重视发展和应用武器装备模拟训练器/系统，在继承苏联先进模拟器训练技术和设施的基础上，加速研制和应用军用航天器和防空反导武器系统的模拟训练装备，包括"阿尔泰克－300""音色－M"和"TOP－MI"等，各类地面飞行模拟系统和空中飞行模拟器更是他们的优势。

1.3.4 作战演习/作战仿真

作战仿真又称为作战模拟。所谓作战模拟就是利用系统 M&S 方法、技术和相关设备对军事对抗局势的推演，对作战过程的预测、再现和对作战装备及参战人员在战斗过程中的操作和感知的仿真以及事后的研究、分析和评估。

按照所采用的方法、技术和装备的先进程度，作战模拟可划分为传统作战模拟与现代作战模拟。现代作战模拟大大扩展了传统作战模拟的研究范畴和应用领域，使其发展成为大规模军事演习的重要组成部分和现代化手段，并嵌入实际作战过程，作为现代高技术战争中的有效辅助手段（如根据战争态势实时调整兵力部署，进行实时作战效能评估等）。

分布式 LVC 组合仿真和嵌入式系统仿真是现代作战模拟的主要方法和技术，高级作战研究和作战实验室建设是现代作战模拟的重要支撑平台。值得指出，发展中的高级作战实验室代表着现代作战模拟发展的最新领域。它以计算机生成兵力技术、先进的半实物仿真系统和高性能科学计算为基础，立足未来复杂战场环境，着眼 10 年甚至更长远未来，对实现网络中心战进行全维、立体、多方位的审视，为新的军事概念、军事理论和作战思想的创新、兵力编成和指挥机制研究及作战方案和武器装备体系的验证等提供卓有成效的作战演练/作战仿真实验条件。

在作战模拟研究及应用领域内，美国始终走在世界的最前列，不仅研制出了大规模军事演习的作战仿真系统，如 JSIMS、JMCIS/STOW、JO00、MC02 和 OC04 等，还开发和应用了一些集分析、训练、作战规划为一体的综合对抗半实物仿真平台，如 EADSIM、JWARS、JMASS 等。北约紧随美国其后，构建了集成测试平台（ITB），重点测试战区导弹防御效果，已成功参加过 2008 年 9 月名为"JPOWX"的荷兰战区导弹防御系统演习。法国实施的"SIMEC3 计划"，提供了一种用于设计"协同作战系统"的创新型基于仿真采办工具，包括各种可能想定的目标运动模型和攻击武器模型。此外，美军研制开发的新一代计算机生成兵力系统，如 ModSAF、CCTTSAF、JMASS、oneSAF 等，已被成功用于士兵训练、虚拟演习以及战术、战役和战略级作战推演，并嵌入几次高技术局部战争运行，充分显示了现代作战模拟对于新军事变革和信息化战争进程的极大推动作用。

1.4　末端防御武器系统概述

现代防空作战中，隐身飞机、无人机、反辐射导弹、巡航导弹和精确制导炸弹等武器装备，拥有先进的目标感知技术、隐身技术、精确制导技术和光电对抗技术，配合使用防区外攻击、超低空突防和饱和攻击等战术，其突袭性越来越强、打击精度越来越高，战时突破国土防空和区域防空的可能性越来越大，使得核心要地防空力量的防御压力大幅提升。末端防御武器系统作为防空体系的最后一道屏障，具有拦截距离近、机动能力强、制导技术先进、命中概率高、火力续航能力强等特点，在现代高技术战争防空作战中，担负"匕首"和"盾牌"双重使命，其地位作用越来越重要，是世界各国争先发展的防空装备。其中，弹炮结合末端防御武器系统综合了防空导弹射击精度高、射程较远和高炮反应快、火力密集、近距离毁伤概率大的优点，能够对付低空近距离内几乎所有的目标，提高末端防空体系的综合防御能力、作战效能和生存能力。因此，弹炮结合末端防御武器系统（以下简称末端防御武器系统）作为最后一道拦截屏障，其发展建设备受世界各国关注。

1.4.1 末端防御武器系统的分类

末端防御武器系统属于近程防空武器系统，是将低空近程防空导弹和小口径火炮通过共用搜索、指挥、控制、通信系统或火控系统组合构成的防空武器，用于打击低空和超低空来袭目标，可有效对抗固定翼飞机、直升机、战术导弹、巡航导弹、精确制导弹药和无人机等各类空中威胁，保护小型军事目标和国家级目标免遭空袭武器的打击，对军事行动中的部队实施防护。根据平台的差异，弹炮结合末端防御武器系统主要分为弹炮分置式和弹炮一体化两种[4]。

1.4.1.1 弹炮分置式

弹炮分置式末端防御武器系统是将导弹、火炮及火控等置于多个独立平台，例如瑞士厄利康公司研发的"空中卫士""天盾"和"空中巡警"弹炮结合防空武器系统。这种形式的弹炮结合系统目标分配方便，弹炮互不影响，结构较为简单、运用较为灵活，能同时对目标进行射击，火控系统的利用率高，能很好地协调导弹和火炮的工作，导弹的大小和火炮的口径不受限制。但是，这种形式设备多，占用空间较大、机动性差。

1.4.1.2 弹炮一体化

弹炮一体化末端防御武器系统是将导弹、火炮及火控等置于一个平台之上，如俄罗斯海军装备的"卡什坦"系统是典型的一体化弹炮结合武器系统。这种系统作战准备时间短，反应速度快，控制方便，设备少，成本低。但是通常结构较为复杂，技术难度大，弹炮共架后各自的旋回和俯仰控制系统的关系复杂，既要考虑武器平台的不稳定性，又要考虑弹、炮架之间的相对运动。

1.4.2 末端防御武器系统的主要特点

（1）作用距离梯次搭配，命中概率高。

末端防御武器系统综合应用防空导弹"精确命中"和火炮"火网拦截"两种防空作战模式，对同一批次目标可实施梯次攻击或拦截，实现了两种火力的互补。防空导弹作战空域大、作用距离远、命中精度高，可齐射或连射，以确保杀伤目标。火炮通常采用多管小口径高炮射击并提高射速，作用距离短，密集射击命中精度高，对目标构成弹幕拦截，可覆盖防空导弹攻击盲区和反应迟钝区。

（2）集成度高，机动能力强。

末端防御武器系统体积小、质量轻，作为陆用作战装备通常是以单车装载，利于机动转移作战，便于隐蔽伪装。末端防御所选导弹尺寸小、质量轻，便于武器系统采用多联装，确保对目标的有效杀伤和火力续航。

（3）防空指挥自动化程度高。

末端防御武器系统可充分发挥目标搜索跟踪传感器、目标指示系统、火控系统、炮架及随动系统的潜力。在防空指挥控制过程中，对目标分配、跟踪、通道火力控制、发射控制等可进行系统优化设计，简化了指挥系统层次；可视威胁情况选择武器、协调火力，提高了自动化程度以及作战灵活性和效果。

（4）研制周期短，武器系统成本低。

末端防御武器系统可利用技术成熟的原有装备进行改装，节省研制经费，缩短研制周期，降低武器系统成本，减少武器系统设备的体积和质量，并简化部队装备和后勤保障。

1.4.3 末端防御武器系统研究现状

作为一种新的近程防空武器系统，末端防御武器系统在防空武器装备体系中发挥着重要作用，已经成为地面防空和海上部队舰载防空中的重要力量，世界各军事强国都将其作为低空防御装备建设的重点。

美国研制的末端防御武器系统主要型号有"LAV – AD 轻型防空装甲车""复仇者""布雷德利/中后卫""吉麦格""小檞树"等[5]。俄罗斯对末端防御武器系统一直比较热衷，先后设计制造的主要型号有"通古斯卡""通古斯卡 – M""潘泽尔 – S1""铠甲 – S1"，同时还研制了"粟树""卡什坦"舰载近防系统[6]。此外，以色列开发的 ADAMS、意大利研发的"西达姆"、美国与法国共同研制的"运动衫"等末端防御武器系统也相继问世。

近年来国内末端防御武器系统的研究发展迅速，取得了不错的研究成果。国内研制末端防御武器系统的思路主要是基于现有武器装备，有效地将防空导弹和高炮结合，通过共用指控系统或火控系统，火力单元既能单独作战，也能协同作战[7]。先后研制了"近程超低空防空导弹系统""陆盾2000""FK-1000""通用型末端防御武器系统""SWS2"和其他型号的弹炮结合防空武器系统。

1.4.4 末端防御武器系统发展趋势

（1）扩大防御范围，增强拦截高速目标能力。

末端防御武器系统所要拦截的目标种类在不断扩大，目标性能也在不断提高，要求其必须不断扩大拦截范围和提高对付高速目标的能力。首先应具有快速反应、高精度的火控系统，其次要具有高初速、高射速、高瞄准的速度性能。为了可对目标进行多次拦截，确保有效杀伤，要求末端防御武器增加作用距离。为拦截空地导弹和制导弹药，需要末端防御武器系统增大其搜索系统的仰角搜索范围，并提高导弹的发射仰角。

（2）采用被动搜索跟踪系统。

末端防御武器系统的目标搜索系统和目标跟踪系统通常采用雷达探测方式，有的武器系统还采用雷达作为射击或发射控制系统。当前对目标搜索的一个发展方向是采用红外被动搜索，对目标跟踪也可采用光电、红外等被动跟踪方式，增加武器系统的隐蔽性，增强电子战环境下武器系统的作战生存能力。

（3）建设网络化、扁平化指挥控制体系。

当前空袭作战在向网络中心战发展，提高综合指挥控制能力、对机动目标的快速打击能力，增强同时攻击多目标能力，以便提高空袭作战效能。相应的防空体系也必须采用网络化、扁平化，提升预警探测、情报处理、指挥控制等环节工作效率，增强其早期发现目标能力、快速反应能力和防空作战效能。

（4）研制高精度弹药。

采用不同毁伤机理的弹药以提高末端防御武器系统的毁伤概率，可应用弹道修正的炮弹、小口径制导炮弹及"双重命中体制"的炮弹。"双重命中体制"的炮弹是在火炮拦截远界上用近炸引信预制破片弹破坏来袭导弹上的关键元器件和气动外形，使导弹偏离航线；在火炮的拦截近界上用弹丸直接撞击导弹战斗部装甲并引爆战斗部装药。

（5）采用多种制导方式。

提高防空导弹的导引头性能。导引头可采用双模或多模复合制导，当采用被动红外与被动微波双模制导时，远距离上依靠被动微波寻的，近距离上则自动转为被动红外寻的，使防空导弹具有远距离精确制导功能。如"栗树系统"中防空导弹的制导方式采用了多种方式、多部雷达、分阶段制导、自动转接，较好地保证了制导精度和可靠性。

（6）引入光电对抗、定向能等武器系统。

现代空袭常常伴随强烈的电子干扰，严重影响防空武器的效能，末端防御武器系统除雷达外，大多应辅以抗干扰性能较好的光电火控系统，主要由抗电子干扰能力强的光学瞄准具、电视、红外跟踪仪和激光测距仪组成。激光武器是发展最为成熟的一种定向能武器，它不仅能对付各类空袭目标，还能够攻击迫击炮弹、火箭弹和炮弹等目标。"光弹炮"武器系统将是末端防御武器系统重要的发展方向之一。

1.5　末端防御武器系统建模与仿真研究现状

末端防御武器系统建模与仿真研究主要包括武器系统作战仿真模型、武器系统毁伤效能仿真、来袭目标运动轨迹仿真、武器系统部署要地选址、武器系统兵力部署优化和武器系统作战效能评估等内容。由于末端防御武器系统的建模与仿真涉及武器装备性能和作战样式，属于各国的军事秘密，因此很难直接查阅到国外的相关研究资料。本节借鉴目前国内防空武器系统的相关研究成果，分析公开的参考资料，总结末端防御武器系统建模与仿真的研究现状。

1.5.1　末端防御武器系统作战仿真模型研究

王少刚等通过研究"密集阵"武器系统工作过程，用 Euler 网方法建立"密集阵"仿真模型，包括"密集阵"武器系统的搜索雷达模型、跟踪雷达模型、滤波模型、开火时机决定模型、预测模型和毁伤判断模型[8]。结合反舰导弹、雷达、舰船仿真模型，研究反舰导弹末段不同速度对突防"密集阵"武器系统的影响。

范勇等从作战模拟仿真的角度出发，给出了战场想定，分析了末端防御防空武器系统的作战过程，建立了主要作战仿真模型，包括目标搜索模型、拦截适宜性检查模型、威胁判断模型、火力分配模型、杀伤效果评估模型[9]。通过相关仿真项目的应用表明，所建模型能满足实际应用需要，对进一步研究提供了有效参考。

朱绍强等依照典型防空武器系统作战流程，建立了一个末端防御武器系统作战仿真模型，主要包括目标探测模型、航迹处理模型、威胁判断模型、火力分配模型、目指时机模型、目标捕获跟踪模型、开火时机模型、毁伤效果判断模型、目标攻击模型9个子模型[10]。通过分析不同状态下的模型系统效能，证明该仿真模型可以用于末端防御武器系统配置研究和能力评估等，为末端防御武器系统的研制提供参考。

石继召等通过对近程防御系统组成和功能的研究，构建了一个分布式、全数字化的近程防御通用仿真平台，可以对近程防御武器系统的运行状态、可靠性、适应性进行分析，对火控算法验证、打击效能等进行研究[11]。

王庆江、高晓光等以"密集阵"近程防御系统为对象，首先建立了反舰导弹的数学模型，并进行了弹道仿真；然后建立了"密集阵"模型；接着运用两者的模型进行了对抗仿真，最后给出了相应的结论。以上模型及仿真结果为反舰导弹末端机动突防"密集阵"系统在实战中的应用提供了参考[12]。

王涛等在对末端防御系统作战过程进行分析的基础上，建立了基于ExtendSim的作战仿真模型，能够对作战过程中的各种随机因素进行模拟，通过大量的统计试验获取仿真结果，具有单纯数学模型不具备的特性，为研究末端防御系统作战效能提供了新的研究方法和分析手段[13]。

1.5.2　来袭目标运动轨迹仿真研究

末端防御武器的作战部署必须以来袭目标运动轨迹为研究基础，但全面真实的飞行轨迹数据很难获取。为此，徐景硕等为了模拟飞机实际飞行时完整的运动轨迹，提出将目标运动轨迹分解为基本运动状态，建立了相应运动的数学模型；再将基本运动组合成实际需要的飞行轨迹，具有一定的理论参考和工程应用价值[14]。

杨莉等针对作战飞机通常采用的战术动作，在大地坐标系下建立了飞行模式仿真模型，对模拟作战飞机的飞行轨迹具有一定的参考价值[15]。

刘迪模拟仿真了理想直线、抛物线和圆形三种理想几何运动轨迹，并模拟了不同空间目标的运动航迹[16]。

郭佳音为了获得飞机的航迹数据，基于Matlab/Simulink仿真工具的内置工具箱建立了飞机模型，并结合飞机六自由度航迹数学模型，再使用FlightGear软件采集航迹数据，为模拟目标飞行轨迹提供了一种新的思路[17]。

1.5.3　末端防御武器系统毁伤效能仿真研究

彭峰生等以单枚导弹对目标的毁伤概率和火炮一次点射对目标的毁伤概率为

基础，建立了末端防御系统毁伤概率分析模型。通过计算机仿真得出了一定航路条件下火炮和导弹对典型目标单独射击的毁伤概率以及系统总的毁伤概率[18]。

耿振余等针对末端防御武器和所拦截目标的特点，建立了末端防御武器仿真的毁伤模型，分析了目标的轨迹特点，建立了杀伤区表示模型，针对不同的俯冲攻击倾角，分别建立了拦截纵深模型和导弹和火炮武器分系统的可拦截次数模型。该模型能较精确地对毁伤效能进行仿真[19]。

胡建辉等根据末端防御防空武器系统对空射击的特点，建立了火炮毁歼概率模型和导弹杀伤概率模型；在此基础上建立了全武器系统毁歼目标的数学模型，并利用蒙特卡洛方法对模型进行了仿真分析，仿真结果贴近试验数据，为末端防御防空武器系统提供了一种用计算机仿真毁歼概率的方法[20]。

张杰等根据舰载末端防御武器系统的战技性能，在研究该系统毁伤区域和毁伤概率的基础上，结合该系统防御目标的特点，建立了系统的火力分配模型和导弹舰炮对来袭目标的毁伤概率模型，构建了实用的系统对来袭目标抗击效率的数学模型，为进一步分析末端防御系统提供参考[21]。

1.5.4　末端防御武器系统部署要地选址研究

末端防御武器系统在实际部署过程中，由于地形或地物对雷达天线波束的遮挡，搜索雷达、跟踪雷达的探测发现距离和连续跟踪能力会受到极大制约。为合理部署武器系统，提高其作战能力，需作战指挥人员对武器系统拟部署区域周围的阵地环境有详细了解。张迪哲利用光学测量仪器（全站仪）完成对武器拟部署区域的地形遮蔽角测绘工作，并采用 Hermite 插值法对采集到的有限遮蔽角数据进行插值拟合，得到了较为真实的地形遮蔽角曲线[22]。

李晓翠研究了 GIS 技术在空间选址中的应用，给出了空间选址的理论和方法，通过炮兵要地空间选址实践，验证了空间选址理论与方法的正确性和有效性，为末端防御武器系统选址提供了一种思路[23]。

杨建军等将 GIS 技术与模糊综合评价法相结合来处理影响要地选择的因素，可快速实现合理雷达要地的排序优选[24]。

陈国生等针对雷达选址时如何处理繁杂数据的问题，建立了基于 BP 神经网络的选址决策模型，实现了雷达选址的定量研究[25]。

陈娇利用无人机采集特定区域内的地形数据，并基于地形数据构建了航测区域的三维地形图。该方法可为作战指挥人员合理选取部署阵地、优化武器部署提供直观形象、科学定量的辅助决策依据[26]。

黄太山利用 ArcGIS 获取雷达部署要地的最大地形遮蔽角，为雷达站选址提供了科学依据[27]。

吴志林等用无人机获取地形数据，基于航测数据构建区域的三维模型，并利用 ArcGIS 计算出拟部署要地的雷达遮蔽角，为防空雷达部署提供了技术支撑[28]。

1.5.5　末端防御武器系统兵力部署优化研究

末端防御武器系统兵力部署优化研究主要是根据武器系统实际作战运用，在一定的约束条件下，建立兵力部署优化模型，并用优化算法求解模型得到兵力部署优化方案，实现对武器系统兵力部署的定量研究。

陈杰等将要地防空部署优化视为约束条件下的优化决策问题，以部署方案对要地的最大火力覆盖范围为优化目标，建立了基于 Memetic 算法的要地防空兵力部署优化模型，在解决实际问题方面表现出良好的效果[29]。

刘立佳等针对现代防空作战特点，考虑地形条件的影响和防空武器部署间距作为约束条件，建立了基于扇形部署的优化模型，采用改进的 Pareto 进化算法求解模型，实验结果表明所提模型与算法相结合可以更好地解决要地防空部署优化问题[30]。

雷宇曜等针对空袭防御对抗的特点，提出了要地防空按照"远、中、近程"防线制定各自的部署方案，建立了高维多目标优化函数模型，采用子目标进化算法求解模型，结果表明模型和算法的有效结合可以得到科学合理的要地防空兵力部署方案[31]。

赵鹏蛟等针对防空作战部队的机动部署问题，提出以对空防御效能作为优化目标，建立防空兵力机动部署优化模型，并用文化基因算法求解模型，实验结果可为部署方案的科学制定提供参考[32]。

1.5.6　末端防御武器系统作战效能评估研究

李执力等以典型的末端防御武器系统为基础，利用 ADC 模型及系统组成的串并复合关系，分析了系统在工作过程中可能出现的不同状态，并建立了相应效能评估数学模型[33]。

包强等建立了末端防御武器系统作战效能评价指标体系，利用灰色关联综合优化法有关原理，确立了相关的隶属函数，通过对末端防御防御系统作战效能的优劣排序，验证了该方法有效可行[34]。

石磊等通过 Matlab 软件编程，建立了末端防御武器系统的作战仿真模型，并进行了蒙特卡洛仿真,确定了影响末端防御武器系统作战效能的主要因素;以影响末端防御武器系统效能的主要因素为输入,以末端防御武器系统对目标的拦截率为输出,建立一个 BP 神经网络模型;利用大量仿真所得数据作为样本,对神经网络模型进行训练,并验证了其有效性[35]。

郭强等将末端防御防空武器系统看成由导弹和火炮两层防线构成的防空武器系统,把导弹系统按照有限等待时间的随机服务系统,火炮系统按照拒绝制随机服务系统综合研究,建立了基于排队论的末端防御防空武器系统作战效能评估模型[36]。

赵广彤等针对不同的目标来袭强度,构建了防空导弹服务概率模型,并对武器系统在实际作战环境下的效能进行评估,结果表明所提的模型对防空导弹武器系统的作战模式研究具有一定的参考价值[37]。

姜海波等针对防空作战中空袭目标小编队攻击的特点,建立了基于排队论的防空武器系统作战效能评估模型,该模型对评估相应作战背景下武器系统作战效能有一定的借鉴意义[38]。

张峰等为了评估多火力通道的武器系统作战效能,将防空武器系统作战过程视为先到先服务的两个服务阶段排队系统,建立防空武器系统作战效能评估模型,研究结果对火力单元的优化配置具有一定的参考价值[39]。

陈金宏等针对目前防空导弹武器系统作战效能评估模型的局限性,基于目标有限等待和差错服务思想,建立了改进作战效能评估模型,结果表明该模型具有优化防空兵力部署和提高武器系统性能的优势[40]。

第 2 章
末端防御武器系统军事概念建模

2.1 某通用型末端防御武器系统概述

某通用型末端防御武器系统是在综合国内目前比较先进的地面防空导弹武器和末端防御高炮系统的基础上，将导弹武器系统和火炮系统通过"软结合"的方式，形成了一新型的末端防御武器装备，为我军防御体系中的末端近程防御和要地近程防空补充新的战斗力量。该型末端防御武器系统是通用的末端中低空近程地面防空武器系统，可在战场综合光电对抗环境下，对突破我防御体系中、远程拦截的空袭目标进行拦截，其中包括巡航导弹、固定翼作战飞机、空地导弹、武装直升机等目标。该武器系统主要用于港口、机场等开阔地域、重要目标的末端防御，可在复杂电磁环境下拦截多种空袭目标，具有抗干扰能力强、对低空慢速小目标拦截效果好、自动化程度高等特点。

2.1.1 武器系统组成

某通用型末端防御武器系统由地面作战装备、箱弹/炮弹和支援保障装备等组成，如图 2.1 所示。

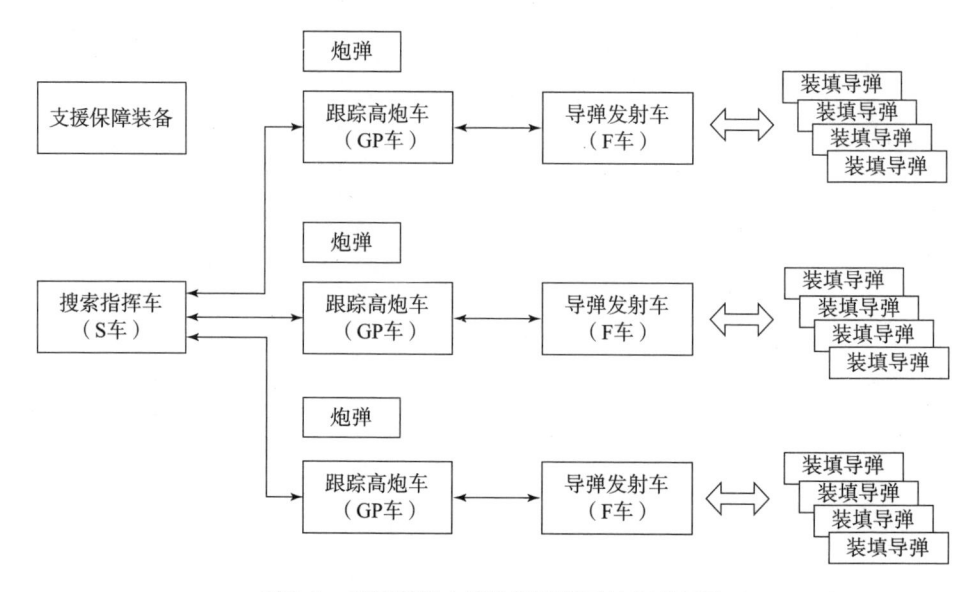

图 2.1　某通用型末端防御武器系统组成框图

2.1.1.1　地面作战装备

地面作战装备包括搜索指挥车（简称 S 车）、跟踪高炮车（简称 GP 车）和导弹发射车（简称 F 车）。其中，搜索指挥车是武器系统的作战指挥中心，设有对上接口，可接收上级指挥所和友邻部队的空情信息和作战命令，也可单独对作战空域进行目标搜索，建立和显示搜索目标的航迹，并进行敌我识别，根据目标危险等级进行目标分配，指挥作战。

跟踪高炮车是武器系统的火力单元控制中心，主要用于接收搜索指挥车目标指示，对目标进行截获、跟踪和照射，进行导弹射击诸元及预定参数解算、火炮射击诸元解算，适时控制导弹及火炮对来袭目标进行拦截。

导弹发射车是防空导弹的发射执行机构。一辆导弹发射车可装载 4 枚箱弹，具有控制发射架指向、装订导弹预装参数和执行发射程序等功能。

2.1.1.2　导弹、箱弹和炮弹

导弹主要用于将战斗部送至与目标的遭遇位置，由引信适时起爆战斗部，完成对目标的杀伤。该武器系统中的防空导弹主要由天线罩、制导舱、战斗部、控制舱、发动机舱、配套组件、直属件等组成。

箱弹包括导弹和发射箱，一只导弹发射箱装载一发防空导弹。

炮弹主要包括火炮脱壳穿甲弹和火炮榴弹两种。火炮脱壳穿甲弹用于对敌方

已突破我远、中程防空武器拦截的巡航导弹等空袭目标进行防御。火炮榴弹（也称杀伤爆破燃烧炮弹）用于对低空、超低空的固定翼作战飞机、武装直升机等空中目标进行攻击。

2.1.1.3 支援保障装备

支援保障装备包括支援保障设备、训练及包装设备。

支援保障设备包括导弹运输装填车、炮弹转运车（炮弹转运箱）、维修备件车Ⅰ和维修备件车Ⅱ、应急电源车、导弹测试车、工具车Ⅰ和工具车Ⅱ。

训练及包装设备包括测试训练弹、装填训练弹、装填训练炮弹、装填训练发射箱、战勤操作仿真装备、导弹包装箱和前弹身包装箱等。

2.1.2 武器系统工作流程

在工作状态下，武器系统启动搜索雷达，对防空区域进行探测；探测到目标或接到上级目标指示信息后，对目标进行敌我识别、威胁判断和打击排序，并向跟踪雷达发送目指信息；跟踪雷达随之进入目标捕获、跟踪和瞄准阶段；火控分系统根据目标特性和打击排序，控制防空导弹或火炮对目标进行拦截和摧毁；导弹发射车和跟踪高炮车接到火控指令开始工作，对远距离目标，由导弹进行拦截，当目标突破导弹防区后则由火炮进行拦截。整个防御作战中的目标探测、识别、跟踪、拦截和摧毁等过程一般自动完成，也可人工干预。武器系统工作流程如图2.2所示。

2.1.3 武器系统作战运用

末端防御武器系统的工作模式有全自动和半自动方式两种。

（1）全自动方式：武器系统完全由程序控制运行，自动完成作战方案拟制和作战任务执行，操作手可通过显示器监控系统，对开火和停火进行人工干预；同时还可以采用人工录取方法指定突然出现的近距目标，并进行目标指示。在这种工作模式下，射击方式采取程控射击，由情报指挥台给出自动射击命令，由综合火控台控制击发。

（2）半自动方式：操作手可以充分利用人机对话手段参与作战方案拟制、修改并监控其执行，主要用于调试、试验、维护。在这种工作模式下，射击方式采取人工射击，只有得到开火命令后，由综合火控台操作手控制击发。

末端防御武器系统是一个高度综合的多武器指挥与控制系统，系统的运行过

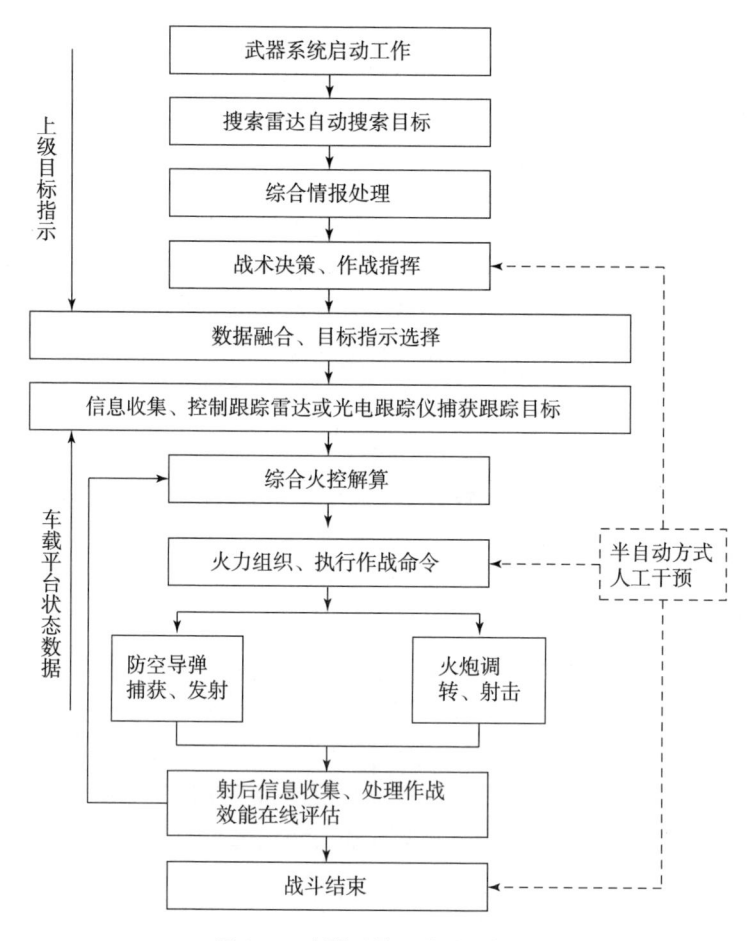

图 2.2 武器系统工作流程框图

程相当复杂，运行方式主要以全自动操作方式为主。下面仅以系统的操作顺序和指挥控制、火力控制相结合来简要说明系统在战斗工作方式下的运行。

（1）系统启动。武器系统统一加电，进入设备检查，经检查和诊断认定合格，满足指标要求，即确认系统正常后系统自动进入战斗工作方式。

（2）战斗准备。载车完成调平、定位和定向，系统进入备战状态。

（3）战斗运行。

①指挥控制分系统战斗运行。指挥控制分系统战斗运行过程如图 2.3 所示。

②火力控制分系统战斗运行。火力控制分系统是一个综合控制的火控系统，它可以同时控制导弹和火炮完成射击任务。火力控制分系统战斗运行过程如图 2.4 所示。

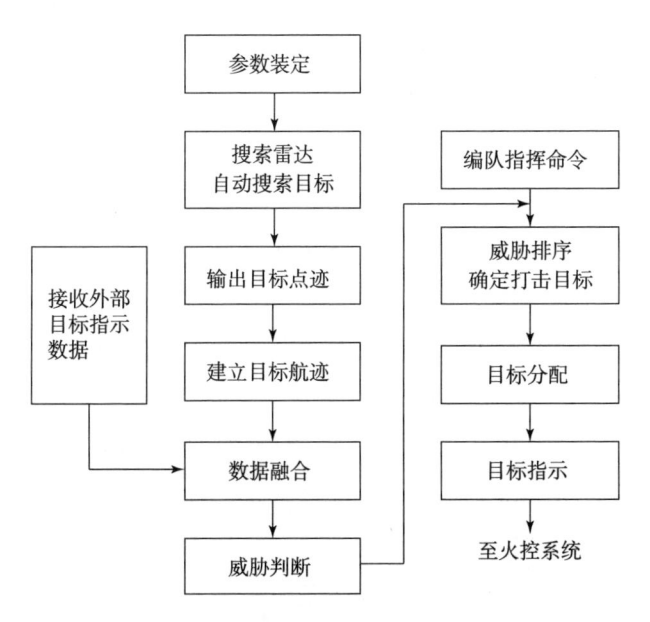

图 2.3　指挥控制分系统战斗运行过程

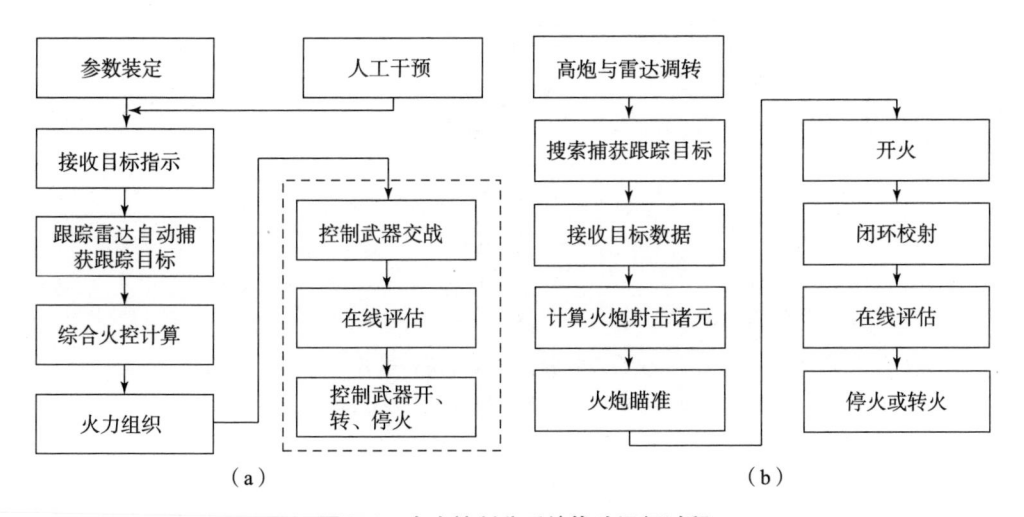

(a)　　　　　　　　　　　　　　　　(b)

图 2.4　火力控制分系统战斗运行过程
（a）火力控制分系统工作流程；（b）火力控制分系统火炮通道战斗运行流程

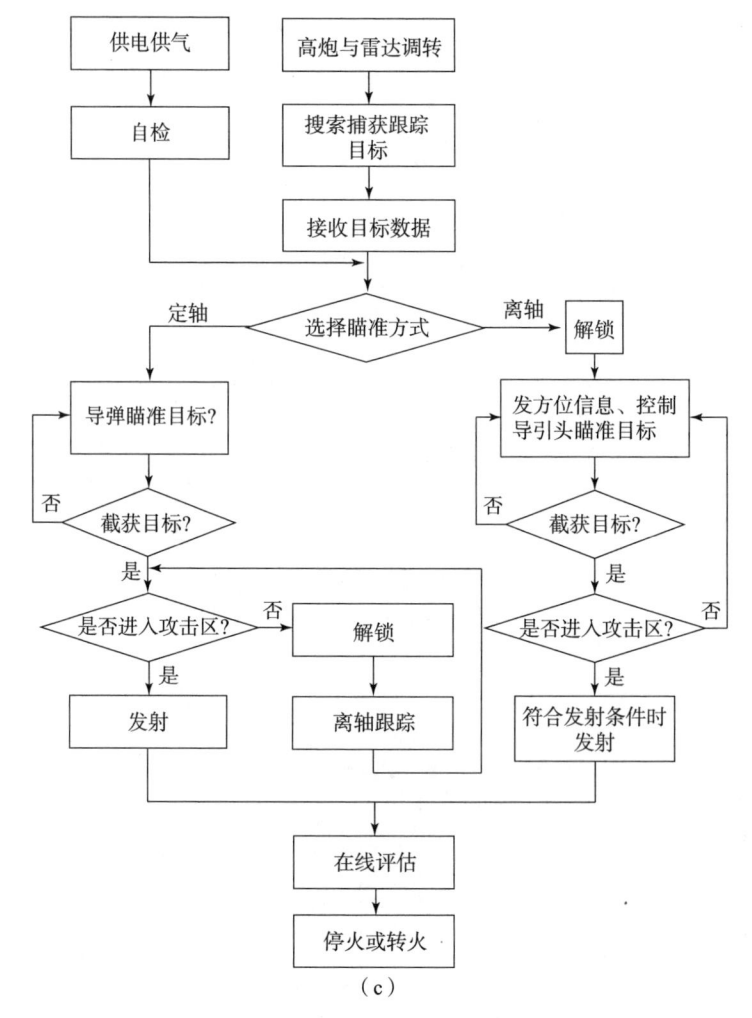

图2.4 火力控制分系统战斗运行过程(续)
(c) 火力控制分系统防空导弹通道战斗运行过程

2.2 武器系统实体描述

在建立末端防御武器系统仿真模型前,首先需要明确武器系统中不同作战实体的术语定义,以及末端防御武器系统与外部实体之间的关系[41]。

2.2.1 武器系统实体术语

末端防御武器系统中相关实体的术语定义如下。

(1) 搜索雷达：用于搜索低空、超低空快速小目标，对目标数据进行录取处理，向指控系统提供目标点迹数据、敌我识别命令/信息和相应火力兼容管理的电子设备[42]。

(2) 指控系统：用于对搜索雷达目标点迹数据进行综合分析，建立目标航迹，并向火控系统发送目标指示的电子系统。

(3) 火控系统：用于接收指控系统的目标指示，根据目标指示数据控制跟踪雷达捕获、跟踪目标，并控制导弹和火炮等不同火力手段，完成发射参数解算及设置，控制其层次作战的电子系统[43]。

(4) 跟踪雷达：用于接收目标指示，控制雷达天线完成对目标的捕获、跟踪的电子设备。

(5) 防空导弹：用于在中远距离拦截毁伤敌方固定翼飞机、巡航导弹、空地导弹以及直升机等来袭目标的导弹武器系统。

(6) 防空火炮：用于在近距离对来袭精确制导武器进行拦截并实施硬摧毁的防空高炮武器系统。

2.2.2 与外部实体的关系

末端防御武器系统与外部实体的关系如图 2.5 所示。

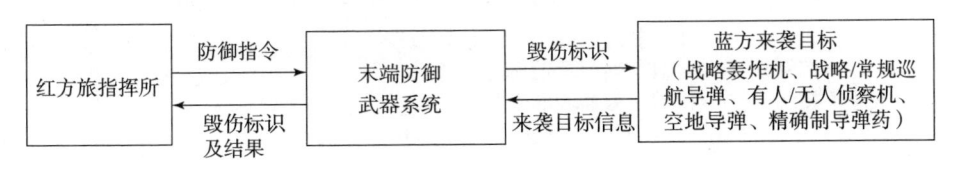

图 2.5 武器系统与外部实体的关系

作战开始前，末端防御武器系统处于待机状态。

当有蓝方来袭目标时，首先由红方预警系统（预警卫星、预警雷达、预警机）进行探测预警，然后将来袭目标信息传给军委联指指挥所；军委联指指挥所根据接收到的预警信息进行指挥决策，制定作战反击方案，并向红方导弹集团指挥所下达作战命令指令；红方导弹集团指挥所根据军委赋予的作战任务进行任务规划，并向红方旅指挥所下达作战命令指令。

红方旅指挥所根据导弹集团指挥所赋予的作战任务进行弹道规划、火力规划、战场规划、作战行动规划等，根据来袭目标距离我方要地的距离（大于末端防御武器系统搜索雷达最远探测距离的2倍）并综合考虑其他作战要素后，如果需要进行末端防御拦截，则向末端防御武器系统下达开始防御指令。

接到红方旅指挥所的防御指令后，末端防御武器系统转入战斗状态。在战斗状态下，武器系统启动搜索雷达，对来袭目标进行探测，当搜索到目标后，对目标进行敌我识别、威胁判断、打击排序，为跟踪雷达和光电跟踪仪指示目标；跟踪雷达或光电跟踪仪进入目标捕获、跟踪和瞄准流程，火控分系统根据目标特性和打击排序，控制防空导弹、火炮对目标进行拦截和硬摧毁。目标探测、识别、跟踪、拦截和硬摧毁的全过程是自动完成的，也可人工干预。

2.3 武器系统行动概念模型

末端防御武器系统作战行动模型，是描述我方要地在受到敌方巡航导弹、作战飞机、空地导弹和武装直升机等作战平台打击的情况下，分别采用防空导弹和防空火炮对来袭目标进行拦截和硬摧毁的概念模型。末端防御武器系统实体行动描述如表2.1所示。

表2.1 末端防御武器系统实体行动

序号	行动名称	含义	行动结果
1	搜索雷达探测截获	描述搜索雷达对目标搜索、截获的过程	向情报指挥台输出目标点迹数据
2	指控系统综合指挥控制	描述指控系统多目标航迹处理、对目标的筛选、校批、融合、威胁判断及排序，以及实现目标火力分配优化的过程	向跟踪雷达发送目标指示
3	跟踪雷达捕获跟踪	描述跟踪雷达对目标的捕获、跟踪过程	向综合火控台提供目标数据，并进行弹丸测偏，提供目标数据和弹丸脱靶量
4	火控设备综合火力控制	描述综合火控台进行综合火控计算、综合火力控制、毁伤效能评估的过程	输出导弹/火炮射击诸元参数，进行武器控制参数修正；对导弹、火炮拦截毁伤效果和光电对抗效果进行在线评估

续表

序号	行动名称	含义	行动结果
5	导弹拦截杀伤	描述防空导弹对来袭目标瞄准和硬毁伤的过程	向综合火控台输出防空导弹的随动误差值和防空导弹瞄准值
6	火炮拦截毁伤	描述火炮对来袭目标瞄准和硬毁伤的过程	向综合火控台输出火炮的随动误差值和火炮瞄准值

2.3.1 导弹拦截

2.3.1.1 导弹拦截概述

导弹拦截指的是末端防御武器系统在中远距离采用防空导弹毁伤少量突破我国土防空体系的来袭武器平台[44]。当来袭目标进入防空导弹的有效射程范围内且目标距离大于火炮射程时，火控系统控制防空导弹发射，实现对来袭目标的一次或多次拦截，直至命中并摧毁目标。

在某通用型末端防御武器系统中，导弹拦截必须由搜索指挥车、跟踪高炮车、导弹发射车协同完成。每辆搜索指挥车可以带3辆跟踪高炮车和3辆导弹发射车，1辆跟踪高炮车和1辆导弹发射车组成一个综合体。每辆导弹发射车上挂装4枚箱式防空导弹，可连射，也可在一次攻击中实施2次导弹双发拦截。

在接受上级作战命令后，武器系统启动搜索雷达，自动对来袭目标进行探测识别、威胁判断、打击排序、目标指示，跟踪雷达和光电跟踪仪捕获、跟踪目标。当武器平台或侦察平台类目标进入防空导弹有效射程后，火控系统解算后控制防空导弹调转，激光照射器引导防空导弹导引头稳定捕获跟踪目标后发射，自动追踪目标，在接近目标后无线电近炸引信及触发引信引爆战斗部，达到硬杀伤的拦截效果。在上述作战行动中，搜索雷达的定位误差、情报指挥台的目标指示精度、跟踪雷达的测量精度、防空导弹的制导精度等均会对最终的拦截效果产生影响。

导弹拦截作战行动的可能结果有两种：一种是没有命中目标；另一种是命中目标。只要命中目标即为完全摧毁。导弹是否命中通过计算目标的等效半径的方式进行命中判断[45]。

2.3.1.2 规则描述

1. 行动执行条件

接到红方旅指挥所的防御指令并且来袭目标进入防空导弹有效射程后，末端

防御武器系统开始执行该行动。命令由下列要素构成:
(1) 启动防御指令。
(2) 来袭目标的编号。
(3) 来袭目标的类型,主要分为飞机类目标和导弹类目标。
(4) 来袭目标的位置信息,包括来袭目标的经度、纬度、高度。
(5) 来袭目标的雷达反射截面积,包括前视、仰视、侧视雷达反射截面积。

2. 行动终止条件

满足下列条件之一,该行动中止:
(1) 命中目标。
(2) 接收上级终止命令。
(3) 被敌方摧毁。

3. 行动构成及其执行流程

(1) 行动构成。末端防御武器系统中防空导弹拦截行动构成如表2.2所示。

表2.2 防空导弹拦截行动构成表

行动名称	行动类型	备注
武器系统加电待命	待机	在接到上级防御指令之前武器系统始终处于待机状态
搜索雷达探测截获	目标探测	稳定截获目标并向指挥台输出目标点迹数据
指控系统综合控制	指挥控制	对来袭目标进行航迹处理、威胁度判断后向跟踪雷达发送目指信息
跟踪雷达捕获跟踪	目标跟踪	稳定捕获跟踪目标后向火控系统提供目标数据
火控设备综合火控	火力控制	进行诸元计算后控制防空导弹发射,并对导弹拦截毁伤效果进行在线评估
防空导弹拦截杀伤	目标拦截	在火控系统控制及照射器引导下瞄准目标,发射后摧毁目标

(2) 执行流程。防空导弹拦截作战行动的执行过程如图2.6所示。具体流程是:当接到红方旅指挥所发出的启动防御指令后,武器系统由待机状态转入战斗状态,系统启动搜索雷达对来袭目标进行探测或接收国土防空信息链目标指示;搜索到目标后,对目标进行敌我识别、威胁判断、打击排序,为跟踪雷达和光电跟踪仪指示目标;跟踪雷达和光电跟踪仪进入目标捕获、跟踪和瞄准流程;火控分系统根据目标特性和打击排序,控制防空导弹对目标进行拦截;拦截结束后,对拦截效果进行在线评估,根据拦截效果决定停火或转火[46]。

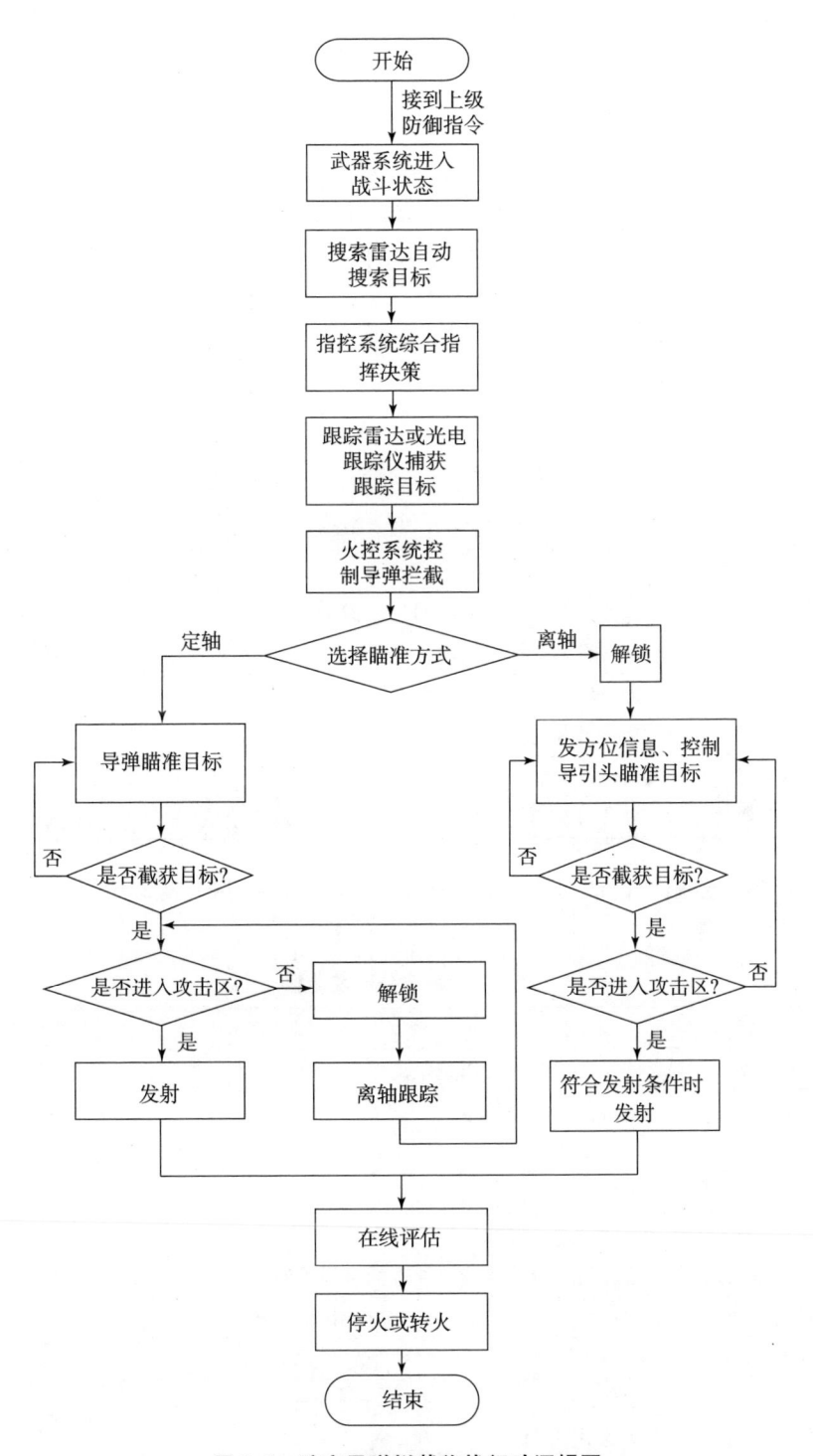

图 2.6　防空导弹拦截作战行动逻辑图

4. 行动规则

导弹拦截作战行动的触发一般采用条件触发，其触发条件如下：

（1）武器系统处于战斗状态（搜索雷达、指控系统、跟踪雷达、火控系统、防空导弹均处于加电状态，搜索雷达天线已开始旋转探测）。

（2）武器系统接收到来袭红方旅指挥所的作战指令。

（3）来袭目标已进入防空导弹的有效射程。

5. 行动结果

本行动主要是对敌方来袭目标实施硬摧毁，行动的可能结果是是否命中目标，只要命中目标即为完全摧毁。

6. 数据描述

（1）输入数据如表2.3所示。

表2.3 输入数据

输入数据名称	含义	数据类型	备注
防御指令	红方旅指挥所下达的启动防御命令	布尔型	
目标经度	来袭目标在空间的经度位置	数值型	
目标纬度	袭目标在空间的纬度位置	数值型	
目标高度	来袭目标在空间的高度位置	数值型	
目标类型	来袭目标的类型	字符型	
目标雷达反射截面	来袭目标前视、仰视、侧视雷达反射截面积	数值型	

（2）内部数据。包括基础数据和中间数据，如表2.4~表2.6所示。

①基础数据。

表2.4 指控分系统参数

基础数据名称	含义	数据类型	备注
作用距离	搜索雷达的最大作用距离	数值型	
方位角	搜索雷达的方位角	数值型	
仰角	搜索雷达的仰角	数值型	
探测高度	搜索雷达的探测高度	数值型	
定位误差	搜索雷达对目标点迹的搜索误差	数值型	
处理目标能力	情报指挥台同时能够处理的目标批数	数值型	
指示目标数	情报指挥台同时能够指示出的目标批数	数值型	
目标指示精度	情报指挥台指示目标时的距离、方位误差	数值型	
反应时间	指控系统从目标进入探测范围到搜索、截获目标所用的最少时间	数值型	

表2.5 火控分系统参数

基础数据名称	含义	数据类型	备注
跟踪反应时间	跟踪雷达捕获到目标的最小时间	数值型	
跟踪距离	跟踪雷达的最小跟踪距离	数值型	
跟踪速度	跟踪雷达的距离最大跟踪速度	数值型	
跟踪加速度	跟踪雷达的距离最大跟踪加速度	数值型	
最大跟踪角速度	跟踪雷达在方位、高低方向的最大跟踪角速度	数值型	
最大跟踪角加速度	跟踪雷达在方位、高低方向的最大跟踪角加速度	数值型	
距离误差	跟踪雷达在距离上的系统误差和随机误差	数值型	
高低角误差	跟踪雷达在高低角方向上的随机误差	数值型	
方位角误差	跟踪雷达在方位角方向上的随机误差	数值型	
角度系统误差	跟踪雷达的角度系统误差	数值型	

②中间数据。

表2.6 中间数据

中间数据名称	含义	数据类型	备注
目标点迹数据	搜索雷达探测截获目标后输出的目标位置信息	数值型	包含目标的经纬高数据
目标指示数据	跟踪雷达捕获跟踪目标后输出的目标位置信息	数值型	包含目标的经纬高数据
射击诸元	火控系统计算的防空导弹发射参数	数值型	

（3）输出数据如表2.7所示。

表2.7 末端防御作战中导弹拦截行动模型输出数据

输出数据名称	含义	数据类型	备注
防空导弹经度	防空导弹发射后飞行轨迹的经度	数值型	
防空导弹纬度	防空导弹发射后飞行轨迹的纬度	数值型	
防空导弹高程	防空导弹发射后飞行轨迹的高度	数值型	
防空导弹毁伤结果标志	防空导弹是否命中目标	数值型	
防空导弹命中概率	防空导弹命中数与发射数的比值	数值型	
防空导弹架位方位角	防空导弹射击时的架位方位角度	数值型	
防空导弹架位高低角	防空导弹射击时的架位高低角度	数值型	

2.3.2 火炮拦截

2.3.2.1 火炮拦截概述

火炮拦截，指的是末端防御武器系统在近距离采用火炮拦截来袭的精确制导武器并实施硬摧毁。当来袭目标已经突破防空导弹防御范围并进入火炮射程时，火控系统控制火炮发射，实现对来袭目标的一次或多次拦截，直至命中并摧毁目标。

在某通用型末端防御武器系统中，火炮拦截必须由搜索指挥车、跟踪高炮车协同完成。每辆搜索指挥车可以带3辆跟踪高炮车，1辆跟踪高炮车和1辆导弹发射车组成一个综合体。每辆跟踪高炮车上最多可装填1000发炮弹，可进行连射（射速可调）。

在接受上级作战命令后，武器系统启动搜索雷达，自动对来袭目标进行探测识别、威胁判断、打击排序、目标指示，跟踪雷达和光电跟踪仪捕获、跟踪目标。当巡航导弹、空地导弹、精确制导炸弹等导弹类目标进入近程火炮有效射程后，火控系统解算后控制火炮对来袭目标进行拦截和硬摧毁。在上述作战行动中，搜索雷达的定位误差、情报指挥台的目标指示精度、跟踪雷达的测量精度、火炮射击密集度、火炮随动系统精度等均会对最终的拦截效果产生影响。

火炮拦截作战行动的可能结果有两种：一种是没有命中目标；另一种是命中目标[46]。如果命中目标，还要计算火炮命中概率。火炮弹丸对目标的摧毁概率一般采取比动能的方法进行计算。

2.3.2.2 规则描述

1. 行动执行条件。

接到红方旅指挥所的防御指令并且来袭目标进入火炮有效射程后，末端防御武器系统开始执行该行动。命令由下列要素构成：

（1）启动防御指令。

（2）来袭目标的编号。

（3）来袭目标的类型，主要分为飞机类目标和导弹类目标。

（4）来袭目标的位置信息，包括来袭目标的经度、纬度、高度。

2. 行动中止条件。

满足下列条件之一，该行动中止：

(1) 命中目标。
(2) 接收到上级中止命令。
(3) 被敌方摧毁。

3. 行动构成及其执行流程

①行动构成。末端防御武器系统中火炮拦截行动构成如表2.8所示。

表2.8 火炮拦截行动构成表

行动名称	行动类型	备注
武器系统加电待命	待机	在接到上级防御指令之前武器系统始终处于待机状态
搜索雷达探测截获	目标探测	稳定截获目标并向情报指挥台输出目标点迹数据
指控系统综合控制	指挥控制	对来袭目标进行航迹处理、威胁度判断后向跟踪雷达发送目指信息
跟踪雷达捕获跟踪	目标跟踪	稳定捕获跟踪目标后向综合火控台提供目标数据
火控设备综合火力控制	火力控制	进行诸元及射击提前点计算后控制火炮发射,并对火炮拦截毁伤效果进行在线评估
火炮拦截杀伤	目标拦截	在火控系统控制下瞄准目标,射击后摧毁目标

(2) 执行流程。火炮拦截作战行动的执行过程如图2.7所示。具体流程是：当接到红方旅指挥所发出的启动防御指令后,武器系统由待机状态转入战斗状态,系统启动搜索雷达对来袭目标进行探测或接收国土防空信息链目标指示；搜索到目标后,对目标进行敌我识别、威胁判断、打击排序,为跟踪雷达和光电跟踪仪指示目标；跟踪雷达和光电跟踪仪进入目标捕获、跟踪和瞄准流程；火控分系统根据目标特性和打击排序,计算火炮射击诸元并进行虚拟校射,控制火炮瞄准目标；火炮开火对目标进行拦截；拦截结束后,进行闭环校射并对拦截效果进行在线评估,根据拦截效果决定停火或转火[47]。

4. 行动规则

火炮拦截作战行动的触发一般采用条件触发,其触发条件如下：

(1) 武器系统处于战斗状态（搜索雷达、指控系统、跟踪雷达、火控系统、火炮均处于加电状态,搜索雷达天线已开始旋转探测）。

(2) 武器系统接收到上级的作战指令。

(3) 来袭目标已进入火炮的有效射程。

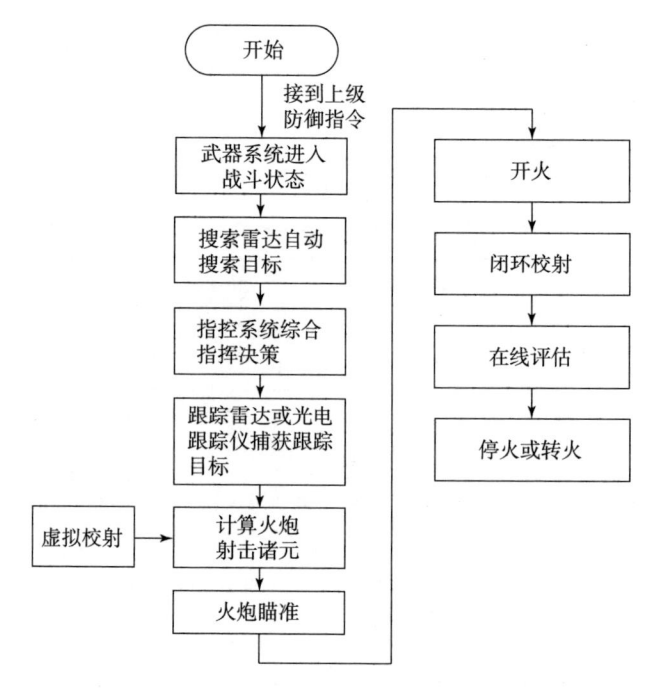

图 2.7　火炮拦截作战行动执行过程框图

5. 行动结果

本行动主要是对敌方来袭目标实施硬摧毁,行动的可能结果是是否命中目标,命中目标后还需计算火炮命中概率。

6. 数据描述

(1) 输入数据如表 2.9 所示。

表 2.9　输入数据

输入数据名称	含义	数据类型	备注
防御指令	红方旅指挥所下达的启动防御命令	布尔型	
目标经度	来袭目标在空间的经度位置	数值型	
目标纬度	袭目标在空间的纬度位置	数值型	
目标高度	来袭目标在空间的高度位置	数值型	
目标类型	来袭目标的类型	字符型	

(2) 内部数据,包括基础数据和中间数据,如表 2.10 ~ 表 2.13 所示。
① 基础数据。

表 2.10　指控分系统参数

基础数据名称	含义	数据类型	备注
作用距离	搜索雷达的最大作用距离	数值型	
方位角	搜索雷达的方位角	数值型	
仰角	搜索雷达的仰角	数值型	
探测高度	搜索雷达的探测高度	数值型	
定位误差	搜索雷达对目标点迹的搜索误差	数值型	
处理目标能力	情报指挥台能够同时处理的目标批数	数值型	
指示目标数	情报指挥台能够同时指示出的目标批数	数值型	
目标指示精度	情报指挥台指示目标时的距离、方位误差	数值型	
反应时间	指控系统从目标进入探测范围到搜索、截获目标所用的最少时间	数值型	

表 2.11　火控分系统参数

基础数据名称	含义	数据类型	备注
跟踪反应时间	跟踪雷达捕获到目标的最小时间	数值型	
跟踪距离	跟踪雷达的最小跟踪距离	数值型	
跟踪速度	跟踪雷达的距离最大跟踪速度	数值型	
跟踪加速度	跟踪雷达的距离最大跟踪加速度	数值型	
最大跟踪角速度	跟踪雷达在方位、高低方向的最大跟踪角速度	数值型	
最大跟踪角加速度	跟踪雷达在方位、高低方向的最大跟踪角加速度	数值型	
距离误差	跟踪雷达在距离上的系统误差和随机误差	数值型	
高低角误差	跟踪雷达在高低角方向上的随机误差	数值型	
方位角误差	跟踪雷达在方位角方向上的随机误差	数值型	
角度系统误差	跟踪雷达的角度系统误差	数值型	
观炮间隔	跟踪雷达与火炮炮管之间的相对位置	数值型	

表 2.12　火炮参数

基础数据名称	含义	数据类型	备注
口径	火炮自动机的口径	数值型	
管数	火炮自动机的转管数	数值型	

续表

基础数据名称	含义	数据类型	备注
射速	炮弹的射击速度	数值型	
初速	炮弹的射击初速度	数值型	
供弹方式	炮弹的供弹方式	字符型	
携弹量	火炮可以携带的最大弹量	数值型	
弹药类型	火炮所用的弹药类型	字符型	
弹丸直径	火炮炮弹的直径	数值型	
弹丸质量	火炮炮弹的质量	数值型	
有效射程	火炮的有效射程	数值型	
火炮立靶密集度	火炮的立靶密集度	数值型	
射界	火炮射击的方位、高低角	数值型	
火炮拦截远界	火炮的最远射程	数值型	
火炮拦截近界	火炮的最近射程	数值型	
跟踪速度	火炮随动系统在方位、高低方向的最大跟踪速度	数值型	
跟踪加速度	火炮随动系统在方位、高低方向的最大跟踪加速度	数值型	
调转时间	火炮在高低调转45°，在方位调转90°所用的最少时间	数值型	
系统精度	火炮随动系统的静态误差和跟踪误差	数值型	
校射发数	火炮闭环校射时连续射击的发数	数值型	
校射方式	火炮采用的校射方式	字符型	

②中间数据。

表2.13 中间数据

中间数据名称	含义	数据类型	备注
目标点迹数据	搜索雷达探测截获目标后输出的目标位置信息	数值型	包含目标的经纬高数据
目标指示数据	跟踪雷达捕获跟踪目标后输出的目标位置信息	数值型	包含目标的经纬高数据
射击诸元	火控系统计算的火炮射击参数	数值型	

(3) 输出数据如表 2.14 所示。

表 2.14　末端防御作战中火炮拦截行动模型输出数据

输出数据名称	含义	数据类型	备注
火炮方位角	火炮射击时的架位方位角度	数值型	
火炮俯仰角	火炮射击时的架位高低角度	数值型	
火炮毁伤结果标志	火炮是否命中目标的标识	数值型	
火炮命中概率	火炮的命中数与射击发数的比值	数值型	

2.4　武器系统防御效果概念模型

末端防御武器系统防御效果模型，是描述我方要地在受到多种来袭目标打击的情况下，分别采用防空导弹和防空火炮对来袭目标进行拦截防御的效果模型。

2.4.1　导弹毁伤效果

2.4.1.1　导弹毁伤概述

（1）作战行动对导弹毁伤效果的影响分析。

在导弹拦截作战行动中，搜索雷达的定位误差、情报指挥台的目标指示精度、跟踪雷达的测量精度、防空导弹的制导精度等均会对最终的拦截效果产生影响。

（2）防空导弹毁伤效果表现形式的描述。

防空导弹毁伤效果的表现形式有两种：一种是给出对敌方来袭目标是否命中的结果；二是防空导弹在其主要杀伤空域内，计算末端防御武器系统战斗工作可靠性，对敌来袭目标的单发杀伤概率。

2.4.1.2　规则描述

1. 输入条件

（1）装备实体。

①敌方来袭目标。包括：位置（经纬度、高度），以及雷达反射截面积和目标编号、类型。

②指控分系统。指控系统装备属性参数。

③跟踪雷达。跟踪雷达装备属性参数。
④火控分系统。火控系统装备属性参数。
⑤防空导弹。防空导弹装备属性参数。
（2）作战行动。
①搜索雷达对敌方来袭目标的探测、截获行动。
②指挥系统对敌方来袭目标的航迹处理、威胁度判断、打击排序、火力分配行动。
③跟踪雷达对敌方来袭目标的捕获、跟踪行动。
④火控系统对火控雷达的探测行动。
⑤防空导弹对目标的发射、毁伤行动。

2. 建模规则

（1）基本思路。

防空导弹最基本的功能是拦截并摧毁敌方来袭目标。杀伤区和发射区是制约防空导弹毁伤效果的主要战术性能指标。导弹的杀伤区是指导弹以不低于某一概率杀伤目标的空间区域。导弹与目标在该区域外遭遇，其杀伤概率必然会显著降低。导弹的发射区是指当导弹发射时刻，空中目标位于该空域中，以保证防空导弹和目标在杀伤区中相遇。导弹的发射区除受杀伤区限制外，还受雷达的探测距离、跟踪距离、导弹的反应时间、导弹的飞行速度、目标的来袭速度等制约[48]。

防空导弹防御来袭敌方目标的杀伤效果评估其实就是计算防空导弹的是否命中，只要命中目标即为完全摧毁。导弹是否命中通过计算目标的等效半径的方式进行命中判断。对于空中目标，需要知道目标前视面积、目标侧视面积、目标的仰视面积。将目标等效为一个圆，计算导弹的杀伤区：

$$D_R = R_d + R_m$$

式中，R_d 为导弹的杀伤半径；R_m 为目标的等效半径。在导弹与目标距离小于杀伤区时，导弹命中目标。

（2）军事规则。

①导弹只能对其杀伤区域内的目标进行打击，导弹武器只有与目标遭遇时刻的方位角、高低角及飞行斜距离在规定范围内才能有效杀伤目标。

②防空导弹的杀伤概率与射击误差规律（导弹战斗部爆炸点）和坐标杀伤规律（在爆炸点杀伤目标效果）有关。一般认为防空导弹命中即摧毁。

（3）简化假设。

①来袭敌方导弹与我方防空导弹在同一平面内。

②我方防空导弹采用比例导引律。

③敌方来袭目标为一个以几何中心（或反射中心）为圆心的圆形目标。

3. 输出结果

可输出两类数据：

（1）是否命中敌方来袭目标的毁伤数据。

（2）防空导弹的飞行数据。

2.4.1.3 数据描述

（1）输入数据。防空导弹对来袭目标的毁伤效果模型的输入参数来源于敌方来袭目标的属性，以及我方指控分系统、火控分系统、防空导弹的属性，具体参数如表 2.15～表 2.18 所列。

表 2.15　敌方来袭目标参数

输入数据名称	描述方式	备注
目标位置	数值型，采用经纬度和高度来描述	经纬度采用度、分、秒，高度单位为 m
目标类型	字符型	用不同的数值来表示不同的目标类型
目标雷达反射截面	数值型，采用前视、仰视、侧视雷达反射截面积表示	雷达反射截面积单位为 m^2

表 2.16　指控分系统参数

输入数据名称	描述方式	备注
定位误差	数值型，采用搜索雷达的距离误差和方位误差来描述	距离误差单位为 m，方位误差单位为 mrad
目标指示精度	数值型，采用指挥仪的目指距离误差、方位误差和目标径向速度来描述	距离误差单位为 m，方位误差单位为 mrad，径向速度单位为 m/s

表 2.17　火控分系统参数

输入数据名称	描述方式	备注
距离误差	数值型，采用跟踪雷达在距离上的系统误差和随动误差来描述	系统误差和随动误差单位均为 m
高低角误差	数值型，采用跟踪雷达在高低角方向上的随机误差来描述	随机误差单位为 mrad，分距离 300m～2.5km 和距离 2.5km～10km 两段

续表

输入数据名称	描述方式	备注
方位角误差	数值型，采用跟踪雷达在方位角方向上的系统误差和随机误差来描述	单位为 mrad，随机误差分距离 300m～2.5km 和距离 2.5km～10km 两段
目标径向速度	数值型，采用跟踪雷达目标径向速度的系统误差和随机误差来描述	单位为 m/s
弹丸测偏	数值型，采用跟踪雷达弹丸测偏的方位和高低角误差来描述	单位均为 mrad
方位角和高低角误差	数值型，采用综合火控台的方位角和高低角的系统误差和随机误差来描述	单位均为 mrad

表 2.18　防空导弹参数

输入数据名称	描述方式	备注
有效射程	数值型，采用防空导弹的拦截远界和近界来描述	单位为 m
作战高度	数值型，采用防空导弹的最大、最小作战高度来描述	单位为 m
制导精度	数值型，采用防空导弹的制导精度来描述	单位为 m（落入概率不小于95%）
截获距离	数值型，采用防空导弹的截获距离来描述	单位为 m
杀伤半径	数值型，采用防空导弹的杀伤半径来描述	单位为 m

（2）输出数据如表 2.19 所示。

表 2.19　导弹拦截毁伤效果输出数据

输出数据名称	描述方式	备注
毁伤结果标志	布尔型	TRUE 表示导弹命中目标，FALSE 表示导弹未命中目标
飞行数据	数值型	防空导弹发射之后在空中的姿态数据（经度、纬度、高度）

2.4.2　火炮毁伤效果

2.4.2.1　火炮毁伤概述

（1）作战行动对火炮毁伤效果的影响分析。在火炮拦截作战行动中，搜索雷达的定位误差、情报指挥台的目标指示精度、跟踪雷达的测量精度、火炮射击密集度、火炮随动系统精度等均会对最终的拦截效果产生影响。

（2）近程火炮毁伤效果表现形式的描述。近程火炮毁伤效果的表现形式有两种：一种是给出对敌方来袭目标是否命中的结果；二是在火炮的有效射击区段内，计及末端防御武器系统战斗工作可靠性，火炮对敌来袭目标全航路累计毁伤概率[49]。

2.4.2.2 规则描述

1. 输入条件

（1）装备实体。

①敌方来袭目标，包括来袭目标位置（经纬度、高度），以及雷达反射截面积和目标编号、类型。

②指控分系统。指控分系统装备属性参数。

③跟踪雷达。跟踪雷达装备属性参数。

④火控分系统。火控分系统装备属性参数。

⑤近程火炮。近程火炮装备属性参数。

（2）作战行动。

①搜索雷达对敌方来袭目标的探测、截获行动。

②指挥系统对敌方来袭目标的航迹处理、威胁度判断、打击排序、火力分配行动。

③跟踪雷达对敌方来袭目标的捕获、跟踪行动。

④火控系统对火控雷达的探测行动。

⑤火炮对目标的射击、毁伤行动。

2. 建模规则

（1）基本思路。

防空火炮最基本的功能是拦截、摧毁敌方来袭目标。火炮的随动误差是影响防空火炮毁伤效果的主要战术性能指标。经弹道解算，得出理论的提前点火控诸元值，发送至火炮仿真模型。经火炮仿真模型叠加火炮随动误差，得到当前火炮真实架位，传回火控设备，从而控制火炮射击。

以弹丸飞行时间内方位偏差值的符号变化为判断标准，判断弹丸是否经过目标点，从而计算弹丸的命中点坐标值，得到弹丸命中点与目标真实位置的偏差值。弹丸是否命中通过计算目标的等效半径的方式进行判断。若弹丸偏差小于目标等效命中半径与引信有效作用距离之和，则视为命中目标，否则未命中。

炮弹弹丸对目标的摧毁概率一般采取比动能的方法进行计算。

$$P = m * V^2 / (2\ 000 * S)$$

式中，m 为弹丸质量，V 为弹丸存速，S 为弹丸面积。在 $P < 0.7$ 的情况下毁伤概率 $P_{hs} = 0$，$P \geqslant 0.98$ 的情况下毁伤概率 $P_{hs} = 1$，其他情况下 $P_{hs} = (P - 0.7)/(0.98 - 0.7)$。

毁伤效果评估分别由火控和系统精度高低角、方位角一次差均值、高低角、方位角二阶中心矩、高低角、方位角二阶原点矩来进行评定。

一次差均值 DM，得出系统误差量，计算公式如下：

$$DM = \frac{Cha}{N}$$

二阶中心矩 CM，得出随机误差量，计算公式如下：

$$CM = \sqrt{\frac{Cha}{N} - DM^2}$$

二阶原点矩 OM，得出综合误差量，计算公式如下：

$$OM = \sqrt{\frac{Cha}{N}}$$

其中，Cha 为一次差值，N 为一次差个数。

(2) 军事规则。

①火炮拦截来袭目标的过程中，搜索雷达的定位误差、情报指挥台的目标指示精度、跟踪雷达的测量精度、火炮射击密集度、火炮随动系统精度等均会对最终的拦截效果产生影响。

②火炮拦截作战行动的可能结果有两种：一种是没有命中目标；另一种是命中目标。如果命中目标，还要计算火炮命中概率。火炮弹丸对目标的摧毁概率一般采取比动能的方法进行计算。

③火炮能否命中目标主要取决于提前点的计算，即解算火炮的射击诸元。

(3) 简化假设。

①忽略弹丸飞行时间内，弹丸受气象条件的影响。

②敌方来袭目标为一个以其几何中心（或反射中心）为圆心的圆形目标。

3. 输出结果

可输出三类数据：

(1) 是否命中敌方来袭目标的毁伤标识。

(2) 命中目标时的弹丸命中概率。

(3) 火炮系统的射击精度指标（火炮的高低、方位角的随机与系统误差）。

2.4.1.4 数据描述

(1) 输入数据。火炮对来袭目标的毁伤效果模型的输入参数来源于敌方来袭目标的属性，以及我方指控分系统、火控分系统、火炮的属性，具体参数如表 2.20~表 2.23 所示。

表 2.20 敌方来袭目标参数

输入数据名称	描述方式	备注
目标位置	数值型，采用经纬度和高度来描述	经纬度采用度、分、秒，高度单位为 m
目标类型	字符型	用不同的数值来表示不同的目标类型
目标雷达反射截面	数值型，采用前视、仰视、侧视截面积表示	雷达反射截面积单位为 m^2

表 2.21 指控分系统参数

输入数据名称	描述方式	备注
定位误差	数值型，采用搜索雷达的距离误差和方位误差来描述	距离误差单位为 m，方位误差单位为 mrad
目标指示精度	数值型，采用指挥仪的目指距离误差、方位误差和目标径向速度来描述	距离误差单位为 m，方位误差单位为 mrad，径向速度单位为 m/s

表 2.22 火控分系统参数

输入数据名称	描述方式	备注
距离误差	数值型，采用跟踪雷达在距离上的系统误差和随动误差来描述	系统误差和随动误差单位均为 m
高低角误差	数值型，采用跟踪雷达在高低角方向上的随机误差来描述	随机误差单位为 mrad，分距离 300m~2.5km 和距离 2.5~10km 两段
方位角误差	数值型，采用跟踪雷达在方位角方向上的系统误差和随机误差来描述	随机误差单位为 mrad，分距离 300m~2.5km 和距离 2.5~10km 两段
目标径向速度	数值型，采用跟踪雷达目标径向速度的系统误差和随机误差来描述	单位为 m/s
弹丸测偏	数值型，采用跟踪雷达弹丸测偏的方位和高低角误差来描述	单位均为 mrad
方位角和高低角误差	数值型，采用综合火控台的方位角和高低角的系统误差和随机误差来描述	单位均为 mrad

表 2.23　火炮参数

输入数据名称	描述方式	备注
有效射程	数值型，采用火炮的有效射程来描述	单位为 m
火炮立靶密集度	数值型，采用火炮的方位角和高低角误差、等速、正弦、射击跟踪误差来描述	单位为 mrad
射界	数值型，采用火炮射击的方位、高低角来描述	单位为°
拦截范围	数值型，采用火炮的最远射程、最近射程来描述	单位为 m
跟踪速度	数值型，采用火炮随动系统在方位、高低方向的最大跟踪速度来描述	单位为°/s
跟踪加速度	数值型，采用火炮随动系统在方位、高低方向的最大跟踪加速度来描述	单位为°/s^2
调转时间	数值型，采用火炮在高低调转 45°，在方位调转 90°所用的最少时间来描述	单位为 s
系统精度	数值型，采用火炮随动系统的静态误差和跟踪误差来描述	单位为 mrad

（2）输出数据如表 2.24 所示。

表 2.24　火炮拦截毁伤效果输出数据

输出数据名称	描述方式	备注
毁伤结果标志	布尔型	TRUE 表示火炮命中目标，FALSE 表示火炮未命中目标
弹丸命中概率	数值型	命中后，统计计算弹丸命中目标的概率
射击经度	数值型	火炮的高低、方位角的系统与随机误差

第3章
末端防御武器系统仿真模型构建

为了开展末端防御武器系统作战运用仿真及作战效能评估研究,需要在完成武器系统军事概念建模的基础上,建立末端防御武器各分系统的仿真模型,并对其单项效能指标进行仿真评估。武器系统的单项效能指标是衡量给定条件下武器系统实现某一特定功能的能力量度,是对相关的多项单项性能指标综合效果的评判,可用无量纲的随机概率事件来度量[50]。末端防御武器系统的单项效能指标主要包括:

(1) 搜索雷达发现来袭空中目标的能力(即发现概率)。

(2) 跟踪雷达截获来袭空中目标的能力(即截获概率)。

(3) 火力单元对来袭空中目标实施一次以上(含一次)有效射击的能力(即服务概率)。

(4) 火力单元杀伤来袭空中目标的概率(即杀伤概率)。

目前,获得武器系统的单项效能指标值主要有两种方法:一种是进行相关试验,并对试验结果进行统计分析得出所需结果;另一种是整合有关的单项性能指标,建立数学模型来计算武器系统的单项效能指标值。前一种方法不仅需要耗费大量的人力、物力和财力,且由于各方面因素的限制往往不具备进行相关试验的条件。为获得末端防御武器系统的单项效能指标值,可以结合末端防御武器系统作战运用实际,建立武器系统各分系统的仿真模型,主要包括搜索雷达仿真模型、跟踪雷达仿真模型、指挥控制仿真模型和火力拦截仿真模型,并基于上述模型的数值仿真结果对该武器系统的单项效能进行评估,同时为武器系统综合效能评估提供数据支撑。

3.1 参考坐标系定义

物体的位置和运动总是相对于另一个物体而言的，若所选参考物不同，坐标系就不同，其位置参数也就不同。在分析和计算火控中有关问题时，常常会涉及几个不同坐标系及不同坐标系之间相互转换的问题。因此，为便于模型开发和仿真，在构建末端防御武器系统仿真模型的过程中，需对参考坐标系进行统一的规范和定义。当涉及搜索雷达、跟踪雷达、防空导弹、防空高炮和来袭目标等物体的位置和运动时，都将它们视为空间中的一个质点，并以空间点的位置和运动来描述。对末端防御武器系统仿真模型构建过程中所需参考坐标系做如下统一定义。

3.1.1 雷达坐标系定义

雷达坐标系 $O_R X_R Y_R Z_R$ 固定于搜索雷达之上。它以雷达部署位置为坐标原点 O_R，Z_R 轴垂直向上，X_R 轴位于水平面内的正东方向，Y_R 轴位于水平面内的正北方向，三者构成右手螺旋关系。

3.1.2 目标坐标系定义

目标坐标系 $O_T X_T Y_T Z_T$ 固连于目标。它以目标中心 O_T 为坐标原点，X_T 轴平行于弹体或机身轴线指向前方，Y_T 轴垂直于目标对称平面，Z_T 轴位于目标对称平面内，垂直于 X_T 轴指向上方，三者空间关系可由右手法则确定。考虑到目标的来袭方向，取目标坐标系 $O_T X_T$ 轴与雷达坐标系轴 $O_R X_R$ 方向相反，$O_T Z_T$ 轴与 $O_R Z_R$ 方向相同，$O_T Y_T$ 轴与 $O_R Y_R$ 方向相反。两坐标系之间的相互位置关系如图 3.1 所示。

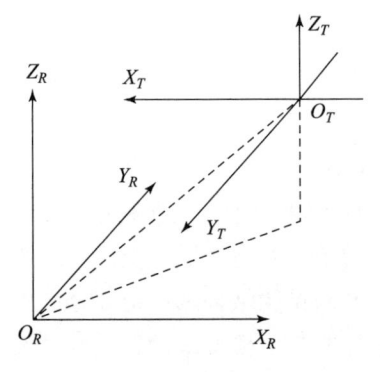

图 3.1 雷达坐标系与目标坐标系的位置关系

来袭目标姿态角定义如下：目标纵轴 $O_T X_T$ 与地面雷达坐标系平面 $X_R O_R Y_R$ 间的夹角称为俯仰角 θ，相对于平面 $X_R O_R Y_R$ 来说，飞行器抬头时 θ 为正；目标纵轴 $O_T X_T$ 与雷达坐标系 $O_R X_R$ 轴负向的夹角称为偏航角 φ，且从 $O_R Z_R$ 轴的正方向往下看，以 $O_R X_R$ 轴负向为基准，逆时针旋转

时 φ 为正；目标纵对称平面与包含纵轴的垂直平面间的夹角为滚转角 γ，实际上就是从飞行器尾部往前看时目标绕目标纵轴 $O_T X_T$ 顺时针转动的角度，此时转出的角度为正。这三个角度描述了目标坐标系与地面雷达坐标系之间的关系[51]。

3.2 来袭目标仿真模型构建

来袭目标仿真模型可为末端防御武器系统作战运用仿真提供敌方来袭目标想定依据。同时，为了贴近作战实际情况和提高仿真的真实性，对典型敌方来袭目标动态雷达散射截面积（Radar Cross Section，RCS）进行仿真计算[52]。

来袭目标仿真模型主要实现如下功能：

（1）具备仿真两种不同来袭目标类型（作战飞机、巡航导弹）的功能。

（2）具备仿真来袭目标运动模型、起始位置和状态参数设置的功能。

（3）具备仿真来袭目标匀加速直线运动、匀速圆周运动、蛇形机动信息数据解算的功能。

3.2.1 来袭目标进攻模式

一次战斗中，来袭目标的进攻规模和作战模式是由空袭目的、攻击的地（海）面目标、作战环境决定的[53]。空袭目的，诸如摧毁对方的防空要地、导弹发射阵地和弹药库，袭击海军基地和空军机场等。来袭目标根据不同的攻击对象采取相应的进攻方式，例如，袭击具有战略价值的目标、海军基地通常可采用战略轰炸机实施空袭；攻击对方雷达站，通常采用歼击轰炸机、小编队、单机跟进、低空连续进入的战术。作战环境，诸如白天、黑夜、海上或陆地作战等。

实际作战过程中，战场形势多变，来袭目标的进攻规模大小不一，进攻模式种类繁多。在构建来袭目标仿真模型的过程中，要兼顾各种作战条件是不现实的，需进行适当想定，以使模型简化便于仿真，现想定如下：

（1）来袭目标类型主要包括 BGM-109 战斧巡航导弹和 F-16 战斗机。

（2）来袭目标数量可根据作战实际任意设置。

（3）各批次来袭目标可以从任意方向进行突袭。

（4）来袭目标运动模型主要包括匀加速直线运动（含匀速直线）、匀速圆周运动（含顺时针、逆时针）、蛇形机动。

（5）来袭目标流为 Poisson 流，其分布函数 $F(k)$ 为

$$F(k) = \frac{\mathrm{e}^{-\lambda t}(\lambda t)^k}{k!},\ k = 1,2,3,\cdots,\lambda > 0 \tag{3.1}$$

式中，λ 为目标流强度，其含义代表单位时间间隔内到达的目标平均数。

（6）来袭目标到达时间间隔 t 服从与 Poisson 分布同参数 λ 的指数分布，其概率密度函数为

$$f(t) = \begin{cases} \lambda e^{-\lambda t} & t > 0 \\ 0 & t \leqslant 0 \end{cases} \tag{3.2}$$

3.2.2 来袭目标运动模型

3.2.2.1 目标运动轨迹概述

根据美国国家航空航天局学者提出的空战中最常用的机动动作，当空中目标机动飞行时会形成比较复杂的航迹。可以将复杂的飞行航迹分解为基本运动，如爬升、直线平飞、俯冲或转弯机动，再将这些基本运动组合起来仿真出空中目标的飞行航迹[54]。

根据文献［14］介绍的目标基本运动状态，推导出目标的姿态角、速度和瞬时位置的方程，可在雷达坐标系下仿真来袭目标的运动轨迹。

（1）瞬时姿态角方程：

$$\begin{cases} \alpha_i = \alpha_0 + \dot{\alpha} T \\ \beta_i = \beta_0 + \dot{\beta} T \\ \gamma_i = \gamma_0 + \dot{\gamma} T \end{cases} \tag{3.3}$$

式中，α_0 为初始航向角；β_0 为初始滚转角；γ_0 为初始俯仰角；$\dot{\alpha}$ 为航向角速率；$\dot{\beta}$ 为滚转角速率；$\dot{\gamma}$ 为俯仰角速率；T 为目标运动时间。

（2）雷达坐标系下的速度方程：

$$\begin{cases} V_E^n = (\boldsymbol{C}_n^b) T \times V_x \\ V_N^n = (\boldsymbol{C}_n^b) T \times V_y \\ V_U^n = (\boldsymbol{C}_n^b) T \times V_z \end{cases} \tag{3.4}$$

式中，V_x、V_y、V_z 为目标机体坐标系下的速度；$\boldsymbol{C}_n^b$ 为雷达坐标系到机体坐标系的变化矩阵。

（3）瞬时位置方程：

$$\begin{cases} L_i = L_0 + \dfrac{V_E^n}{(R_M + h_i)\cos L_i} T \\ B_i = B_0 + \dfrac{V_N^n}{(R_N + h_i)} T \\ h_i = h_0 + V_U^n T \end{cases} \tag{3.5}$$

式中，$R_M = R_e(1 + e\sin^2 L)$；$R_N = R_e(1 - 2e + 3e\sin^2 L)$；$e$ 为地球椭圆率，$e = 1/298.257$；R_e 为地球长半轴，值为 6 378 137m；L_0 为目标初始经度；B_0 为目标初始纬度；h_0 为目标初始高度；L_i 为目标瞬时经度；B_i 为目标瞬时纬度；h_i 为目标瞬时高度；T 为目标运动时间。

3.2.2.2 目标典型运动模式仿真

匀加速直线运动、匀速圆周运动和蛇形机动是三种常见的目标运动模式。下面对来袭目标采用匀加速直线运动（含匀速直线）、匀速圆周运动（含顺时针、逆时针）和蛇形机动三种运动模式进行仿真。

（1）匀加速直线运动。设已知来袭目标仿真起始点（X_0，Y_0，Z_0）、初始偏航角 PH、初始滚转角 GZ、初始俯仰角 FY、加速度 A、初速度 V 和仿真步长 $\mathrm{d}t$，则推导可得下一仿真时刻目标所在位置和飞行姿态满足如下表达式：

$$\begin{cases} A_x = A \times \cos(FY_i) \times \cos(PH_i) \\ A_y = A \times \cos(FY_i) \times \sin(PH_i) \\ A_z = A \times \sin(FY_i) \\ V_0 = V \times \cos(FY_i) \times \cos(PH_i) \\ V_1 = V \times \cos(FY_i) \times \sin(PH_i) \\ V_2 = V \times \sin(FY_i) \\ V_x = V_0 + A_x \times \mathrm{d}t \\ V_y = V_1 + A_y \times \mathrm{d}t \\ V_z = V_2 + A_z \times \mathrm{d}t \end{cases} \tag{3.6}$$

$$\begin{cases} X_{i+1} = X_i - (V_x \times \mathrm{d}t + 1/2 \times A_x \times \mathrm{d}t \times \mathrm{d}t) \\ Y_{i+1} = Y_i - (V_y \times \mathrm{d}t + 1/2 \times A_y \times \mathrm{d}t \times \mathrm{d}t) \\ Z_{i+1} = Z_i - (V_z \times \mathrm{d}t + 1/2 \times A_z \times \mathrm{d}t \times \mathrm{d}t) \\ FY_{i+1} = FY_i \\ PH_{i+1} = PH_i \\ GZ_{i+1} = GZ_i \end{cases} \tag{3.7}$$

式中，A_x、A_y、A_z 分别为加速度在 X、Y、Z 轴的分量；V_0、V_1、V_2 为初速度在 X、Y、Z 轴的分量；V_x、V_y、V_z 为实时速度在 X、Y、Z 轴的分量；X_i、Y_i、Z_i 为当前时刻目标在 X、Y、Z 轴的坐标值；X_{i+1}、Y_{i+1}、Z_{i+1} 为下一仿真时刻目标在 X、Y、Z 轴的坐标值；PH_i、GZ_i、FY_i 为当前时刻的偏航角、滚转角、俯仰角；FY_{i+1}、PH_{i+1}、GZ_{i+1} 为下一仿真时刻的俯仰角、偏航角、滚转角。

根据上述匀加速直线运动模型,假设某来袭目标起始位置(X_0,Y_0,Z_0) = (30 000m,0m,3 000m),初始偏航角 $PH=45°$,初始滚转角 $GZ=0°$,初始俯仰角 $FY=20°$,加速度 $A=1\text{m/s}^2$,初速度 $V=400\text{m/s}$,仿真步长 $\mathrm{d}t=1\text{s}$,仿真步数 $N=750$,则可得该来袭目标轨迹及对应的姿态角变化情况,如图3.2所示。

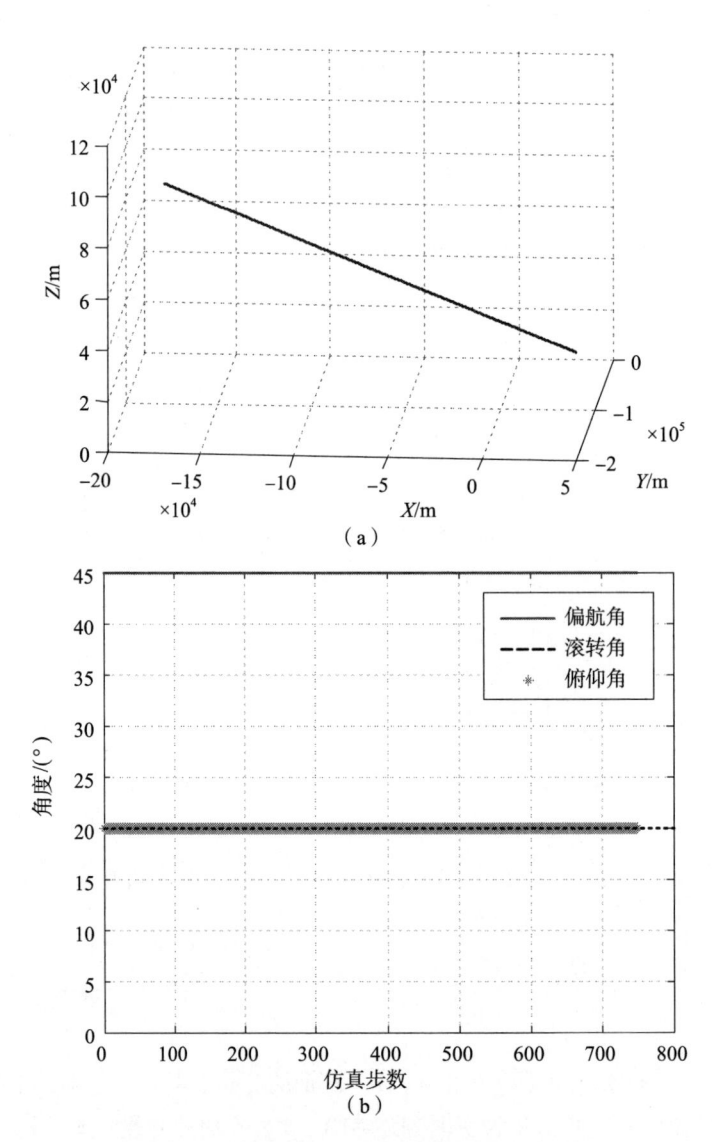

图3.2 匀加速直线运动轨迹及姿态角变化情况

(a)匀加速直线运动;(b)姿态角变化情况

(2) 匀速圆周运动。设已知来袭目标仿真起始点（X_0，Y_0，Z_0）、初始偏航角 PH、初始滚转角 GZ、初始俯仰角 FY、初速度 V、转弯半径 R 和仿真步长 $\mathrm{d}t$，则推导可得下一仿真时刻来袭目标所在位置和飞行姿态满足如下表达式。

顺时针匀速圆周运动：

$$\begin{cases} X_R = X_0 + R\sin(360° - PH_i) \\ Y_R = Y_0 + R\cos(360° - PH_i) \\ Z_R = Z_0 \\ X_{i+1} = X_R - R\sin(360° - PH_i) \\ Y_{i+1} = Y_R - R\cos(360° - PH_i) \\ Z_{i+1} = Z_R \\ PH_{i+1} = PH_i - \dfrac{V}{R} \times \mathrm{d}t \\ FY_{i+1} = FY_i \\ GZ_{i+1} = \arctan\left(\dfrac{V^2}{R \times g}\right) \end{cases} \quad (3.8)$$

逆时针匀速圆周运动：

$$\begin{cases} X_R = X_0 - R\sin(360° - PH_i) \\ Y_R = Y_0 - R\cos(360° - PH_i) \\ Z_R = Z_0 \\ X_{i+1} = X_R + R\sin(360° - PH_i) \\ Y_{i+1} = Y_R + R\cos(360° - PH_i) \\ Z_{i+1} = Z_R \\ PH_{i+1} = PH_i + \dfrac{V}{R} \times \mathrm{d}t \\ FY_{i+1} = FY_i \\ GZ_{i+1} = -\arctan\left(\dfrac{V^2}{R \times g}\right) \end{cases} \quad (3.9)$$

式中，X_R、Y_R、Z_R 为来袭目标做匀速圆周运动时圆心在 X、Y、Z 轴的坐标值；g 为重力加速度；其余参数含义与式（3.6）、式（3.7）相同。

根据上述匀速圆周运动模型，假设某来袭目标起始位置 (X_0, Y_0, Z_0) = (30 000m, 0m, 3 000m)，初始偏航角 $PH = 0°$，初始滚转角 $GZ = 0°$，初始俯仰角 $FY = 0°$，初速度 $V = 400\text{m/s}$，转弯半径 $R = 3000\text{m}$，仿真步长 $dt = 1\text{s}$，仿真步数 $N = 40$，则可得该来袭目标轨迹及对应的姿态角变化情况，如图 3.3 和图 3.4 所示。

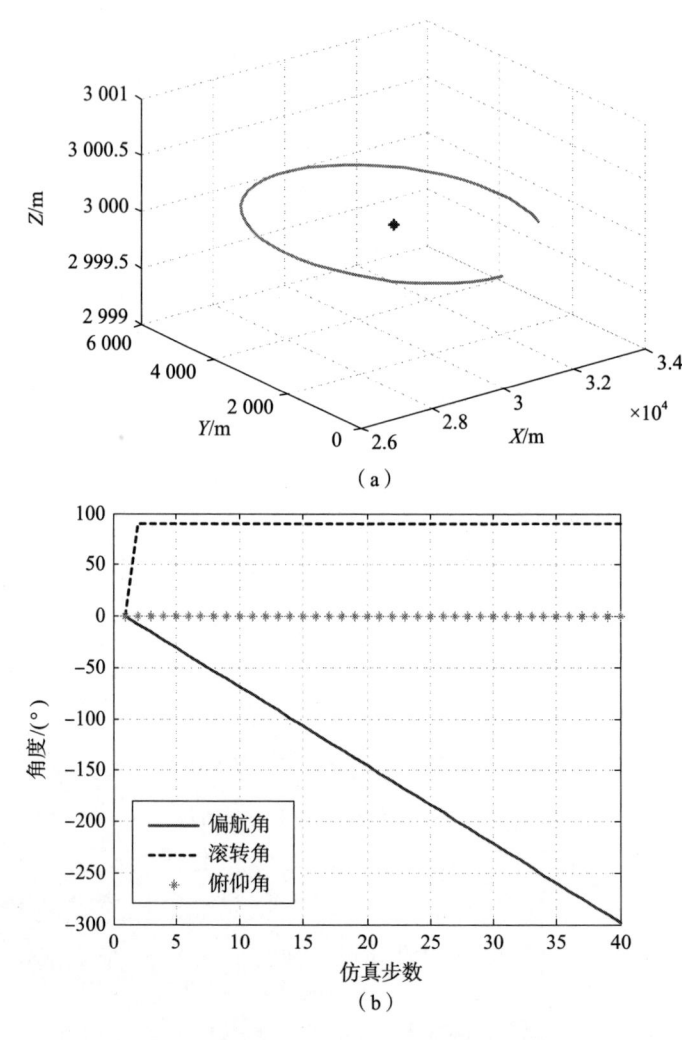

图 3.3 顺时针圆周运动轨迹及姿态角变化情况

（a）顺时针匀速圆周运动；（b）姿态角变化情况

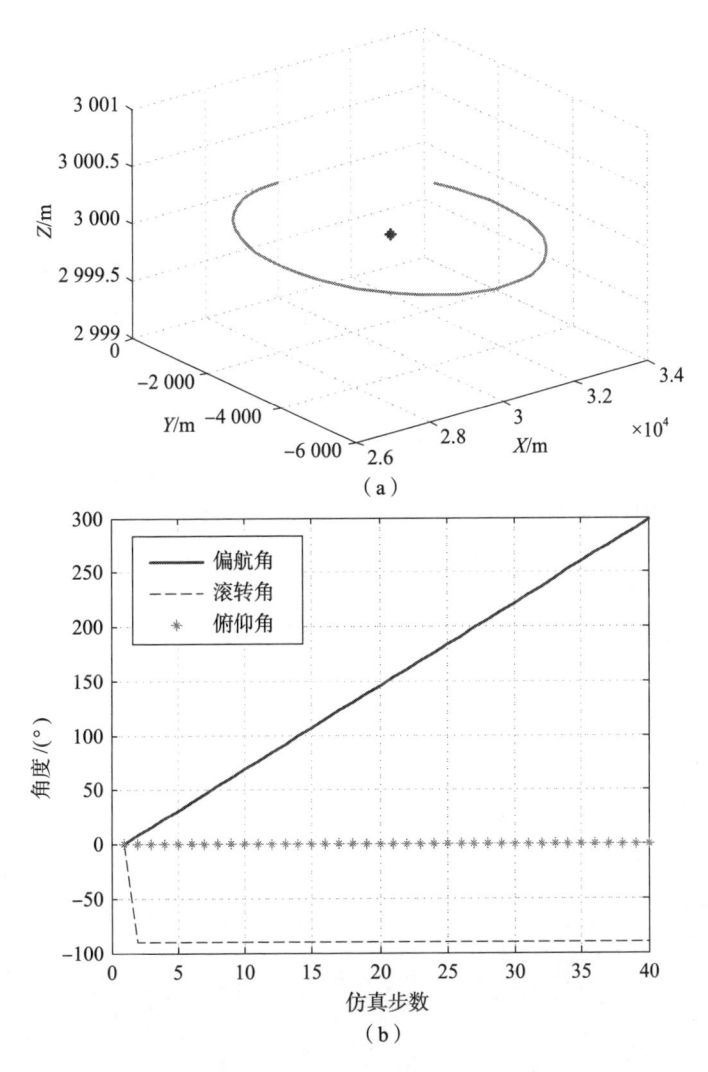

图 3.4　逆时针圆周运动轨迹及姿态角变化情况

（a）逆时针匀速圆周运动轨迹；（b）姿态角变化情况

（3）蛇形机动。设已知来袭目标仿真起始点 (X_0, Y_0, Z_0)、初始偏航角 PH、初始滚转角 GZ、初始俯仰角 FY、初速度 V、曲率 q、机动圆心角 θ 和仿真步长 dt，则推导可得下一仿真时刻来袭目标所在位置和飞行姿态满足如下表达式。

曲线右拐：

$$\begin{cases} R = 1/q \\ \varphi = V/R \\ \Delta PH = \varphi \times \mathrm{d}t \\ \beta = \sum_{i=1}^{n} \varphi_i \\ j = \left[\dfrac{\beta}{\theta}\right] \\ \alpha = \dfrac{(\beta - j \times \theta)}{2} \\ X_{i+1} = X_i + 2 \times R \times \sin(\alpha) \times \sin(PH_i + \Delta PH) \\ Y_{i+1} = Y_i + 2 \times R \times \sin(\alpha) \times \cos(PH_i + \Delta PH) \\ Z_{i+1} = Z_i \\ PH_{i+1} = PH_i + \varphi \\ GZ_{i+1} = GZ_i = \arctan\left(\dfrac{V^2}{R \times g}\right) \\ FY_{i+1} = FY_i \end{cases} \quad j/2 = 0;\ N = 1,\ 2,\ \cdots$$

(3.10)

曲线左拐：

$$\begin{cases} R = 1/q \\ \varphi = V/R \\ \Delta PH = \varphi \times \mathrm{d}t \\ \beta = \sum_{i=1}^{n} \varphi_i \\ j = \left[\dfrac{\beta}{\theta}\right] \\ \alpha = \dfrac{(\beta - j \times \theta)}{2} \\ X_{i+1} = X_i + 2 \times R \times \sin(\alpha) \times \sin(PH_i + \Delta PH) \\ Y_{i+1} = Y_i + 2 \times R \times \sin(\alpha) \times \cos(PH_i + \Delta PH) \\ Z_{i+1} = Z_i \\ PH_{i+1} = PH_i - \varphi \\ GZ_{i+1} = GZ_i = -\arctan\left(\dfrac{V^2}{R \times g}\right) \\ FY_{i+1} = FY_i \end{cases} \quad j/2 \neq 0;\ N = 1,\ 2,\ \cdots$$

(3.11)

式中，R 为转弯半径；φ 为角速度；$\triangle PH$ 为每仿真步长偏航角变化量；β 为来袭目标累计拐弯角度；j 为来袭目标进行右拐或左拐的判断标志；α 为曲线左拐或右拐角度；其余参数含义与式（3.6）~式（3.9）相同。

根据上述蛇形机动模型，假设某来袭目标起始位置 $(X_0, Y_0, Z_0)=$ (30 000m，0m，3 000m)，初始偏航角 $PH=0°$，初始滚转角 $GZ=0°$，初始俯仰角 $FY=0°$，初速度 $V=400$m/s，曲率 $q=0.3$，机动圆心角 $\theta=50°$，仿真步长 $dt=1$s，仿真步数 $N=5\ 000$，则可得该来袭目标轨迹及对应的姿态角变化情况如图 3.5 所示。

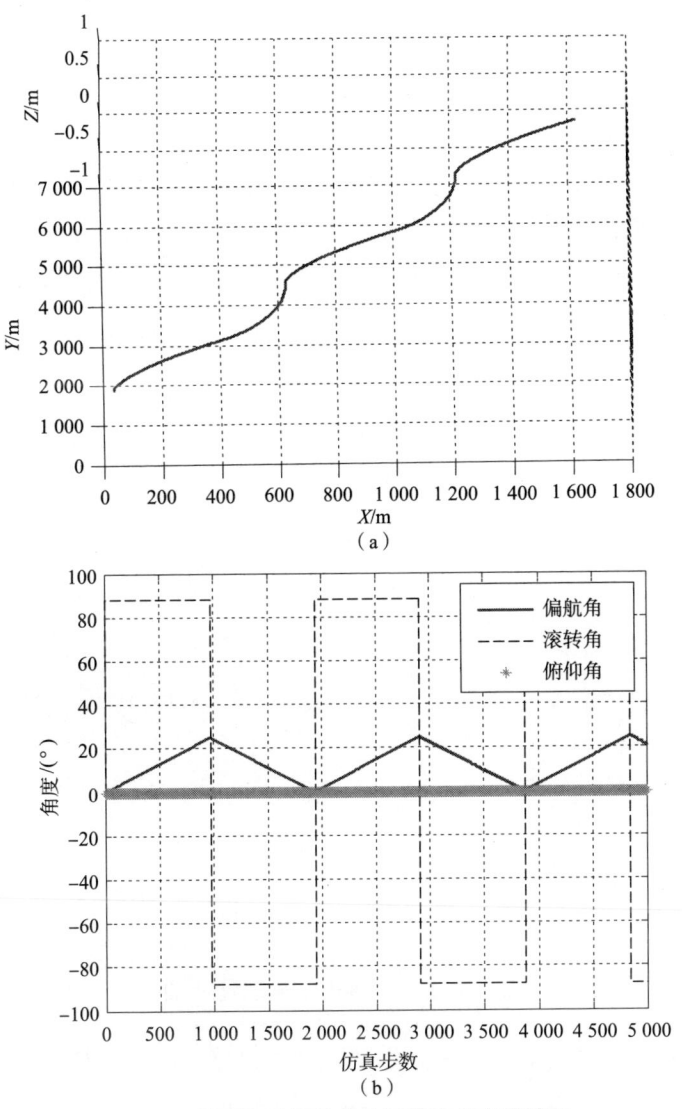

图 3.5 蛇形机动运动轨迹及姿态角变化情况

（a）蛇形机动运动轨迹；（b）姿态角变化情况

3.2.2.3　典型来袭目标航迹仿真

现代战争条件下，作战飞机和巡航导弹是两类典型的威胁目标，因此选择作战飞机和巡航导弹作为末端防御作战的想定对象。通过对作战飞机类和巡航导弹类来袭目标攻击航迹的仿真，不仅可为末端防御武器系统防御阵地选址、兵力部署方案优化、作战效能评估研究奠定基础，而且有助于武器系统作战指挥人员提前熟悉掌握敌方目标突防的战术动作，提高作战人员对末端防御武器系统的作战运用能力。

（1）作战飞机类目标的航迹仿真。作战飞机空袭要地时，其飞行轨迹根据实际作战情况不断变化，因此对作战飞机航迹的仿真，主要是将基本运动组合起来仿真出飞机的攻击航迹。

假定有一架 F–16 战斗机来袭，根据 F–16 战斗机常用的机动动作，通过对爬升、平飞、俯冲基本运动组合仿真飞机的飞行航迹。图 3.6（a）为雷达坐标系中目标的飞行轨迹，图 3.6（b）为雷达坐标系中目标的姿态角信息。

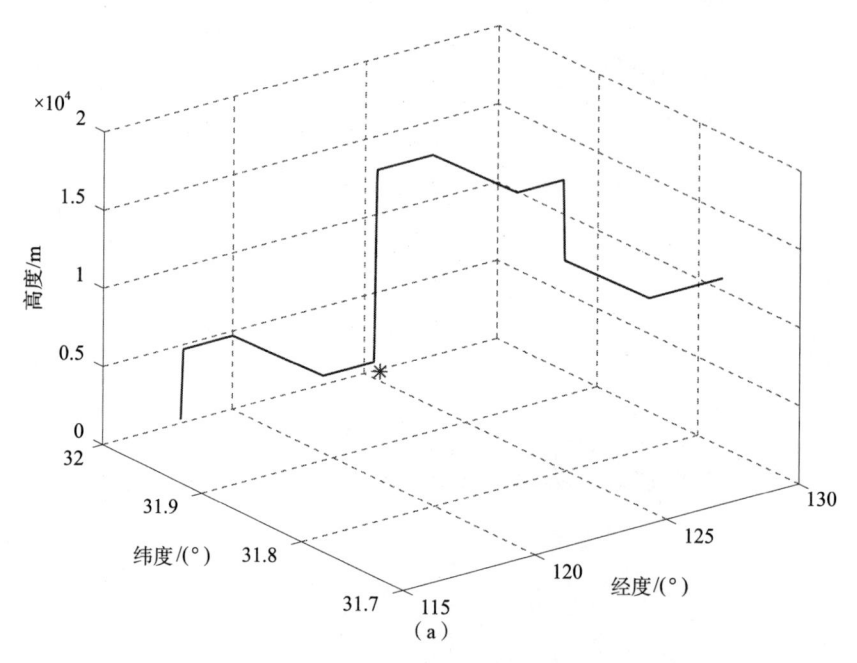

图 3.6　F–16 战斗机运动航迹仿真
（a）雷达坐标系中目标的飞行航迹仿真

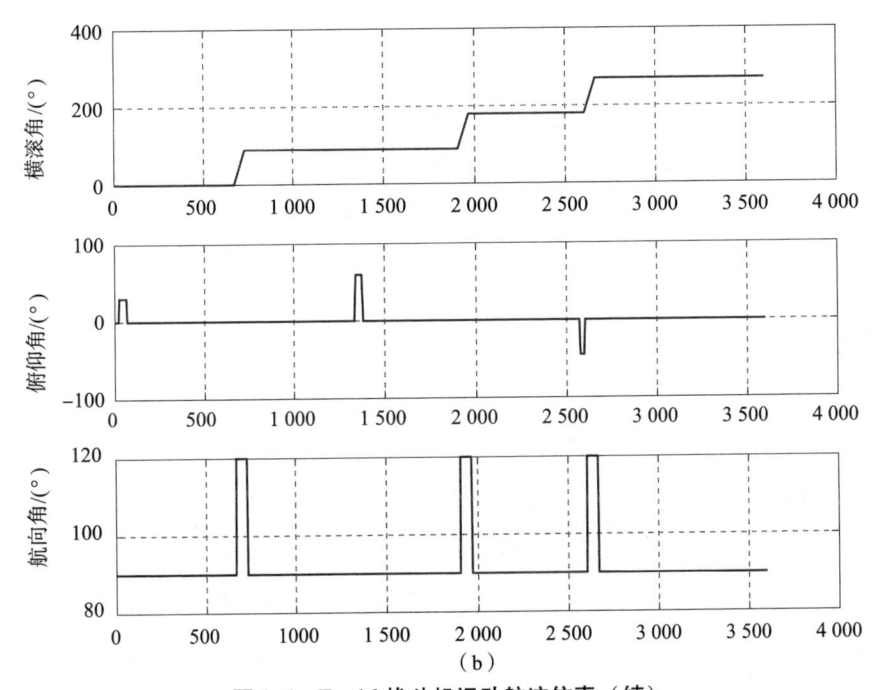

图 3.6　F-16 战斗机运动航迹仿真（续）

（b）飞行器航向角、滚转角、俯仰角仿真

此外，考虑到作战飞机还可能在要地上空做盘旋飞行，如图 3.7 所示，仿真了作战飞机沿圆弧轨迹飞行，盘旋经过雷达正上方时的飞行航迹。

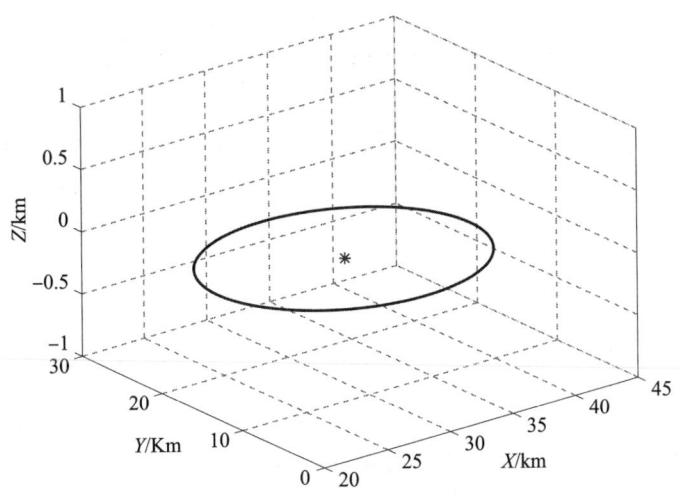

图 3.7　F-16 战斗机盘旋航迹仿真

（2）巡航导弹类目标的航迹仿真。巡航导弹在进行战术打击时，飞行高度可以达到 100m 以下，并且能够根据地形和阻碍物自适应地改变飞行轨迹实现突防。但是，巡航导弹的攻击模式比较规律，主要是末段飞行时通常以拉升—俯冲的形式攻击目标，因此主要仿真巡航导弹的攻击航迹。

假定有一枚 BGM-109 "战斧" 巡航导弹来袭，根据文献[55]提出的巡航导弹作战过程，仿真出巡航导弹的攻击轨迹。图 3.8（a）为雷达坐标系中目标的飞行轨迹，图 3.8（b）为雷达坐标系中目标的姿态角信息。

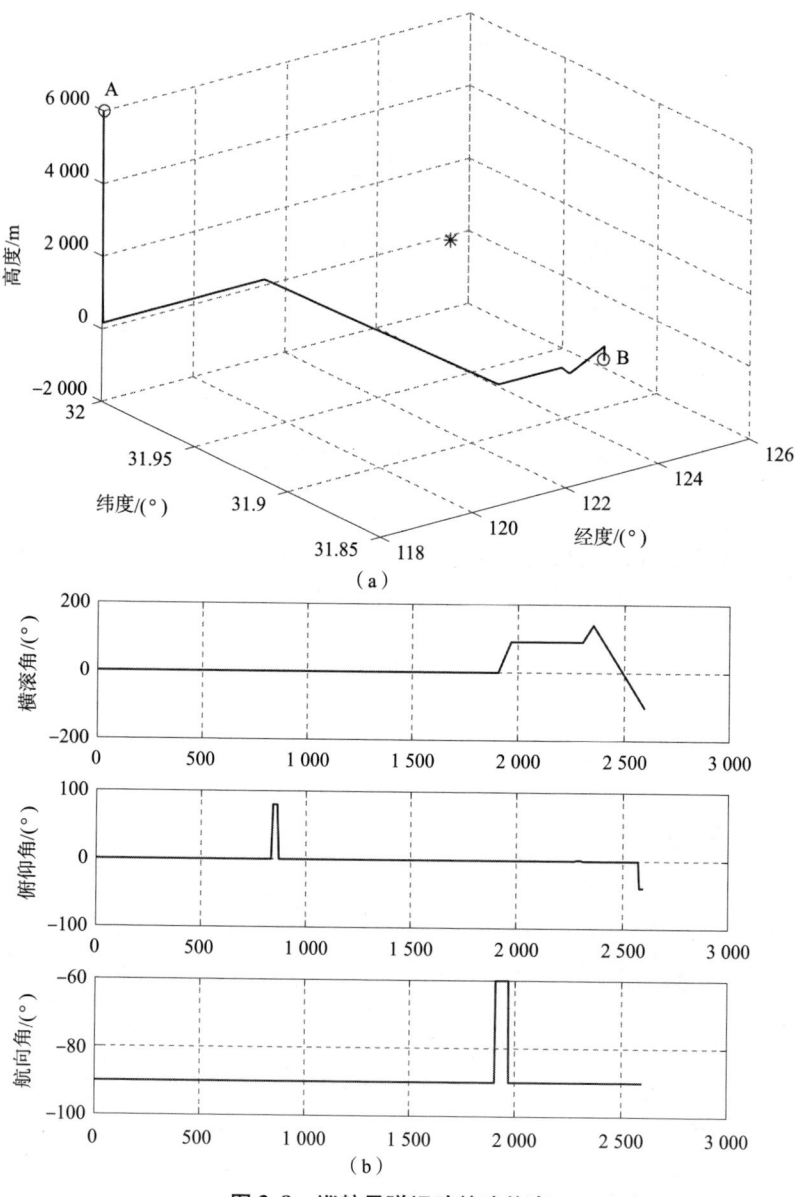

图 3.8　巡航导弹运动航迹仿真
（a）巡航导弹攻击模式仿真；（b）巡航导弹航向角、滚转角、俯仰角仿真

3.2.2.4 目标全空域动态 RCS 仿真

雷达散射截面积（Radar Cross Section，RCS）是表征目标特性最基本、最重要的参数，反映了目标对照射电磁波的散射能力[56]。它包括静态和动态两类，在作战运用研究中动态 RCS 具有非常高的实际应用价值。获取目标动态 RCS 的主要方式是外场测量。由于外场动态测量结果能准确反映目标的实际散射特性，因此世界各军事强国都很重视对目标特性测试场的建设与发展[57]。但由于外场动态测量场地要求和成本高，因此，用计算机仿真技术研究目标动态 RCS 便成为首选方法。

1. 来袭目标动态 RCS 值计算方法

来袭目标机动过程中的 RCS 值计算步骤主要包括：构建目标静态 RCS 数据库、姿态角解算、插值查找动态 RCS 序列[58]，如图 3.9 所示。具体步骤如下：

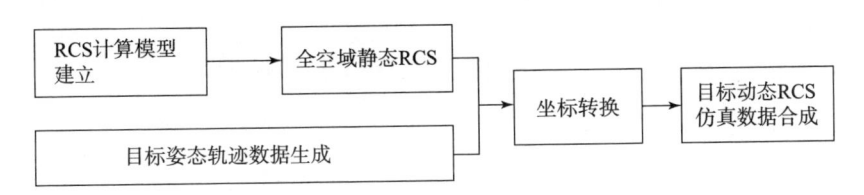

图 3.9 目标动态 RCS 仿真流程

（1）用 FEKO 电磁仿真软件获取空中目标全空域静态 RCS 数据库；

（2）结合仿真得到的目标飞行航迹，通过坐标系变换实现姿态角解算，确定雷达视线在机体坐标系中的时变姿态角；

（3）利用得到的时变姿态角，在目标静态 RCS 数据库中插值查找出目标对应的 RCS 值，构成特定航迹下的目标动态 RCS 序列。

2. 构建目标全空域静态 RCS 数据库

目标全空域静态 RCS 数据是雷达目标动态 RCS 计算的基础，可以利用 FEKO 电磁仿真软件获取目标全空域静态 RCS 数据。FEKO 是美国 ANSYS 公司推出的一种用于 3D 结果电磁场分析的综合电磁仿真软件，它集成了很多算法，如多层快速多极子方法（MLFMA）、物理光学法（PO），形成了一套完整的电磁计算体系[59]。具体步骤如下：

（1）根据来袭目标（假设以 BGM-109 "战斧" 巡航导弹和 F-16 战斗机为对象）参数，用 Solid Works 构建典型空中目标三维模型，如图 3.10 所示。

（2）将来袭目标三维模型导入 FEKO 电磁仿真软件，并对模型进一步做网格剖分，如图 3.11、图 3.12 所示。

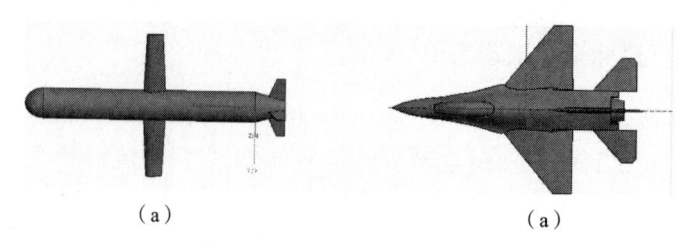

图 3.10　来袭目标三维模型
(a) BGM-109"战斧"巡航导弹；(b) F-16 战斗机

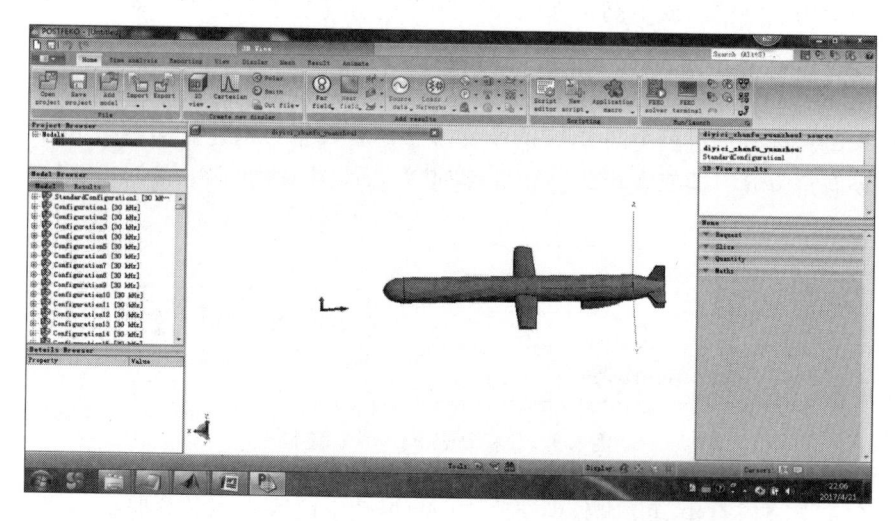

图 3.11　导入来袭 BGM-109"战斧"巡航导弹三维模型

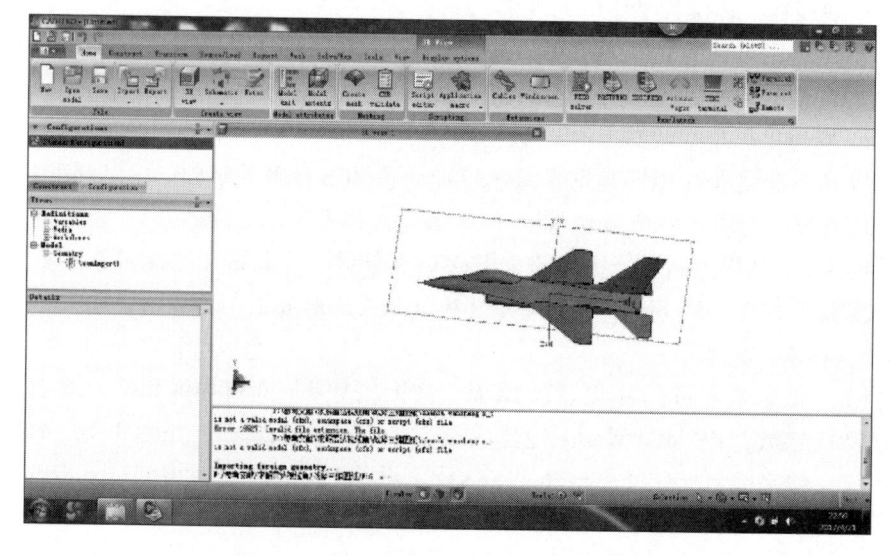

图 3.12　导入来袭 F-16 战斗机三维模型

（3）依据末端防御武器系统中搜索雷达战术技术指标设置相关参数，对来袭目标进行雷达视线角 0°～360°、俯仰角 -90°～90°的全空域电磁仿真。

（4）将仿真结果以 .txt 格式的文件导出并保存，如图 3.13 所示。

F16.ffe - 记事本

文件(F) 编辑(E) 格式(O) 查看(V) 帮助(H)

```
##File Type: Far field
##File Format: 3
##Source: F16
##Date: 2016-09-07 11:29:45
** File exported by FEKO kernel version 7.0-391

#Request Name: FarField1
#Frequency:   5.00000000E+008
#Coordinate System: Spherical
#No. of Theta Samples: 1
#No. of Phi Samples: 1
#Result Type: RCS
#Incident Wave Direction: (  0.00000000E+000,  0.00000000E+000)
#No. of Header Lines: 1
#     "Theta"           "Phi"           "Re(Etheta)"      "Im(Etheta)"      "Re(Ephi)"        "Im(Ephi)"        "RCS(Theta)"      "RCS(Phi)"        "RCS(Total)"
   0.00000000E+000   0.00000000E+000  -2.34946730E+001   6.88933908E+000  -1.49326119E-003  -8.25540386E-003   7.53306985E+003   8.84440288E-004   7.53307073E+003
#Request Name: FarField1
#Frequency:   5.00000000E+008
#Coordinate System: Spherical
#No. of Theta Samples: 1
#No. of Phi Samples: 1
#Result Type: RCS
#Incident Wave Direction: (  1.00000000E+000,  0.00000000E+000)
#No. of Header Lines: 1
#     "Theta"           "Phi"           "Re(Etheta)"      "Im(Etheta)"      "Re(Ephi)"        "Im(Ephi)"        "RCS(Theta)"      "RCS(Phi)"        "RCS(Total)"
   1.00000000E+000   0.00000000E+000  -8.33066199E+000   1.57563753E+001   5.57633694E-004   1.00561645E-002   3.99187465E+003   1.27469997E-003   3.99187593E+003
#Request Name: FarField1
#Frequency:   5.00000000E+008
#Coordinate System: Spherical
#No. of Theta Samples: 1
#No. of Phi Samples: 1
#Result Type: RCS
#Incident Wave Direction: (  2.00000000E+000,  0.00000000E+000)
#No. of Header Lines: 1
#     "Theta"           "Phi"           "Re(Etheta)"      "Im(Etheta)"      "Re(Ephi)"        "Im(Ephi)"        "RCS(Theta)"      "RCS(Phi)"        "RCS(Total)"
   2.00000000E+000   0.00000000E+000   3.32671768E+000   1.08256521E+001   1.13494579E-002   2.82169881E-003   1.61178524E+003   1.71872988E-003   1.61178695E+003
#Request Name: FarField1
#Frequency:   5.00000000E+008
#Coordinate System: Spherical
#No. of Theta Samples: 1
#No. of Phi Samples: 1
#Result Type: RCS
#Incident Wave Direction: (  3.00000000E+000,  0.00000000E+000)
#No. of Header Lines: 1
#     "Theta"           "Phi"           "Re(Etheta)"      "Im(Etheta)"      "Re(Ephi)"        "Im(Ephi)"        "RCS(Theta)"      "RCS(Phi)"        "RCS(Total)"
   3.00000000E+000   0.00000000E+000   6.05795944E+000   2.81726558E+000   3.39049701E-003  -2.38640071E-003   5.60910734E+002   2.16020665E-004   5.60910950E+002
```

图 3.13 电磁仿真结果输出

（5）将不同雷达视线角对应的 RCS 数据从仿真结果中提取并保存成 .txt 格式的文件，该文件即为目标全空域静态 RCS 数据，如图 3.14 所示。

F16.dat - 记事本

文件(F) 编辑(E) 格式(O) 查看(V) 帮助(H)

5.0000000e+02	0.0000000e+00	0.0000000e+00	-2.3494673e+01	6.8893391e+00	-1.4932612e-03	-8.2554039e-03	7.5330698e+03	8.8444029e-04	7.5330707e+03
5.0000000e+02	1.0000000e+00	0.0000000e+00	-8.3306620e+00	1.5756375e+01	5.5763369e-04	1.0056165e-02	3.9918747e+03	1.2747000e-03	3.9918759e+03
5.0000000e+02	2.0000000e+00	0.0000000e+00	3.3267177e+00	1.0825652e+01	1.1349458e-02	2.8216988e-03	1.6117852e+03	1.7187299e-03	1.6117869e+03
5.0000000e+02	3.0000000e+00	0.0000000e+00	6.0579594e+00	2.8172656e+00	3.3904970e-03	-2.3864007e-03	5.6091073e+02	2.1602067e-04	5.6091095e+02
5.0000000e+02	4.0000000e+00	0.0000000e+00	2.2778432e+00	-3.4151163e+00	6.2278557e-04	-2.8857328e-03	2.1176331e+02	1.0951989e-04	2.1176342e+02
5.0000000e+02	5.0000000e+00	0.0000000e+00	-2.6355833e+00	-1.2185193e+00	-6.4980635e-03	-7.4215123e-03	1.0594818e+02	1.2227540e-03	1.0594941e+02
5.0000000e+02	6.0000000e+00	0.0000000e+00	-1.2284915e-01	4.7174931e+00	-1.0864818e-02	5.3748226e-04	2.7985097e+02	1.4870183e-03	2.7985246e+02
5.0000000e+02	7.0000000e+00	0.0000000e+00	3.4484546e+00	2.7759058e+00	-7.6398469e-03	9.8483470e-03	2.4626935e+02	1.9522761e-03	2.4627130e+02
5.0000000e+02	8.0000000e+00	0.0000000e+00	1.1415305e+00	-1.1958823e-01	7.2450204e-03	4.0814182e-03	1.6554850e+01	8.6894310e-04	1.6555719e+01
5.0000000e+02	9.0000000e+00	0.0000000e+00	-2.4726284e-01	-8.7159466e-01	2.2280450e-03	-4.7836708e-03	1.0314680e+01	3.4994441e-04	1.0315030e+01
5.0000000e+02	1.0000000e+01	0.0000000e+00	-7.3660472e-01	-1.8232514e-01	2.6165540e-03	-1.2695806e-03	7.2360802e+00	1.0628875e-04	7.2361865e+00
5.0000000e+02	1.1000000e+01	0.0000000e+00	-1.4002636e+00	1.8487419e+00	-1.6101015e-03	-1.2727128e-02	6.7589292e+01	2.0680753e-03	6.7591360e+01
5.0000000e+02	1.2000000e+01	0.0000000e+00	1.3326255e+00	-1.0670938e+00	-1.9948120e-02	-1.1409153e-03	3.6625692e+01	5.0168618e-03	3.6630709e+01
5.0000000e+02	1.3000000e+01	0.0000000e+00	2.7491216e+00	-1.4148574e+00	-8.6889566e-04	1.7466313e-02	1.2012811e+02	3.8431363e-03	1.2013195e+02
5.0000000e+02	1.4000000e+01	0.0000000e+00	-1.1855099e+00	1.0368935e+00	1.1890777e-03	1.0407068e-03	3.1171912e+01	3.1377933e-05	3.1171943e+01
5.0000000e+02	1.5000000e+01	0.0000000e+00	-2.5303055e+00	-4.7195899e-01	-1.0438159e-02	9.4598711e-03	8.3254609e+01	2.4937249e-03	8.3257102e+01
5.0000000e+02	1.6000000e+01	0.0000000e+00	9.6960014e-01	9.4697586e-01	1.1302934e-03	1.4113807e-02	2.3083012e+01	2.5192698e-03	2.3085531e+01
5.0000000e+02	1.7000000e+01	0.0000000e+00	1.5979084e+00	1.6851271e+00	8.6449155e-03	2.1211678e-03	6.7769992e+01	9.9568278e-04	6.7770988e+01
5.0000000e+02	1.8000000e+01	0.0000000e+00	3.9753270e-01	-2.1804602e+00	6.6962846e-03	-3.9977345e-03	6.1731528e+01	7.6431316e-04	6.1732292e+01
5.0000000e+02	1.9000000e+01	0.0000000e+00	9.6810406e-02	-1.6926766e+00	-1.8483166e-03	1.6762353e-04	3.6122364e+01	4.3283255e-05	3.6122407e+01
5.0000000e+02	2.0000000e+01	0.0000000e+00	-8.0021636e-01	8.8719245e-01	1.4062165e-03	-2.3267879e-03	1.7937949e+01	9.2882907e-05	1.7938042e+01
5.0000000e+02	2.1000000e+01	0.0000000e+00	-7.2215655e-01	1.2793509e+00	-8.5381597e-03	-9.1360672e-03	2.7121353e+01	1.9649769e-03	2.7123318e+01
5.0000000e+02	2.2000000e+01	0.0000000e+00	3.6071829e-01	1.1113118e+00	-1.4433073e-02	8.2703448e-03	1.7154748e+01	3.4772680e-03	1.7158226e+01
5.0000000e+02	2.3000000e+01	0.0000000e+00	4.1918439e-01	-8.6406906e-01	8.4724984e-03	1.4826798e-02	1.1590352e+01	3.6645693e-03	1.1594016e+01
5.0000000e+02	2.4000000e+01	0.0000000e+00	3.3158193e-01	-1.6354161e+00	6.3523855e-03	1.0259624e-03	3.4991467e+01	5.2031561e-04	3.4991987e+01
5.0000000e+02	2.5000000e+01	0.0000000e+00	1.4057390e-01	2.8997069e-01	-5.4047087e-03	2.9009666e-03	1.3049425e+00	4.7282833e-04	1.3054153e+00
5.0000000e+02	2.6000000e+01	0.0000000e+00	-4.7013444e-01	1.1551877e+00	1.9288615e-03	-8.3237904e-05	1.9546801e+01	4.6840334e-05	1.9546847e+01
5.0000000e+02	2.7000000e+01	0.0000000e+00	-2.7672949e-01	8.4681185e-01	-9.3606120e-03	-3.5791213e-03	9.9735454e+00	1.2620553e-03	9.9748074e+00
5.0000000e+02	2.8000000e+01	0.0000000e+00	4.6089977e-01	-2.3766935e-01	-7.8694041e-03	1.3327197e-02	3.3792895e+00	3.0101698e-03	3.3822997e+00
5.0000000e+02	2.9000000e+01	0.0000000e+00	2.5530622e-01	-1.4839573e+00	7.7942947e-03	6.4508244e-03	2.8491863e+01	1.2863461e-03	2.8493149e+01
5.0000000e+02	3.0000000e+01	0.0000000e+00	-1.4296191e-01	-4.5871236e-01	-7.7134726e-03	-9.1884902e-04	2.9010112e+00	7.5827921e-04	2.9017695e+00
5.0000000e+02	3.1000000e+01	0.0000000e+00	-1.8405930e-01	9.3115762e-01	-3.3338149e-03	1.2579889e-02	1.1321450e+01	2.1283403e-03	1.1323578e+01
5.0000000e+02	3.2000000e+01	0.0000000e+00	-3.1806111e-01	1.0078753e+00	1.1167743e-02	6.8946346e-04	1.4036327e+01	1.5732322e-03	1.4037901e+01
5.0000000e+02	3.3000000e+01	0.0000000e+00	1.6074914e-01	4.3826921e-01	-7.5238259e-03	-5.5922637e-03	2.7384658e+00	1.1043499e-03	2.7395702e+00
5.0000000e+02	3.4000000e+01	0.0000000e+00	5.8298034e-01	-7.1569229e-01	-4.0325932e-03	1.3635671e-02	1.0707572e+01	2.5408363e-03	1.0710113e+01
5.0000000e+02	3.5000000e+01	0.0000000e+00	1.6446636e-01	-1.1278747e+00	1.4416656e-02	3.0357233e-03	1.6325606e+01	2.7276010e-03	1.6328334e+01
5.0000000e+02	3.6000000e+01	0.0000000e+00	-2.6456579e-01	-9.1306963e-02	-7.4474108e-04	-1.3870931e-02	9.8434916e-01	2.4247737e-03	9.8677393e-01
5.0000000e+02	3.7000000e+01	0.0000000e+00	-2.3983872e-01	7.2852745e-01	-1.2206951e-02	-3.2532455e-03	7.3924800e+00	2.0055081e-03	7.3944855e+00
5.0000000e+02	3.8000000e+01	0.0000000e+00	-1.7576999e-01	5.6812357e-01	3.7560807e-04	3.2797124e-03	4.4442160e+00	1.3694322e-04	4.4443530e+00
5.0000000e+02	3.9000000e+01	0.0000000e+00	-5.0184794e-02	2.9070564e-01	-5.4852447e-03	-2.9171393e-03	1.0936297e+00	4.8503189e-04	1.0941147e+00
5.0000000e+02	4.0000000e+01	0.0000000e+00	4.1267339e-01	-1.5950684e-01	-1.1967476e-02	1.2508081e-02	2.4597634e+00	3.7657967e-03	2.4635292e+00
5.0000000e+02	4.1000000e+01	0.0000000e+00	3.8717058e-01	-7.9428674e-01	7.4767055e-03	1.4870950e-02	9.8117277e+00	3.4814661e-03	9.8152092e+00
5.0000000e+02	4.2000000e+01	0.0000000e+00	-2.6178574e-01	-3.4691300e-01	7.9113154e-03	-5.8539079e-03	2.3735411e+00	1.2171428e-03	2.3747583e+00
5.0000000e+02	4.3000000e+01	0.0000000e+00	-2.8670639e-01	5.8344722e-01	-5.9100015e-03	-5.7692721e-03	5.3106892e+00	8.5718505e-04	5.3115464e+00
5.0000000e+02	4.4000000e+01	0.0000000e+00	2.8187325e-02	5.4177256e-01	-4.2072498e-03	9.3358926e-03	3.6984340e+00	1.3177076e-03	3.6997517e+00
5.0000000e+02	4.5000000e+01	0.0000000e+00	2.5483580e-02	1.9868359e-01	4.5833508e-03	5.5914293e-03	5.0422039e-01	6.5685910e-04	5.0487725e-01
5.0000000e+02	4.6000000e+01	0.0000000e+00	1.6921420e-01	3.3896929e-02	-4.8557198e-04	-4.4612489e-03	3.7425725e-01	2.5306813e-04	3.7451032e-01
5.0000000e+02	4.7000000e+01	0.0000000e+00	3.3752958e-01	-3.5138149e-01	-8.9697982e-03	3.1046870e-03	2.9831956e+00	1.1321843e-03	2.9843278e+00
5.0000000e+02	4.8000000e+01	0.0000000e+00	1.1617569e-01	-5.8180365e-01	-1.1963350e-04	1.1551069e-02	4.4232655e+00	1.6768754e-03	4.4249423e+00

图 3.14 目标（F-16 战斗机）部分全空域静态 RCS 数据

(6) 将获取的目标全空域静态 RCS 数据作为搜索雷达仿真模型的 RCS 数据库，便于后续根据仿真实际进行插值调用。

3. 雷达姿态角解算

利用 FEKO 软件获取的目标静态 RCS 数据库，包含雷达测量的方位、俯仰角等数据。通常，目标视向角度下的 RCS 数据才能描述运动目标的散射特性。视向角度即机体坐标系下雷达的相对角度，因此在动态 RCS 计算中通常需要进行坐标系的转换，才能得到机体坐标系视向角对应的 RCS 值[60]。

雷达姿态角是指雷达入射波在机体坐标系下相对于目标的方位俯仰夹角，包括雷达视线方位角和雷达视线俯仰角[61]，如图 3.15 所示。雷达方位角 φ 为飞机视线方向在水平面上的投影与 X 轴的夹角，$\varphi \in [0°, 360°]$；雷达俯仰角 θ 为飞机视线方向与水平面的夹角，$\theta \in [0°, 180°]$；距离 R 为目标到测量雷达的距离。

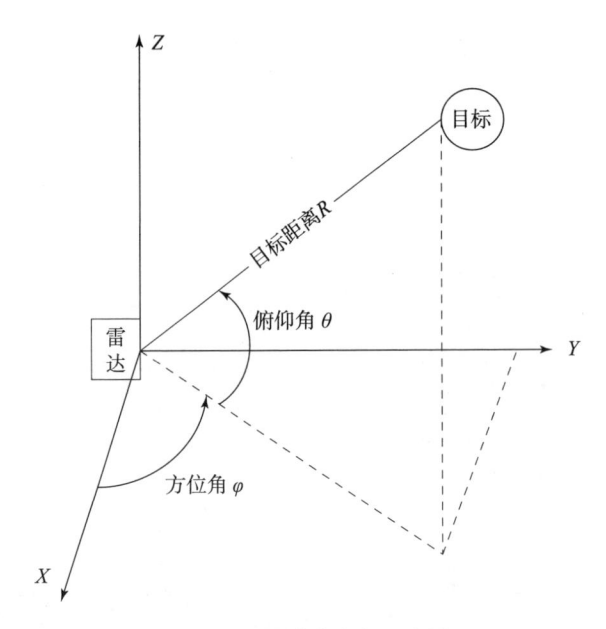

图 3.15 雷达姿态角示意图

已知雷达坐标系下航迹点的位置坐标 (L, B, H) 时，首先可按如下转换关系获得它在地心坐标系中的位置坐标 (x_0, y_0, z_0)：

$$\begin{cases} x_0 = (R_N + H) \cdot \cos B \cdot \cos L \\ y_0 = (R_N + H) \cdot \cos B \cdot \sin L \\ z_0 = (R_N(1 - f^2) + H) \cdot \sin B \end{cases} \quad (3.12)$$

式中，R_N 为卯酉圈半径；f 为椭圆偏心率；L 为目标经度；B 为目标纬度；H 为目标高度。

设目标航迹点在雷达坐标系中的位置坐标为 $(x_n(t), y_n(t), z_n(t))$，雷达位

置坐标为 (x,y,z)，雷达坐标系中的位置坐标转换到机体坐标系中的位置坐标为 $(x_b(t),y_b(t),z_b(t))$，则

$$\begin{bmatrix} x_b(t) \\ y_b(t) \\ z_b(t) \end{bmatrix} = \boldsymbol{C}_n^b \begin{bmatrix} x - x_n(t) \\ y - y_n(t) \\ z - z_n(t) \end{bmatrix} \tag{3.13}$$

式中，$\boldsymbol{C}_n^b$ 为雷达坐标系到机体坐标系的变化矩阵[62]，则有

$$\boldsymbol{C}_n^b = \begin{pmatrix} \cos\beta\cos\alpha + \sin\beta\sin\alpha & -\cos\beta\sin\alpha + \sin\beta\sin\gamma\cos\alpha & -\sin\beta\cos\gamma \\ \cos\gamma\sin\alpha & \cos\gamma\cos\alpha & \sin\gamma \\ \sin\beta\cos\alpha - \cos\beta\sin\gamma\sin\alpha & -\sin\beta\cos\alpha - \cos\beta\sin\gamma\cos\alpha & \cos\beta\cos\gamma \end{pmatrix}$$

雷达视线角在机体坐标系中的实时方位角 $\varphi(t)$ 和俯仰角 $\theta(t)$ 为[63]

$$\varphi(t) = \arctan\left(\frac{y_b(t)}{x_b(t)}\right)$$

$$\theta(t) = \arctan\left(\frac{z_b(t)}{\sqrt{(x_b(t))^2 + (y_b(t))^2}}\right) \tag{3.14}$$

式中，$\varphi(t) \in [0°,360°]$，$\theta(t) \in [0°,180°]$。

4. 典型来袭目标动态 RCS 仿真分析

(1) F-16 战斗机动态 RCS 仿真分析。F-16 战斗机在频率 $f=3\text{GHz}$、水平极化下的静态雷达反射截面积（RCS）幅度变化如图 3.16 所示。

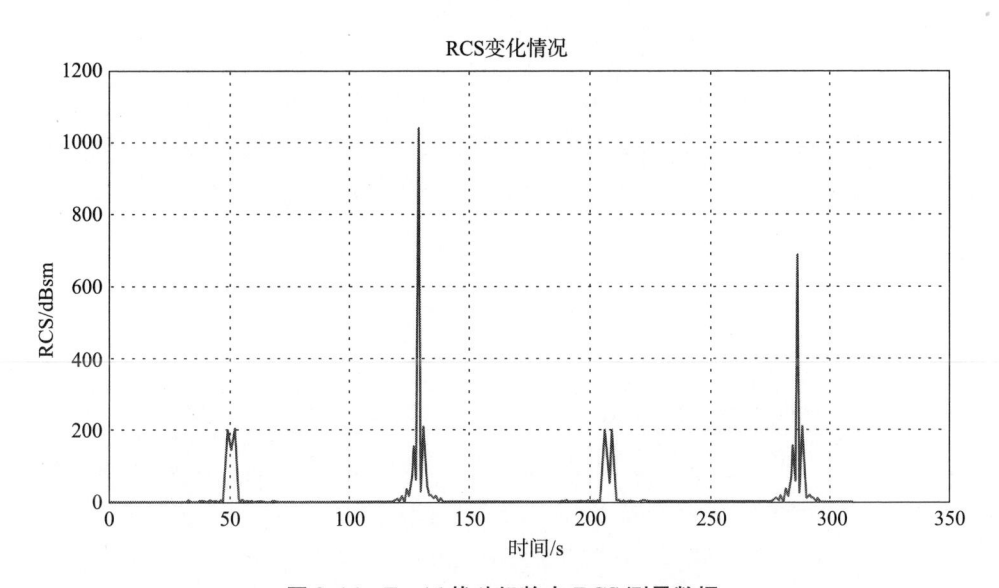

图 3.16　F-16 战斗机静态 RCS 测量数据

根据图 3.6 中 F-16 战斗机航迹仿真结果，求解出设定场景下目标飞行过程中的方位角，对图 3.16 中目标 0°~360°下的 RCS 进行高精度插值，并查找出相应方位角的 RCS，即目标动态 RCS 序列。仿真得到观测时间内目标动态 RCS 序列变化如图 3.17、图 3.18 所示。

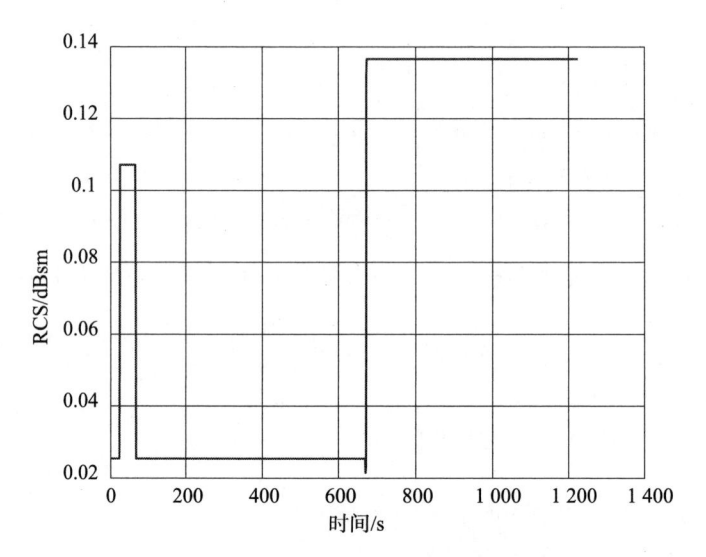

图 3.17　F-16 战斗机末段 RCS 变化情况

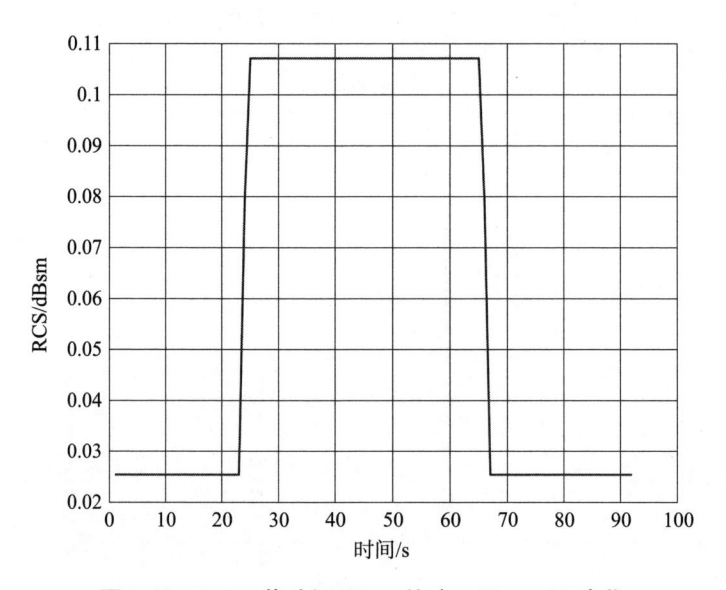

图 3.18　F-16 战斗机平飞—俯冲—平飞 RCS 变化

由图 3.17 可知，该航迹段开始时 RCS 会有明显波动，这是由于爬升前的拉起段俯仰角变化导致的。在该航迹段还包含有转弯动作，此时机翼正对雷达，所以导致 RCS 出现峰值，这与静态 RCS 数据库是吻合的，也验证了该方法的正确性和合理性。由于转弯段时间较短，RCS 均值较小，起到了较好的突防效果。

由图 3.18 可知，在俯冲前期，当目标飞行高度较低时，目标动态 RCS 序列也越小，这是由于飞机头部的尖端散射削弱了侧面与棱边的多次绕射，当飞机接近雷达时，雷达波束逐渐接近迎头照射，RCS 值变小。在俯冲段时，飞机的动态 RCS 序列增大，这是因为雷达波束照射飞机背部，俯冲角度越大，机背进行有效镜面反射的面积也越大。当飞机处于俯冲段末期时，随着飞机突防的纵深，此时飞机的动态 RCS 序列又变小。总之，在采样时间内，目标的 RCS 变化起伏很小，敌方利用这种飞行轨迹容易突防。

考虑到飞机还有可能在要地上空盘旋飞行，结合图 3.7 仿真的飞机预定航迹，对飞机盘旋飞行时的动态 RCS 序列进行仿真计算，仿真得到观测时间内目标动态 RCS 序列变化，如图 3.19 所示。

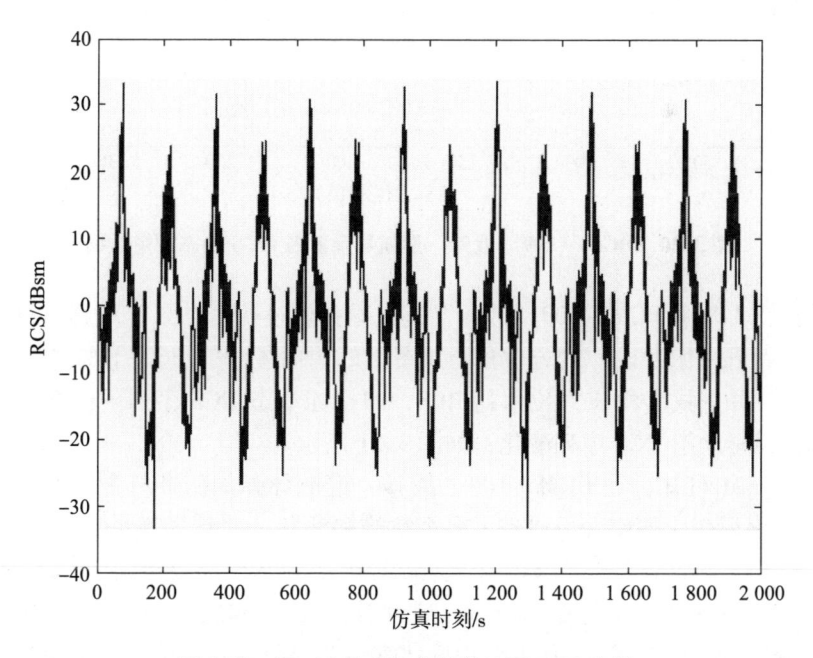

图 3.19　F-16 战斗机盘旋轨迹下 RCS 变化

由图 3.19 可知，F-16 战斗机在盘旋飞行时，当飞机距离雷达最远和最近处时，飞机的动态 RCS 序列达到两个峰值，这是由于飞机的侧面对雷达波的反射能力较强。而当飞机由最远处向最近处飞行时，由于飞机头部经过隐身处理，对雷达波反射能力较弱，此时目标动态 RCS 序列变小。

综合图 3.17~图 3.19 分析可知，末端防御武器系统拦截 F-16 战斗机时，由于飞机的机动动作变化无常，动态 RCS 序列也比较小，所以可以采用多源跟踪、早开快打的战术，即用目标指示雷达、搜索雷达、跟踪雷达、电视/红外等跟踪手段，同时为了尽早发现 F-16 战斗机，争取更多的准备时间，各类雷达应提前开机。

（2）BGM-109"战斧"巡航导弹动态 RCS 仿真分析。巡航导弹在频率 f = 3GHz、水平极化下的静态 RCS 幅度变化如图 3.20 所示。

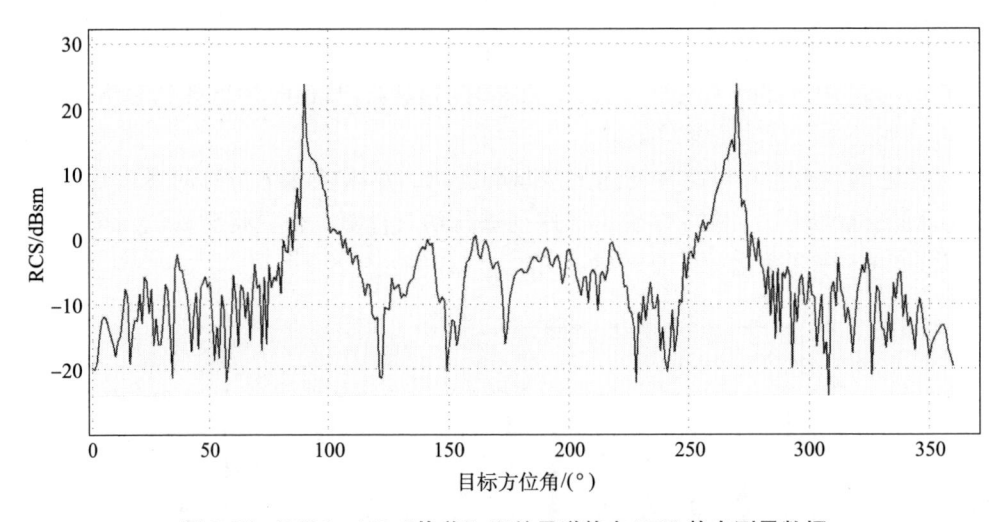

图 3.20　BGM-109"战斧"巡航导弹静态 RCS 静态测量数据

根据图 3.8 中 BGM-109"战斧"巡航导弹轨迹仿真结果，求解出目标末段攻击段（跃升—俯冲段）的方位角；对图 3.20 中目标 0°~360°下的 RCS 进行高精度插值，并查找出相应方位角的 RCS，即目标动态 RCS 序列。仿真得到的观测时间内目标动态 RCS 序列变化，如图 3.21 所示。

由图 3.21 可知，在 BGM-109"战斧"巡航导弹的俯冲打击段内，导弹的动态 RCS 序列变化幅度大，出现了多个波峰和波谷，并且导弹在 5~10s 采样时间内，RCS 跃升到最大值，这是由于巡航导弹跃升飞行导致视向俯仰角的变化。因此，目标 RCS 对姿态角变化敏感，通过对巡航导弹航迹仿真，可仿真计算出 BGM-109"战斧"巡航导弹动态 RCS 序列，使得防空雷达能提前快速准确地掌握目标散射特性变化，为末端防御武器系统作战部署提供了更多时间。

综合 BGM-109"战斧"巡航导弹的航迹仿真和动态 RCS 仿真结果可知，BGM-109"战斧"巡航导弹在末段攻击前，运动比较规律，而在末段的动态 RCS 变化快，所以要拦截巡航导弹，就要将末端防御武器系统配置在运动比较规

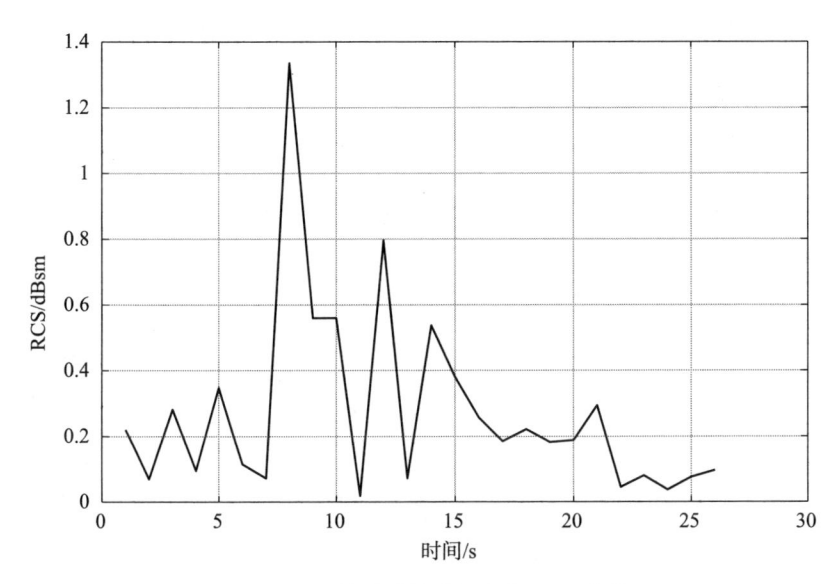

图 3.21　巡航导弹俯冲打击段 RCS 变化

律的点附近区域。在作战要地选择上，尽可能选择进袭航线当面设伏，力争拦截处于巡航飞行段的巡航导弹，合理部署雷达，减少侦察探测死角。

3.3　搜索雷达仿真模型构建与发现概率评估

搜索雷达发现空中目标的能力（发现概率）直接影响末端防御武器系统的整体作战能力。搜索雷达的发现概率是指在给定搜索总次数的条件下，"发现目标"这一事件发生频繁程度的量度[50]。通过对防空区域内搜索雷达发现概率的求解，可综合评价武器系统对来袭目标的发现和反应能力，全面、定量地衡量各项指标的优劣，从而根据实际作战情况调整武器系统的作战部署，优化武器系统设计，以期达到最佳的作战应用效果。搜索雷达仿真模型主要实现如下功能：

(1) 具备仿真搜索来袭目标过程的功能。
(2) 具备对来袭目标进行检测并发现的功能。
(3) 具备搜索过程中产生非固定杂波的功能。

上一节通过雷达与目标之间的坐标系转换获得了目标动态 RCS 序列，本节建立搜索雷达的发现概率模型，仿真分析来袭目标特性（目标类型、目标运动方式）、搜索雷达参数（雷达发射机功率、虚警概率、极化方式）和部署要地环境对雷达发现概率的影响，较为全面客观地反映影响搜索雷达发现概率的主要因素。

3.3.1 搜索雷达发现概率

目前，计算搜索雷达发现概率主要有以下几种方法：

（1）经验拟合公式法。该方法认为雷达的发现概率主要与目标距离有关[64]。通过工程实践总结，得到如下经验拟合公式：

$$P(r) = e^{-\lambda(\frac{r}{R_{max}})} \tag{3.15}$$

式中，r 为目标的距离（km）；R_{max} 为雷达最大探测距离（km）；λ 为探测系数（不同雷达的探测系数不同）。若某雷达最大探测距离 $R_{max}=30\text{km}$，探测系数 $\lambda=2$，则可得其发现概率与目标距离的关系，如图 3.22 所示。

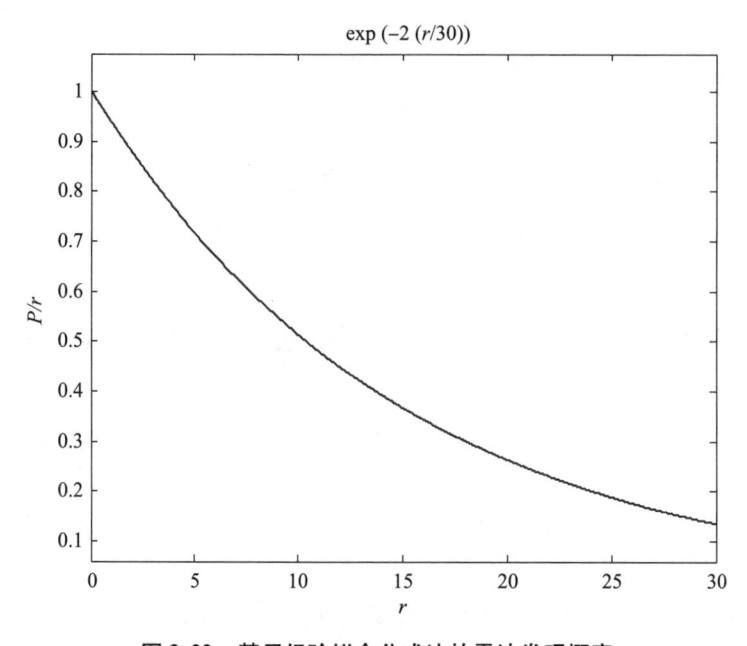

图3.22 基于经验拟合公式法的雷达发现概率

（2）理论公式法。该方法通过分析在有、无干扰条件下，雷达在搜索固定目标或运动目标（含快起伏目标与慢起伏目标）时对来袭目标的发现概率，并基于此建立了一组雷达发现概率计算模型[65]，如式（3.16）、式（3.17）所示。

① 无干扰情况：

$$\begin{cases} \text{固定目标}: P_d = 1 - \Phi\left(\dfrac{4.75 - \sqrt{n}S_N}{\sqrt{1+2S_N}}\right) \\ \text{运动目标}: \begin{cases} \text{快起伏 } P_d = 1 - \Phi\left(\dfrac{4.75 - \sqrt{n}S_N}{1+S_N}\right) \\ \text{慢起伏 } P_d = \exp\left(-\dfrac{4.75}{\sqrt{n}S_M}\right) \end{cases} \end{cases} \quad (3.16)$$

式中,$\Phi(x) = \dfrac{1}{\sqrt{2\pi}}\int_{-\infty}^{x}\exp\left(-\dfrac{t^2}{2}\right)\mathrm{d}t$;$S_N$ 为雷达单个脉冲信噪比;S_M 为雷达单个脉冲接收的平均功率信噪比;n 为一次扫描中的脉冲累计数。

②有干扰情况:

$$\begin{cases} \text{固定目标}: P_d = 1 - \Phi\left(\dfrac{4.75 - \sqrt{n}S_j}{\sqrt{1+2S_j}}\right) \\ \text{运动目标}: \begin{cases} \text{快起伏目标 } P_d = 1 - \Phi\left(\dfrac{4.75 - \sqrt{n}S_j}{1+S_j}\right) \\ \text{慢起伏目标 } P_d = \exp\left(-\dfrac{4.75}{\sqrt{n}\bar{S}_j}\right) \end{cases} \end{cases} \quad (3.17)$$

式中,$\Phi(x) = \dfrac{1}{\sqrt{2\pi}}\int_{-\infty}^{x}\exp\left(-\dfrac{t^2}{2}\right)\mathrm{d}t$;$S_j$ 为雷达单个脉冲信噪比;S_h 为雷达接收平均功率信噪比;n 为一次扫描中的脉冲积累数。

(3) 查表法。该方法通过将长期累积的雷达阵地资料数据与已知图表对比,获得不同工况条件下雷达的发现概率[66]。

经验拟合公式法使用简单,但精度差;理论公式法相比于经验拟合公式法虽然计算精度较高,但仍与实测数据有较大误差;由查表法得到发现概率,需通过人工作图,不仅耗时长且精度得不到保障。此外,这三种方法或者没有考虑来袭目标的雷达散射截面积(RCS)对发现概率的影响,或者将目标的 RCS 视为定值,然而除了极少数情况下 RCS 值是常数外,通常情况下随着目标姿态角、外形、雷达工作频率及极化方式的改变,RCS 值也会发生相应变化。文献 [67] 虽然考虑了目标不同运动方式对 RCS 的影响,但并没有进一步深入讨论对雷达发现概率的影响;文献 [68] 基于目标动态 RCS 数据研究了不同电离层对雷达探测距离的影响,但对其他影响发现概率的因素没有考虑。实际上,搜索雷达的发现概率不仅与雷达自身性能有关,而且与目标类型、运动方式、几何形状、尺寸及部署环境等因素也息息相关。

3.3.2 发现概率评估模型构建

通常情况下，雷达搜索的目标主要有固定目标和运动目标。由于末端防御武器系统面对的来袭目标都属于运动目标，因此只构建搜索雷达搜索运动目标时的发现概率模型。当搜索雷达对运动目标进行搜索时，若搜索雷达用同一种频率照射目标，则目标幅度慢起伏；若搜索雷达可频率捷变，即雷达可用不同频率波段的波束照射目标，则目标幅度快起伏。针对起伏目标的检测，Swerling[69]提出了四种检测概率模型，分别为Swerling Ⅰ、Swerling Ⅱ、Swerling Ⅲ、Swerling Ⅳ。其中，Swerling Ⅰ和Swerling Ⅲ模型适用于慢起伏目标；Swerling Ⅱ和Swerling Ⅳ适用于快起伏目标。由于末端防御武器系统的搜索雷达采用频率捷变工作体制，因此构建搜索雷达仿真模型时宜采用Swerling Ⅱ和Swerling Ⅳ模型进行检测概率计算，其检测概率 p_d 可表示为：

1. Swerling Ⅱ 模型

$$\begin{cases} p_d = 1 - \Gamma_{\mathrm{I}}\left(\dfrac{V_T}{1+\mathrm{SNR}}, n_p\right) \\ n_p \leqslant 50 \\ p_d \approx \dfrac{\mathrm{erfc}\left(\dfrac{V}{\sqrt{2}}\right)}{2} - \dfrac{\mathrm{e}^{-\frac{V^2}{2}}}{\sqrt{2\pi}}\left[C_3(V^2-1)+C_4 V(3-V^2)-C_6 V(V^4-10V^2+15)\right] \\ n_p > 50 \end{cases}$$

(3.18)

式中，V_T 为检测门限，可由 Newton – Raphson 方法中的递归算法求得；n_p 为累计脉冲次数；SNR 为信噪比；C_3、C_4、C_6 是 Gram – Charlier 级数的系数，其值满足

$$C_3 = -\frac{1}{3\sqrt{n_p}}, C_6 = \frac{C_3^2}{2}, C_4 = \frac{1}{4n_p} \tag{3.19}$$

变量 V 为

$$V = \frac{V_T - n_p(1+\mathrm{SNR})}{\sqrt{n_p}(1+\mathrm{SNR})} \tag{3.20}$$

$\Gamma_{\mathrm{I}}(x,N)$ 满足

$$\Gamma_{\mathrm{I}}(x,N) = \int_0^x \frac{\mathrm{e}^{-v}v^{N-1}}{(N-1)!}\mathrm{d}v \tag{3.21}$$

补余误差函数 erfc 为

$$\mathrm{erfc}(z) = 1 - \frac{2}{\sqrt{\pi}} \int_0^z e^{-v^2} dv \qquad (3.22)$$

2. Swerling Ⅳ 模型

$$\begin{cases} p_d = 1 - \left[\gamma_0 + \left(\frac{\mathrm{SNR}}{2}\right) n_p \times \gamma_1 + \left(\frac{\mathrm{SNR}}{2}\right)^2 \frac{n_p(n_p-1)}{2!} \gamma_2 + L + \right. \\ \left. \left(\frac{\mathrm{SNR}}{2}\right)^{n_p} \gamma_{n_p} \right] \left(1 + \left(\frac{\mathrm{SNR}}{2}\right)^{-n_p}\right), \quad n_p < 50 \\ p_d \approx \frac{\mathrm{erfc}\left(\frac{V}{\sqrt{2}}\right)}{2} - \frac{e^{-\frac{V^2}{2}}}{\sqrt{2\pi}} [C_3(V^2-1) + C_4 V(3-V^2) - C_6 V(V^4 - 10V^2 + 15)], \\ n_p \geqslant 50 \end{cases}$$

$$(3.23)$$

其中，γ_i 为

$$\gamma_i = \Gamma_\mathrm{I}\left(\frac{V_T}{1 + \mathrm{SNR}/2}, n_p + i\right) \qquad (3.24)$$

通过使用递归公式

$$\Gamma_\mathrm{I}(x, i+1) = \Gamma_\mathrm{I}(x, i) - \frac{x^i}{i! \exp(x)} \qquad (3.25)$$

那么只有 γ_0 需通过式（3.22）、式（3.23）计算，其他 γ_i 值可以由下面的递归公式计算：

$$\gamma_i = \gamma_{i-1} - A_i \quad i > 0 \qquad (3.26)$$

$$A_i = \frac{V_T/(1 + \mathrm{SNR}/2)}{n_p + i - 1} A_{i-1}, \quad i > 1 \qquad (3.27)$$

$$A_1 = \frac{\left(\frac{V_T}{(1 + \mathrm{SNR}/2)}\right)^{n_p}}{np! \exp\left(\frac{V_T}{(1 + \mathrm{SNR}/2)}\right)} \qquad (3.28)$$

$$\gamma_0 = \Gamma_\mathrm{I}\left(\frac{V_T}{1 + \mathrm{SNR}/2}, n_p\right) \qquad (3.29)$$

C_3、C_4、C_6 为 Gram-Charlier 级数的系数，其值满足

$$C_3 = -\frac{1}{3\sqrt{n_p}} \frac{2\beta^3 - 1}{(2\beta^2 - 1)^{1.5}}, C_6 = \frac{C_3^2}{2}, C_4 = \frac{1}{4n_p} \frac{2\beta^4 - 1}{(2\beta^2 - 1)^2}, \beta = 1 + \frac{\mathrm{SNR}}{2} \qquad (3.30)$$

变量 V 为

$$V = \frac{V_T - n_p(1 + \mathrm{SNR})}{\sqrt{n_p(2\beta^2 - 1)}} \tag{3.31}$$

利用检测概率模型求得的检测概率是一种概率事件,它衡量了该仿真时刻搜索雷达发现来袭目标的可能性大小。理论上,当 $p_d = 0.1$ 时搜索雷达就可能探测到来袭目标,但此时雷达的探测精度较低。为了后续可靠跟踪的需要,把 $p_d < 0.2$ 当作不可能发现目标;其他条件下用模拟生成的均匀分布随机数来判断该仿真时刻雷达是否能够发现目标。算法具体步骤如下[70]:

(1) 若 $d < D_{\max}$,则搜索雷达不能发现目标。其中 d 为来袭目标的实际距离;$D_{\max}$ 为搜索雷达在来袭目标方向上理论极限探测距离,可由下式获得:

$$D = \sqrt{(R_g \sin\theta)^2 + 2HR_g} - R_g\sin\theta \tag{3.32}$$

(2) 当 $d < D_{\max}$ 且 $p_d < 0.2$ 时,搜索雷达不能发现目标。

(3) 当 $d < D_{\max}$ 且 $p_d >= 0.2$ 时,利用 rand 函数产生 (0,1) 之间均匀分布的随机数 a,当 $p_d \geq a$ 时认为该仿真时刻能发现目标,否则不能发现目标。

(4) 本次仿真搜索雷达对来袭目标的累积发现概率为

$$P_d = N_d/N_s \tag{3.33}$$

式中,N_s 为总搜索次数;N_d 为发现目标次数。

搜索雷达探测过程仿真流程如图 3.23 所示。

根据建立的来袭目标仿真模型、搜索雷达仿真模型及发现概率评估模型,现假定已知有一架 F-16 战斗机来袭并在空中作逆时针匀速圆周运动,其起始位置 $(X_0, Y_0, Z_0) = (20\,000\mathrm{m}, 1\,000\mathrm{m}, 2\,000\mathrm{m})$、初始偏航角 $PH = 180°$、初始滚转角 $GZ = 0°$、初始俯仰角 $FY = 0°$、初速度 $V = 200\mathrm{m/s}$、转弯半径 $R = 900\mathrm{m}$、仿真步长 $dt = 0.1\mathrm{s}$、仿真步数 $N = 2\,000$;雷达部署位置 $(0\mathrm{m}, 0\mathrm{m}, 0\mathrm{m})$、峰值发射功率 $PI = 800 \times 10^3 \mathrm{W}$、发射天线增益 $G_1 = 3\,000\mathrm{dB}$、雷达波频率 $f_r = 50\mathrm{MHz}$、累计冲数 $np = 50$、虚警概率 $P_{fa} = 10 \times 10^{-9}$、最大探测距离 $D_{\max} = 60\mathrm{km}$、目标检测模型为 Swerling II、极化方式为水平极化,则仿真结果如图 3.24 ~ 图 3.28 所示。

图 3.24 显示的是来袭目标的运动轨迹。图 3.25 反映的是该来袭目标距搜索雷达的斜距离随仿真时间变化的规律,从图 3.25 中可以看出,F-16 战斗机在该仿真时间段内已在空中盘旋飞行了 6 圈多。

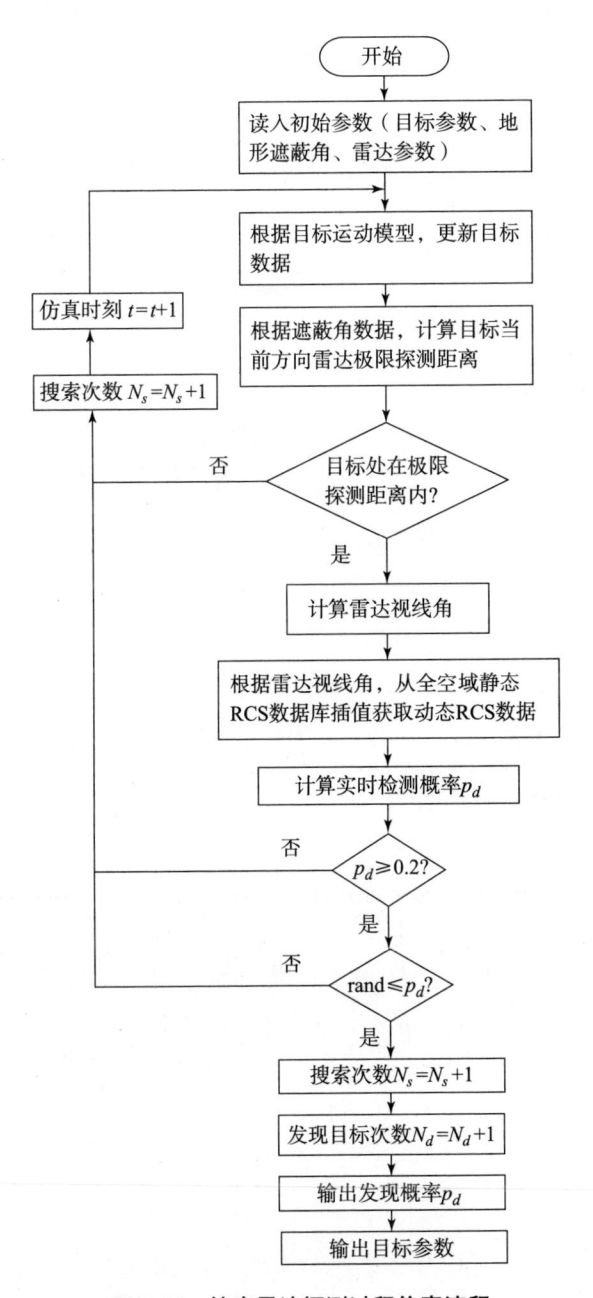

第 3 章　末端防御武器系统仿真模型构建　　75

图 3.23　搜索雷达探测过程仿真流程

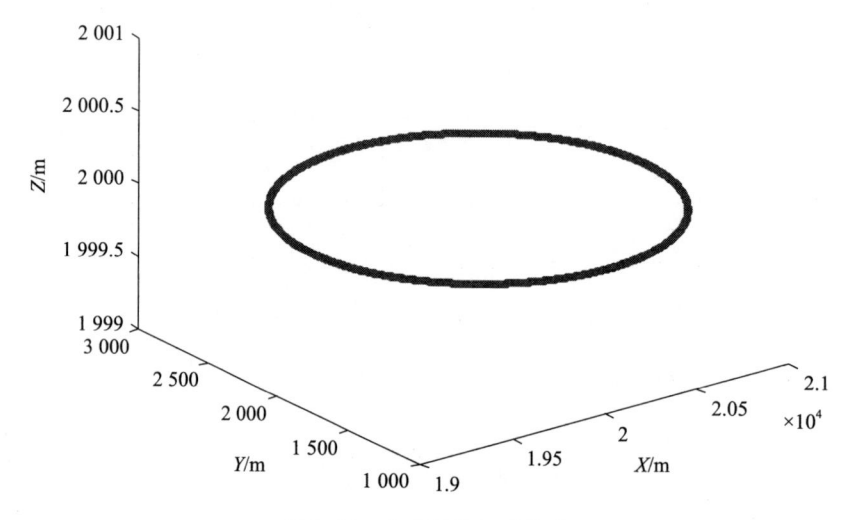

图 3.24 来袭目标运动轨迹

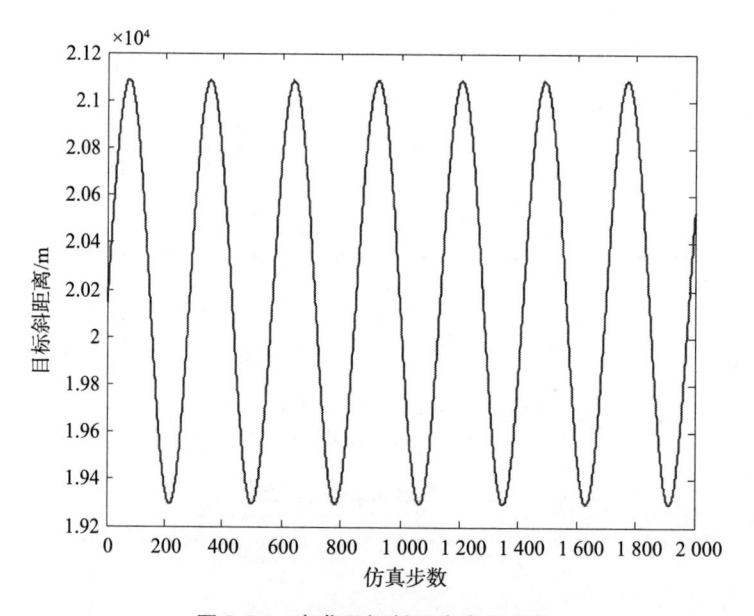

图 3.25 来袭目标斜距离变化规律

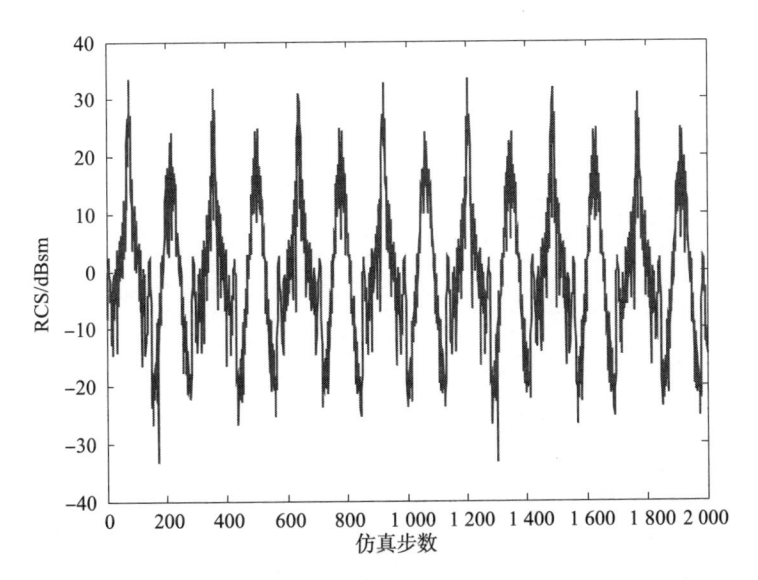

图 3.26 来袭目标 RCS 变化规律

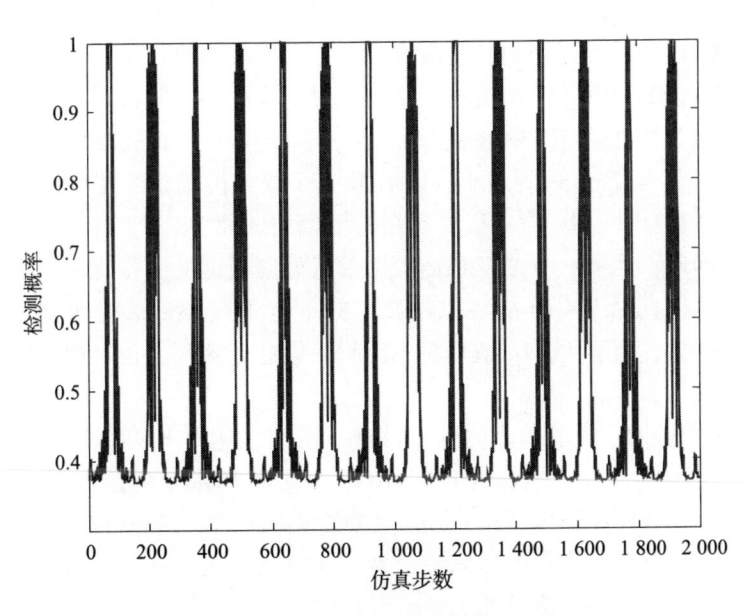

图 3.27 来袭目标检测概率变化规律

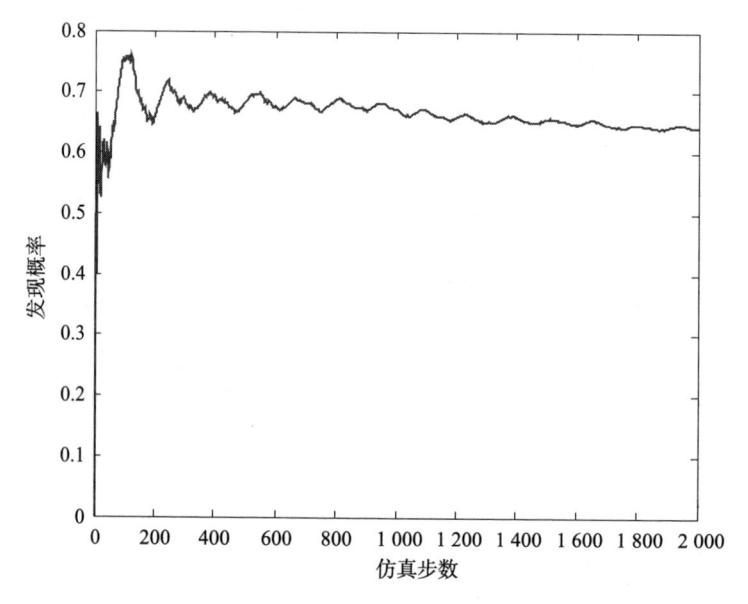

图 3.28　来袭目标发现概率变化规律

综合图 3.25～图 3.27 可知，当 F-16 战斗机距离搜索雷达最远和最近时，其雷达反射截面积（RCS）和检测概率将达到两个峰值，这是由于 F-16 战斗机侧面边缘对雷达波的反射能力较强所致。当 F-16 战斗机由斜距离最远处向最近处飞行时，由于 F-16 战斗机的机头部分做过隐身处理，其对雷达波的反射能力最弱，则在该过程中其 RCS 值将逐渐减小，直至当 F-16 战斗机头方向平行于搜索雷达时，其 RCS 值达到最小。随后 F-16 战斗机仍将继续朝搜索雷达最近处飞行，此时由于 F-16 战斗机又逐渐将侧面对正雷达，其 RCS 值将逐渐增大直至最大。同理，当 F-16 战斗机由斜距最近处向最远处飞行时时，RCS 也将由峰值逐渐减少，直至 F-16 战斗机尾部方向平行于搜索雷达时达到最小，而后 RCS 又逐渐增大，直至 F-16 战斗机飞至斜距最远处即侧面正对搜索雷达时达到另一峰值。

由图 3.28 可知，随着仿真时间的推进，搜索雷达对 F-16 战斗机的发现概率逐渐稳定于 0.6～0.7。这是由于 F-16 战斗机匀速盘旋飞行时，其距搜索雷达的最远距离与最近距离只差了 1.8km。此时距离因素并不是影响其发现概率变化的主要因素，因此当其余影响因素确定后，发现概率在此距离区间内并不会发生明显变化。此外，在仿真刚开始的一段时间内，由于雷达的总搜索次数和发现目标次数都偏小，导致式（3.33）中分子或分母数值稍微变化都会极大影响最后的发现概率，因此也不难解释图 3.28 中搜索雷达发现概率在仿真刚开始的一段时间内变动幅度较大。

3.3.3　非固定随机杂波模型构建

搜索雷达对空搜索来袭目标的过程中，由于云、雨和鸟、昆虫及来袭目标释放的干扰金属箔条等，会产生部分杂波回波信号。为使构建的末端防御武器系统仿真模型更贴近实际，需构建此类随机目标的非固定杂波回波模型。构建的非固定随机杂波模型如下：

（1）计算每次雷达扫描产生的杂波个数 j。每次雷达扫描产生的杂波个数可根据文献［71］中所述方法按泊松分布确定。给定参数 λ 即每次雷达扫描出现的平均杂波数，首先在（0，1）区间上产生随机数 r，然后根据式（3.31）确定每次雷达扫描实际产生的杂波个数 j。

$$e^{-\lambda}\sum_{j=0}^{j-1}\frac{\lambda^j}{j!} < r \leqslant e^{-\lambda}\sum_{j=0}^{j}\frac{\lambda^j}{j!} \tag{3.34}$$

（2）将产生的杂波按均匀分布随机地分布在雷达视域范围内。按照式（3.35）确定产生的杂波在雷达视域范围内在方位角、俯仰角和距离上的分布情况。

$$\begin{cases} rg = \text{rand}(j,1) \times D \\ az = \text{rand}(j,1) \times 2 \times \pi \\ el = \text{rand}(j,1) \times 0.5 \times \pi \end{cases} \tag{3.35}$$

式中，rand（j，1）为在（0，1）区间上产生的 j 个服从均匀分布的随机数；D 为雷达最大探测距离（km）；rg 为杂波的距离分布（m）；az 为杂波的方位角分布（rad）；el 为杂波的俯仰角分布（rad）。

（3）确定杂波在雷达视域范围内的实际位置。杂波在雷达视域范围内的实际位置（X，Y，Z）按式（3.36）确定：

$$\begin{cases} X = rg \times \cos(az) \\ Y = rg \times \sin(az) \\ Z = rg \times \sin(el) \end{cases} \tag{3.36}$$

式中，参数含义与式（3.35）相同。

3.3.4　搜索雷达发现概率主要影响因素分析

（1）目标特性对发现概率的影响。当具有确定极化方式的电磁波照射到目标上时，会朝各方向散射或折射电磁波，搜索雷达根据接收到的电磁波信号提取出隐含于雷达回波中的目标特征信息。不同的目标类型，同一目标类型不同的形状、尺寸、运动参数都会对搜索雷达接收到的电磁波产生影响，最终影响搜索雷达对来袭目标的发现概率。基于 FEKO 电磁仿真软件获得了 F-16 战斗机和 BGM-109 巡航导弹在特定条件下的全空域静态 RCS 数据，分析了搜索雷达对这两种不同类型目标的发现概率，以及 F-16 战斗机在不同运动参数（匀速直线运动、匀速圆周运动、蛇形运动）下对搜索雷达发现概率的影响，仿真实验结果如图 3.29~图 3.31 所示。

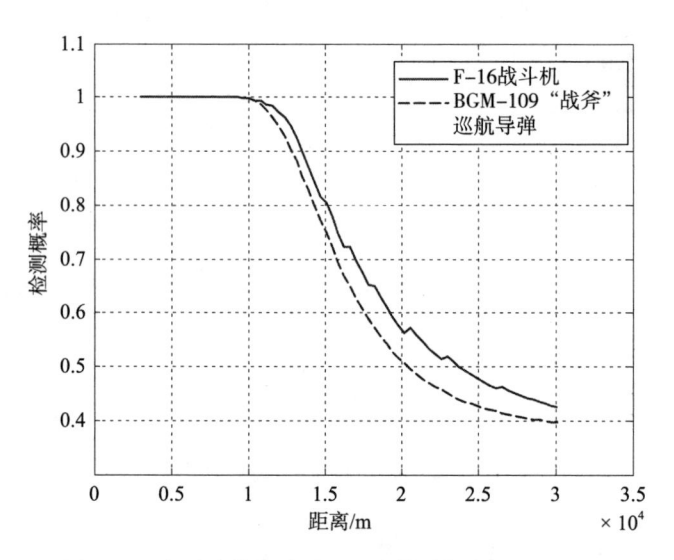

图 3.29　匀速直线运动时 F-16 战斗机和 BGM-109 "战斧" 巡航导弹的检测概率

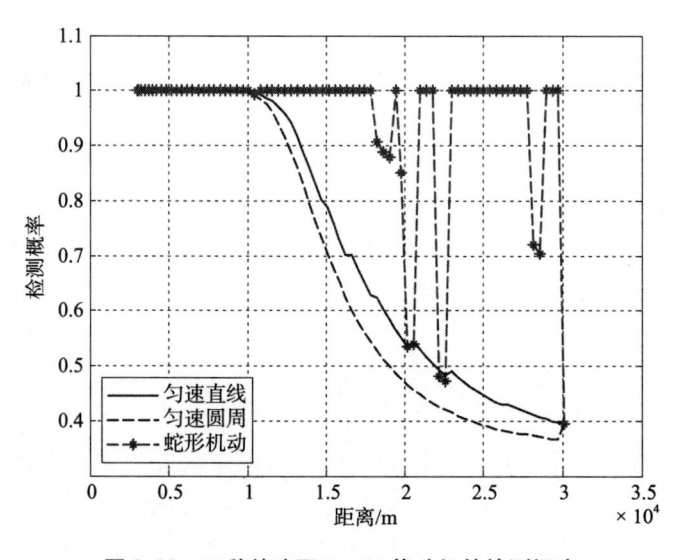

图 3.30　三种航迹下 F-16 战斗机的检测概率

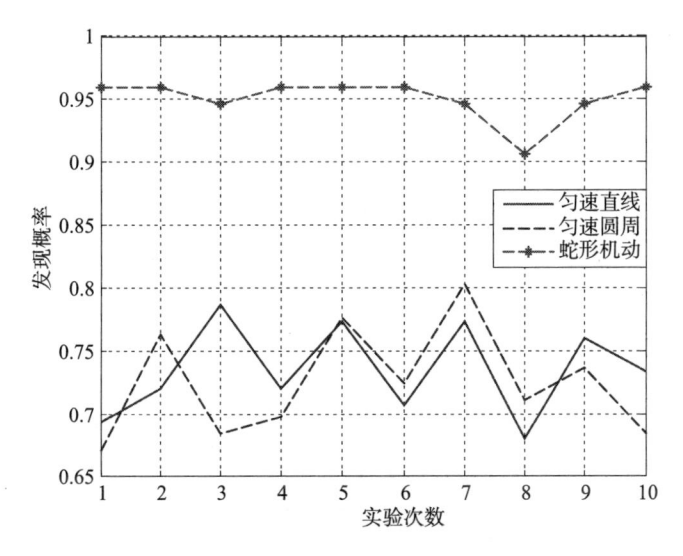

图 3.31　三种航迹下 F-16 战斗机的发现概率

分析图 3.29 可知，在同一种飞行航迹条件下（匀速直线运动），搜索雷达对不同类型的来袭目标检测概率不同。当来袭的 F-16 战斗机和 BGM-109 巡航导弹距离搜索雷达较远时，由于 F-16 战斗机的尺寸较大，形状较为不规则，其雷达散射截面积比巡航导弹更大，所以在远距离处搜索雷达对 F-16 作战飞机有更高的检测概率。但随着目标突防的纵深加大，此时目标距搜索雷达的距离成为影响检测概率的主要因素，搜索雷达对这两类目标的检测概率都趋于 1。

综合图 3.30、图 3.31 可知，相比于 F-16 战斗机采用匀速直线对站飞行，当 F-16 战斗机采用转弯机动（匀速圆周运动）和蛇形机动靠近雷达飞行时，雷达对来袭目标的检测概率和发现概率并不会显著降低，反而在采用蛇形机动靠近时会有明显的提高。这是由于 F-16 战斗机的机腹、机背和侧面都有较大的雷达散射截面积，而头部和尾部的雷达散射截面积相对较小，F-16 战斗机采取规避机动时将不可避免地将机腹、机背和侧面暴露在搜索雷达的探测范围内，使得搜索雷达对战斗机的检测概率和发现概率显著提高。

（2）雷达参数对发现概率的影响。搜索雷达自身的性能参数和工作方式也会影响雷达对来袭目标的发现概率。通过仿真分析，搜索雷达发射机功率、虚警概率以及采用不同极化方式的雷达对发现概率的影响如图 3.32～图 3.34 所示。

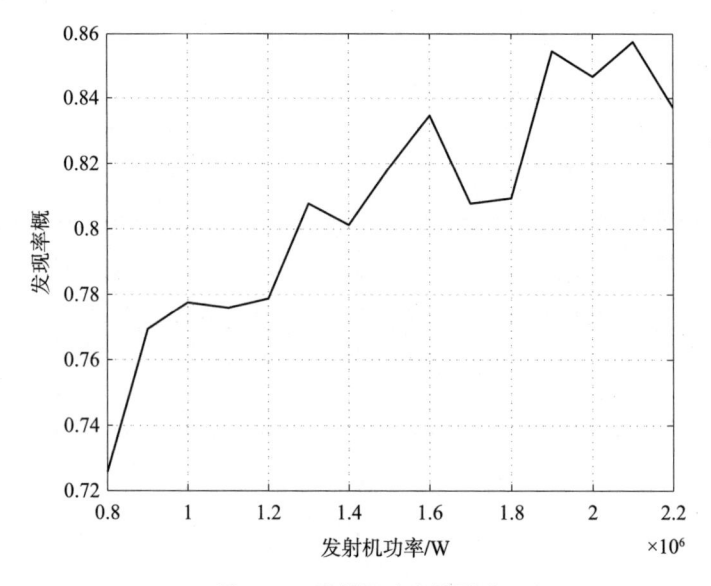

图 3.32　发射机功率的影响

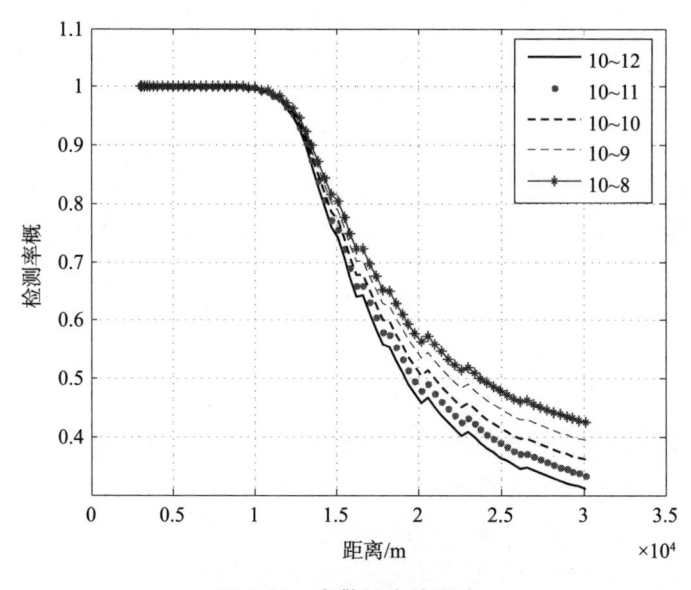

图 3.33　虚警概率的影响

图 3.32 反映了雷达发射机功率对发现概率的影响。分析图 3.32 可知，随着发射机功率的提高，搜索雷达发现来袭目标的概率也逐渐加大，这是由于当来袭目标具有相同散射截面积时，雷达发射机功率越大，雷达接收天线接收到的目标散射电磁波能量也越大。

雷达可通过恒虚警率控制来提高其抗干扰能力。当雷达采用恒虚警（CFAR）检测时，雷达将不断改变门限值使接收机保持一个恒定的虚警概率。图 3.33 仿真了搜索雷达在 5 种不同恒虚警概率条件下对来袭目标的累积检测概率。分析可知，随着虚警概率的提高，雷达对目标的检测概率会变大，相应对目标的发现概率也将适当提高。这是由于虚警概率的提高降低了雷达的检测门限所致，但此时不能排除检测概率提高的原因是雷达误将目标杂波当作目标回波信号引起的。

图 3.34 仿真了搜索雷达工作在水平极化和垂直极化两种不同方式时，对匀速直线对站飞行的来袭 F-16 战斗机的检测概率。由仿真结果可知，对于该作战想定，采用水平极化方式的搜索雷达对 F-16 战斗机的检测概率略高于采用垂直极化方式的搜索雷达，相应的其对 F-16 战斗机的发现概率也更大。

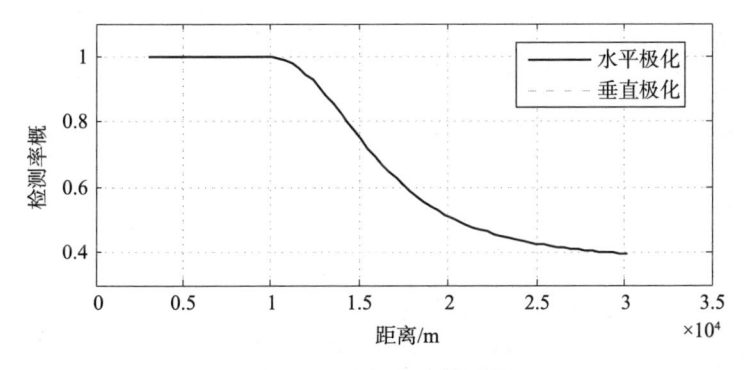

图 3.34　极化方式的影响

从仿真分析结果可知，为了提高搜索雷达发现来袭目标的能力，一方面，应在搜索雷达设计阶段考虑敌方可能运用的空袭武器，根据可能来袭目标的特性，适当提高搜索雷达某些方面的设计指标，诸如发射机的功率和抗干扰能力等。另一方面，在搜索雷达实际部署和使用过程中，应加强雷达的维护保养，确保雷达工作状态良好，并根据敌方来袭目标特性，合理部署和使用雷达，提高其发现来袭目标的能力，为后续作战行动留出充足的反应时间。

3.4　跟踪雷达仿真模型构建与截获概率评估

末端防御武器系统中的搜索雷达一般只能给出来袭目标在方位和距离上的目指信息。跟踪雷达需根据搜索雷达提供的目指信息对来袭目标以一定的扇区宽度进行方位和俯仰角上的扫描，以实现对欲拦截目标连续、精确和稳定的跟踪，为后续防空导弹和防空火炮实施火力拦截提供更全面且精度更高的目指信息。构建的跟踪雷达仿真模型主要实现如下功能：

(1) 具备对来袭目标搜索并截获的功能。
(2) 具备对已截获的来袭目标信息加噪的功能。
(3) 具备雷达信息二次处理的功能。
(4) 具备航迹滤波的功能。

3.4.1 目标截获及截获概率模型构建

目标截获期间，跟踪雷达在有限空域上工作于搜索模式，其搜索立体角 ψ_s 必须大到足以确保预期目标处于扫描空域内的高概率。搜索角的大小可通过提高前期搜索雷达提供的目指信息精度而得到相应提高。搜索雷达提供的方位指示数据特性表现为具有标准偏差 σ_a，且扫描通常在与相应的 σ_a 值成正比的扇区 A_m 和 ΔE 上进行。

设 X/σ_a 为扫描扇区宽度与每个坐标上均方根指示误差的比，则根据文献[70]可得来袭目标处于跟踪雷达线性、矩形和椭圆形扫描的扫描空域内的概率，如表 3.1 所示。

表 3.1 目标处于扫描空域的概率

X/δ_X	线性扫描 P_X	矩形扫描 P_X^2	椭圆形扫描 P_r
0.5	0.20	0.04	0.03
1.0	0.38	0.14	0.10
2.0	0.68	0.46	0.35
3.0	0.87	0.76	0.66
4.0	0.955	0.91	0.86
5.0	0.988	0.976	0.95
6.0	0.997	0.994	0.99
7.0	0.999 5	0.999	0.998
8.0	0.999 9	0.999 8	0.999 7

基于 3.3.2 节中检测概率模型获得的检测概率 p_d 和表 3.1 中目标处于不同扫描空域内的概率 P_v，可得跟踪雷达的检测概率 P_a 满足式（3.37）：

$$P_a = P_v \times p_d \tag{3.37}$$

3.4.2 目标信息加噪

由于自然因素和传感器精度等原因，跟踪雷达测量得到的目标信息并非真实值，而是包含着高斯白噪声分量的量测值。其中，决定跟踪雷达量测精度的主要因素包括[72]：

（1）角闪烁（又称角噪声）。角闪烁通常发生在复杂目标上，该类型的目标在雷达分辨单元内具有多个散射中心，是在来袭目标很近时的主要测角误差源。

（2）接收机噪声。接收机噪声主要影响跟踪雷达远距离的跟踪精度。

（3）目标回波的幅度起伏。随着来袭目标相对雷达视线角的改变，由多散射中心构成的复杂目标回波幅度将出现起伏（目标的偏航、滚转和俯仰变化会引起视角变化）。

（4）其他因素。影响雷达跟踪精度的其他因素包括天线座的结构特性、天线波束的宽度、多路径影响和大气影响等。

假设跟踪雷达的测量精度满足表 3.2 要求。

表 3.2 跟踪雷达测量精度表

项目	系统误差	随机误差（均方根值）
测角精度	≤0.9mrad	≤1.4 mrad
测距精度	≤3m	≤6 m

跟踪雷达可获得来袭目标的方位角 α、俯仰角 β 和距离 R 信息，根据表 3.2 所示的跟踪雷达测量精度，可按照如下算法步骤对目标信息进行加噪处理。

（1）根据表 3.2 所示的测量精度表，按照式（3.38）产生测距误差和测角误差：

$$\begin{cases} \delta_{rg} = -(\delta_{xt} + \delta_{sj}) + 2 \times (\delta_{xt} + \delta_{sj}) \times \mathrm{rand}(1) \\ \sigma_{az} = -(\sigma_{xt} + \sigma_{sj}) + 2 \times (\sigma_{xt} + \sigma_{sj}) \times \mathrm{rand}(1) \\ \varepsilon_{el} = -(\varepsilon_{xt} + \varepsilon_{sj}) + 2 \times (\varepsilon_{xt} + \varepsilon_{sj}) \times \mathrm{rand}(1) \end{cases} \quad (3.38)$$

式中，δ_{rg} 为跟踪雷达测距误差；δ_{xt} 为测距系统误差；δ_{sj} 为测距随机误差；σ_{az} 为方位角误差；σ_{xt} 为方位角系统误差；σ_{sj} 为方位角随机误差；ε_{el} 为俯仰角误差；ε_{xt} 为俯仰角系统误差；ε_{sj} 为俯仰角随机误差；rand（1）为（0,1）区间上的随机数。

（2）叠加测角误差和测距误差，获得目指信息量测值：

$$\begin{cases} R = \bar{R} + \delta_{rg} \\ \alpha = \bar{\alpha} + \sigma_{az} \\ \beta = \bar{\beta} + \varepsilon_{el} \end{cases} \quad (3.39)$$

式中，R 为距离量测值；$\bar{R}$ 为距离真实值；α 为方位角量测值；$\bar{\alpha}$ 为方位角真实值；β 为俯仰角测量值；$\bar{\beta}$ 为俯仰角真实值，其余参数与式（3.38）相同。

3.4.3 雷达数据处理

跟踪雷达依据搜索雷达提供的目指信息对来袭目标进行扫描截获的过程中，不仅会接收到含噪的真实目标的回波信号，而且还有虚假的杂波信号。为减少或剔除杂波信号和噪声的干扰，需对获得的目标位置（斜距离、方位角、高低角）、运动参数等测量数据进行预处理、互联、跟踪、滤波、平滑、预测等数据运算，即进行雷达数据处理，以实现对来袭目标进行连续、精确和稳定的跟踪。

雷达数据处理技术是利用雷达提供的信息来估计目标航迹并预测目标未来位置的技术[73]。其中，较为重要的是杂波环境下多目标的航迹起始和数据关联技术。赵德功结合工程实际，分析了逻辑法航迹起始概率随雷达扫描周期的变化情况，并给出了在特定条件下航迹起始概率的计算方法，为实际应用中 m/n 逻辑的选择及其航迹起始性能分析提供了理论指导[74]。郭璐设计了一种基于 Hough 变换的快速起始算法，通过采用新的采样方法及采样终止规则，有效减少了采样次数，保证了该算法较高的航迹起始成功率和效率[75]。王晓君针对最近邻域数据关联算法正确率较低的问题，提出了一种利用预测向量和观测向量的协方差辅助计算马氏距离的改进算法，在几乎不增加计算时间的情况下，提高了关联准确率[72]。

雷达数据处理单元的输入端是已被发现并截获的点迹信息，输出端则为目标航迹信息。雷达数据处理主要包括量测数据预处理，航迹起始、补点和终结，数据互联、跟踪等[76]，而且在航迹起始与关联的过程中还必须建立波门，它们之间的关系可用图 3.35 表示。

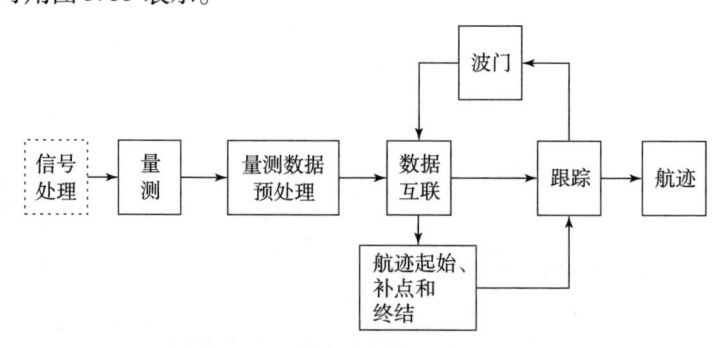

图 3.35 雷达数据处理示意框图

（1）量测数据预处理。工程实践表明，现代雷达虽然采用了许多信号处理技术，但由于各种因素的综合作用，雷达采集到的数据集合中仍存在 1%～2% 的数据点严重偏离目标可能值。这部分异常数据对后续的雷达数据处理工作会造成非常大的不利影响，因此需对采集到的量测数据进行合理性检验，剔除雷达测量数据中存在明显异常的野值。在构建跟踪雷达仿真模型的过程中，通过合理设置斜距离、方位角和高低角的基本滤波门限值来去除量测数据中的野值。设跟踪雷达的斜距离滤波门限值 $(R_{\min}, R_{\max}) = (0.3\text{km}, 50\text{km})$，方位角门限值 $(\alpha_{\min}, \alpha_{\max}) = (0°, 360°)$，高低角门限值 $(\beta_{\min}, \beta_{\max}) = (0°, 80°)$，则可得数据预处理模型如式（3.37）所示：

$$\begin{cases} 1, & (R_{\min} \leq R \leq R_{\max}) \cap (\alpha_{\min} \leq \alpha \leq \alpha_{\max}) \cap (\beta_{\min} \leq \beta \leq \beta_{\max}) \\ 0, & \text{其他} \end{cases} \quad (3.40)$$

式中，1 代表该量测数据有效；0 代表该量测数据无效。

（2）航迹起始。跟踪雷达获得的量测数据是离散的、孤立的，并且还存在虚警和漏警等情况。航迹起始时由于缺少目标运动参数，不能通过滤波外推的方式来预测来袭目标在下一个扫描周期内所处的位置。但不管何种来袭目标，其机动能力都在一定范围内，因此在一定的雷达扫描周期内，可以利用有关目标类型的可能速度范围和机动能力等先验信息进行判断。部分典型目标的运动参数如表3.3 所示。

表 3.3　典型目标运动参数

目标	速度/(m·s^{-1})	加速度或转弯速度
军用飞机	0 ~ 20	2°/s
导弹	50 ~ 1000	50 ~ 80m/s^2
直升机	0 ~ 80	10m/s^2
民航	50 ~ 300	1.5 ~ 3m/s^2

航迹起始时，相关波门用来判断量测值是否来源于目标的决策门限。一般情况下，来袭目标在空间中运动，因此航迹起始波门应是立体的三坐标波门。构建的跟踪雷达仿真模型在雷达数据处理过程中采用的波门形式如图 3.36 所示（图中 X 轴方向的方位角和高低角为 0°，且方位角沿 XY 平面的逆时针方向递增，高低角沿 XZ 平面的逆时针方向递增）。

以仿真的两种来袭目标为例，BGM-109"战斧"巡航导弹的速度变化范围为 $(V_{\min}, V_{\max}) = (50\text{m/s}, 300\text{m/s})$，F-16

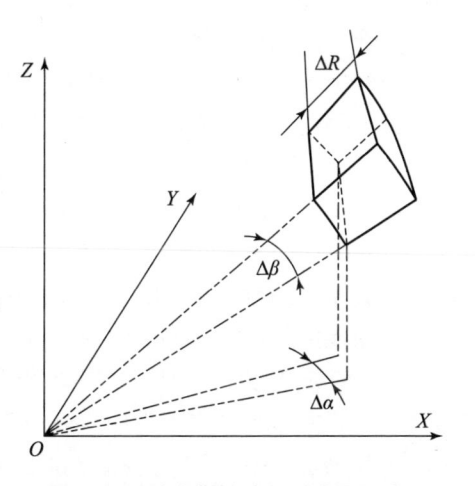

图 3.36　航迹起始波门形式及尺寸

作战飞机的速度变化范围为 $(V_{\min}, V_{\max})$ = $(100\text{m/s}, 400\text{m/s})$；设仿真步长 $\text{d}t = 0.1\text{s}$，则可取距离波门尺寸最小值 $\Delta R_{\min} = 3\text{m}$、最大值 $\Delta R_{\max} = 100\text{m}$，方位角波门尺寸 $\Delta\alpha = 0.1$、高低角波门尺寸 $\Delta\beta = 0.1$。当来袭目标的机动能力或仿真步长改变时，各波门尺寸可进行相应调整。

当末端防御武器系统发现、截获并连续跟踪目标时，来袭目标距离我方保卫要地已非常近，必须快速进行航迹起始，如果当前时刻的点迹数据相对于上一仿真时刻的点迹数据满足上述波门要求时，则起始一条新航迹，即两点相关便可起始一条新航迹。新航迹起始的判断条件如式（3.41）所示：

$$\begin{cases} n = n+1, \Delta R_{\min} \leq |R_i - R_{i-1}| \Delta R_{\max}) \cap (|\alpha_i - \alpha_{i-1}| \leq \Delta\alpha) \cap \\ (|\beta_i - \beta_{i-1}| \leq \Delta\beta) \\ n = n, \qquad \text{其他} \end{cases} \tag{3.41}$$

式中，n 为航迹数量；R_i、α_i、β_i 为当前时刻点迹的斜距离、方位角和高低角；R_{i-1}、α_{i-1}、β_{i-1} 为上一仿真时刻点迹的斜距离、方位角和高低角。

通过该航迹起始算法，跟踪雷达可以及时且较为准确地起始新航迹，对每条航迹进行编号并建立新的目标档案。

（3）点迹航迹相关。通过上述航迹起始算法获得的航迹为试验航迹，它可能是真实目标的航迹，也可能是随机干扰产生的虚假航迹。随着雷达扫描次数的增加，当跟踪雷达获取到新的点迹数据后，需首先判断该点迹数据是属于新发现的目标还是已发现且完成航迹起始的目标，若已经建立的目标航迹数量不止一个，还需进一步判断该点迹属于已建立航迹中的哪一个目标。通过点迹航迹相关处理，跟踪雷达能够及时、准确地撤销虚假航迹、消除多余目标档案，并对已确认的真实目标航迹进行更新和输出。

目前，实现点迹航迹相关的主要方法是波门法、检索法。构建跟踪雷达仿真模型过程中采用波门法进行点迹航迹相关，该方法的实质是在外推点周围画出一个区域（波门），其判决逻辑准则如下[77]：

①若量测得到的点迹进入波门区域，则认为该点迹属于该航迹。

②未进入波门的点迹属于虚假点迹。

③若波门内不含点迹，则将外推点当作目标点迹。

④若波门内包含多个点迹，则把第一个进入波门的点迹当作真实点。

采用波门法进行点迹航迹相关时，相关波门是以被跟踪目标的一步预测位置为中心来确定该下一时刻目标观测值可能出现的区域。相关波门的形状和大小一旦确定，真实目标量测被正确检测到的检测概率和虚假目标被错误检测到的检测概率也就确定。因此，需选择合适的相关波门以提高检测概率。产生点迹航迹相关波门的具体算法步骤如下：

①获取航迹上最后一个点迹的信息（点迹信息依次包括：斜距离，距离向速度，方位角，方位角向速度，高低角，高低角向速度）。

②用航迹上的最后一个点迹信息预测下一时刻观测值可能出现的区域，如式（3.42）所示：

$$x(k+1) = F \times x(k) \tag{3.42}$$

式中，$x(k+1)$ 为一步状态预测；$x(k)$ 为当前时刻状态即航迹上的最后一个点迹的信息；F 为一步状态转移矩阵且满足式（3.43）：

$$F = \begin{bmatrix} 1 & dt & 0 & 0 & 0 & 0 \\ 0 & 1 & 0 & 0 & 0 & 0 \\ 0 & 0 & 1 & dt & 0 & 0 \\ 0 & 0 & 0 & 1 & 0 & 0 \\ 0 & 0 & 0 & 0 & 1 & dt \\ 0 & 0 & 0 & 0 & 0 & 1 \end{bmatrix} \tag{3.43}$$

式中，dt 为前后两个点迹的间隔时间。

同时，可得到一步预测误差协方差 P_{k+1} 满足式（3.44）：

$$P_{k+1} = F \times P_k \times F^T + G \times Q \times G^T \tag{3.44}$$

式中，P_k 为上一仿真时刻对应点迹的误差协方差；T 为转置标识符；G 为过程噪声分布矩阵，其满足式（3.45）：

$$G = \begin{bmatrix} \dfrac{dt^2}{2} & 0 & 0 \\ dt & 0 & 0 \\ 0 & \dfrac{dt^2}{2} & 0 \\ 0 & dt & 0 \\ 0 & 0 & \dfrac{dt^2}{2} \\ 0 & 0 & dt \end{bmatrix} \tag{3.45}$$

Q 为过程噪声协方差，仿真过程中设已知雷达量测过程中来袭目标距离的过程噪声标准差 $\sigma_r = 3$、方位角的过程噪声标准差 $\sigma_a = 3$、高低角的过程噪声标准差 $\sigma_e = 3$，则 Q 满足式（3.46）：

$$Q = \begin{bmatrix} \sigma_r^2 & 0 & 0 \\ 0 & \sigma_a^2 & 0 \\ 0 & 0 & \sigma_e^2 \end{bmatrix} \tag{3.46}$$

③确定点迹航迹相关波门。

基于步骤②中的一步预测误差协方差 $\boldsymbol{P}_{k+1}$ 即可获得距离向预测误差标准差 $\hat{\sigma}_r$、方位角向预测误差标准差 $\hat{\sigma}_a$、高低角向预测误差标准差 $\hat{\sigma}_e$；并设已知雷达量测过程中目标距离的观测噪声标准差 $\delta_r = 10$，目标方位角的观测噪声标准差 $\delta_a = 0.1$，目标方位角的观测噪声标准差 $\delta_e = 0.1$，则可得相关波门中的距离门限 ΔR、方位角门限 $\Delta \alpha$ 及高低角门限 $\Delta \beta$ 满足如下表达式：

$$\begin{cases} \Delta R = K \times (\delta_r^2 + (\hat{\sigma}_r)^2 + \sigma_r^2) \\ \Delta \alpha = K \times (\delta_a^2 + (\hat{\sigma}_a)^2 + \sigma_a^2) \\ \Delta \beta = K \times (\delta_e^2 + (\hat{\sigma}_e)^2 + \sigma_e^2) \end{cases} \tag{3.47}$$

式中，K 为相关波门控制参数，用以调节波门大小。

④进行点迹航迹相关，得到雷达量测的观测值；

基于步骤②获得的状态一步预测 $x(k+1)$ 中包含距离一步预测 $\hat{R}$、方位角一步预测 $\hat{\alpha}$、高低角一步预测 $\hat{\beta}$，若当前点迹 (R_i, α_i, β_i) 与航迹上最后一个点迹 $(R_{i-1}, \alpha_{i-1}, \beta_{i-1})$ 满足式（3.48），则认为当前点迹与对应航迹相关成功，即该点迹为当前时刻雷达量测的观测值。

$$\begin{cases} |R_i - R_{i-1}| \leq \Delta R \\ |\alpha_i - \alpha_{i-1}| \leq \Delta \alpha \\ |\beta_i - \beta_{i-1}| \leq \Delta \beta \end{cases} \tag{3.48}$$

⑤将相关成功的点迹滤波后作为跟踪雷达量测的真实值，并将该真实值作为实点数据用于更新对应航迹。

（4）航迹补点。跟踪雷达每完成一次扫描时，若本次扫描无新的量测点迹与已建立航迹的目标相关成功，则将未相关航迹的最后一个点迹信息按式（3.45）进行一步预测，并将该预测值作为虚点数据用于更新对应航迹。

（5）航迹消亡。当未用实点数据更新相应航迹的次数达到 5 次，即连续用虚点数据更新相应航迹的次数达到 5 次，则认为该目标丢失，跟踪雷达需删除与该目标相关的目标档案和航迹信息。若后续扫描过程中该目标又被重新发现截获，则需重新进行航迹起始和点迹航迹相关，即将该目标当作新的目标重新建立跟踪文件和目标档案，进而得到航迹信息。

采用的雷达数据处理算法流程如图 3.37 所示。

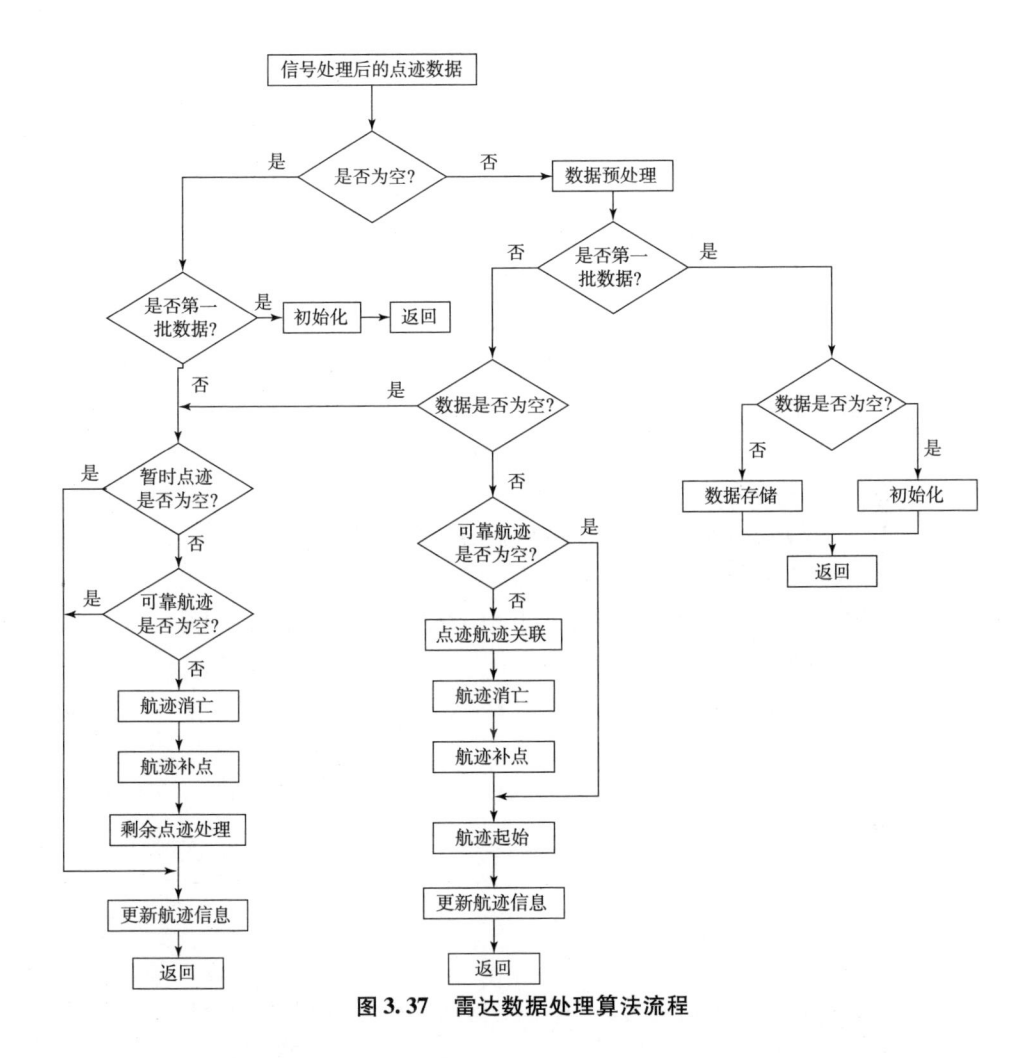

图 3.37 雷达数据处理算法流程

3.4.4 航迹滤波

  雷达每次扫描获得的量测数据经过雷达数据处理形成稳定的航迹信息后，为进一步提高目标的跟踪精度，需进行航迹滤波。目前，有多种可用于航迹滤波的算法，如卡尔曼滤波算法[78,79]、粒子滤波算法、IMM 算法[80]等。在工程实践中，由于卡尔曼滤波具有较好的滤波性能，尤其是在线性高斯白噪声假设条件下能达到最优状态估计，且其原理相对简单，在计算机上便于编程实现，因此卡尔曼滤波算法被广泛用于通信、导航、信息融合等诸多领域。此外，跟踪雷达在实际运用过程中对实时性有较高要求，虽然粒子滤波、交互式多模型（IMM）等算法具有较高的跟踪精度，但由于算法复杂导致实时性较差，故此类算法在实际工程中基本不采用。因此，基于离散型标准卡尔曼滤波算法实现对来袭目标的航迹滤波。该算法只要给定初值 $\hat{x}(0\mid 0)$ 和 $P(0\mid 0)$，根据 $k+1$ 时刻的观测值 $z(k+1)$，就可递推计算得到 $k+1$ 时刻的状态估计 $\hat{x}(k+1\mid k+1)$ $(k=1, 2, \cdots)$ 及其协方差矩阵 $P(k+1\mid k+1)$。离散型标准卡尔曼滤波算法主要步骤和基本方程如下：

(1) 状态一步预测方程：
$$\hat{x}(k+1\mid k) = F(k)\hat{x}(k\mid k) \tag{3.49}$$

(2) 量测一步预测方程：
$$\hat{z}(k+1\mid k) = H(k+1)\hat{x}(k+1\mid k) \tag{3.50}$$

(3) 新息方程：
$$\gamma(k+1) = \tilde{z}(k+1\mid k) = z(k+1) - \hat{z}(k+1\mid k) \tag{3.51}$$

(4) 一步预测协方差方程：
$$P(k+1\mid k) = F(k)P(k\mid k)F(k)^{\mathrm{T}} + Q(k) \tag{3.52}$$

(5) 新息协方差方程：
$$S(k+1) = H(k+1)P(k+1\mid k)H(k+1)^{\mathrm{T}} + R(k+1) \tag{3.53}$$

(6) 滤波增益方程：
$$W(k+1) = P(k+1\mid k)H(k+1)^{\mathrm{T}}S(k+1)^{-1} \tag{3.54}$$

(7) 状态更新方程：
$$\hat{x}(k+1\mid k+1) = \hat{x}(k+1\mid k) + W(k+1)\gamma(k+1) \tag{3.55}$$

(8) 协方差更新方程：
$$P(k+1\mid k+1) = P(k+1\mid k) - W(k+1)S(k+1)W(k+1)^{\mathrm{T}} \tag{3.56}$$

或者：
$$P(k+1\mid k+1) = [I - K(k+1)H(k+1)]P(k+1\mid k) \tag{3.57}$$

定义残差向量为
$$D(k+1) = W(k+1)[Z(k+1) - H(k+1)\hat{X}(k+1\mid k)] \tag{3.58}$$

式中，$F(k)$ 为一步状态转移矩阵；$H(k)$ 为量测阵；$Q(k)$ 为过程噪声协方差。

离散型标准卡尔曼滤波算法流程如图 3.38 所示。

设某来袭目标在空中进行逆时针匀速圆周盘旋，其起始位置 (X_0, Y_0, Z_0) = (30 000m, 0m, 2 000m)，初始偏航角 $PH = 180°$；初始滚转角 $GZ = 0°$；初始俯仰角 $FY = 0°$；初速度 $V = 400\mathrm{m/s}$；转弯半径 $R = 1000\mathrm{m}$，仿真步长 $\mathrm{d}t = 0.1\mathrm{s}$，仿真步数 $N = 160$。现利用 3.4.2 节构建的目标信息加噪算法对来袭目标航迹进行加噪处理，并利用本节构建的航迹滤波算法对该航迹进行滤波，仿真实验结果如图 3.39 ~ 图 3.47 所示。

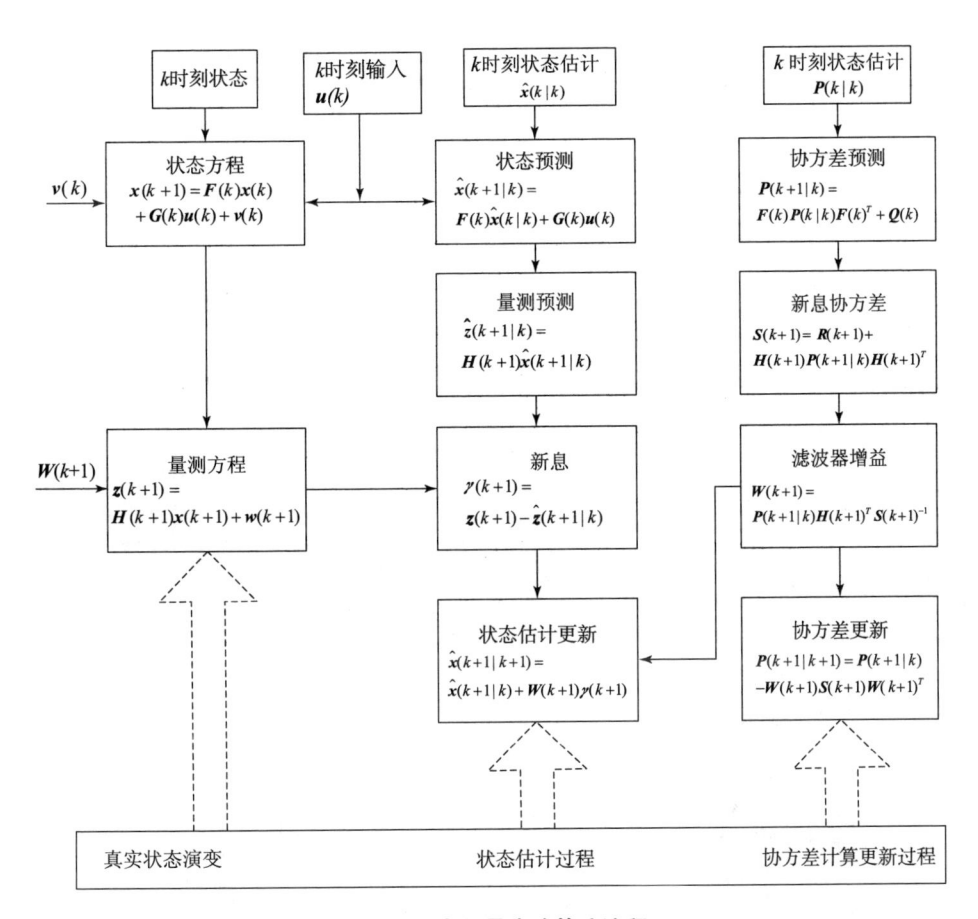

图 3.38 卡尔曼滤波算法流程

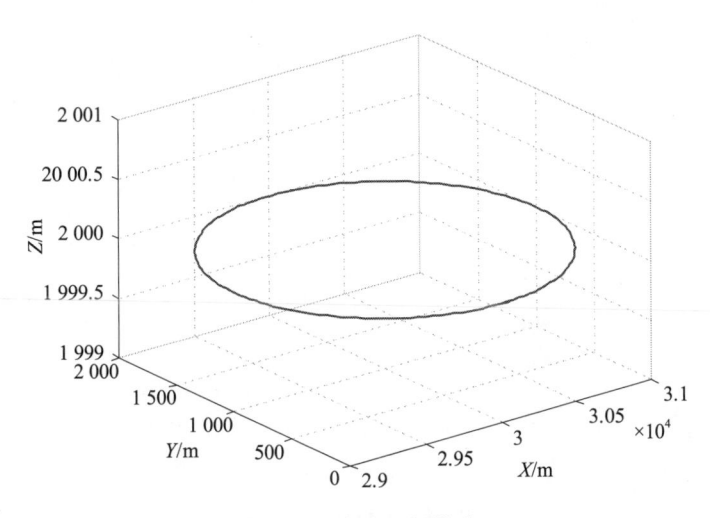

图 3.39 真实目标轨迹

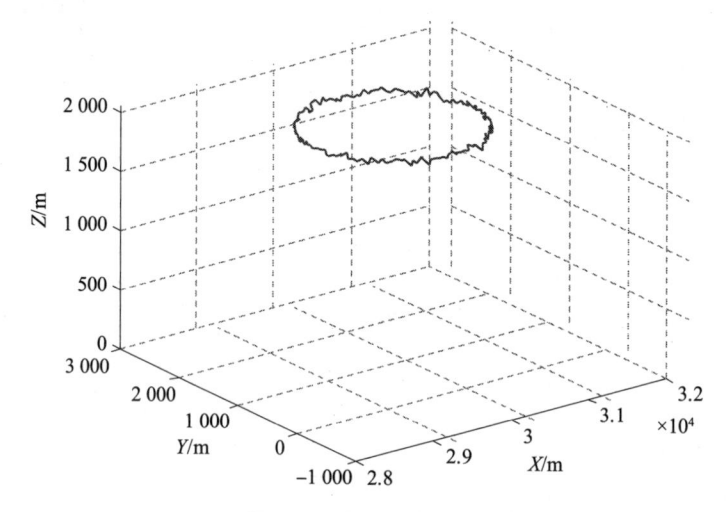

图 3.40 加噪目标轨迹

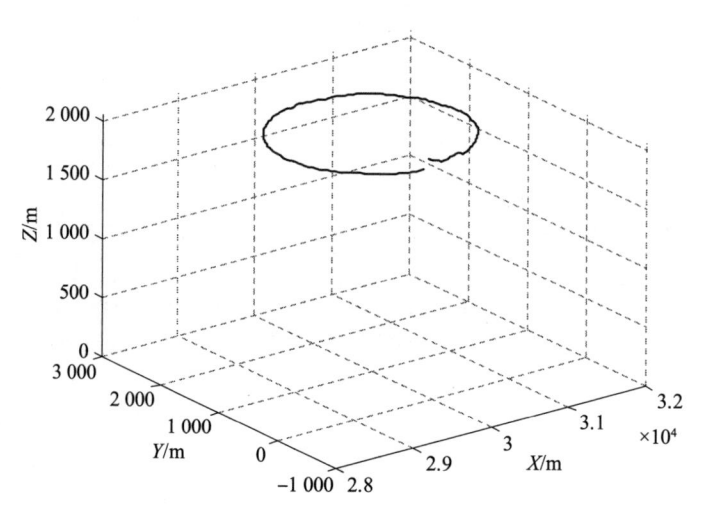

图 3.41 滤波后目标轨迹

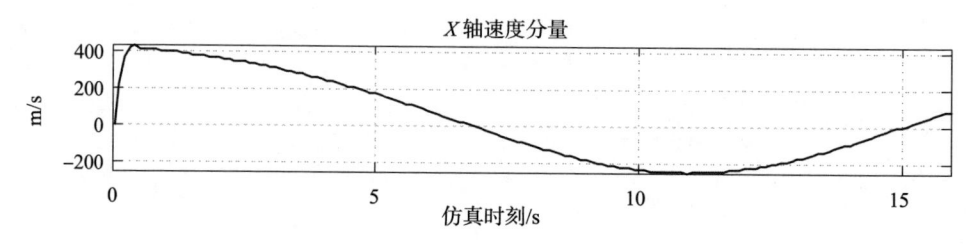

图 3.42 目标各轴速度分量

第 3 章　末端防御武器系统仿真模型构建　95

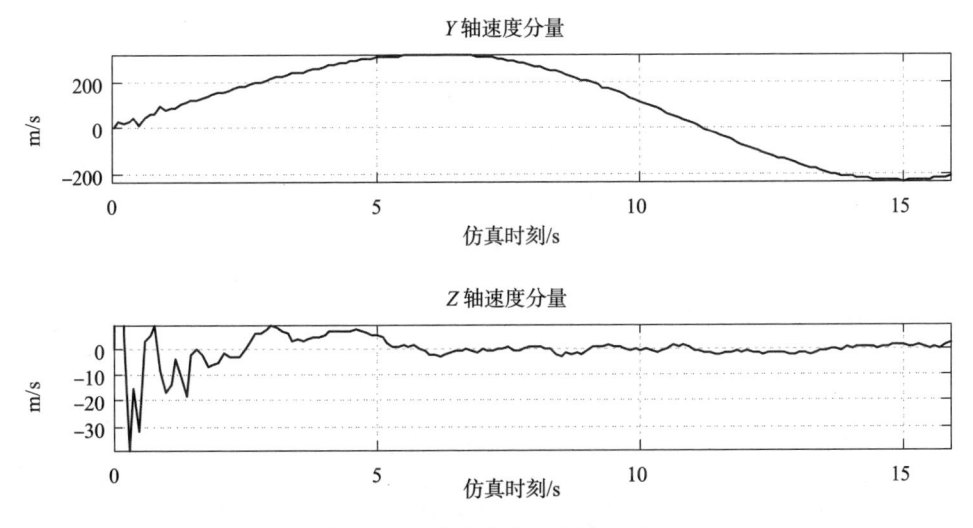

图 3.42　目标各轴速度分量（续）

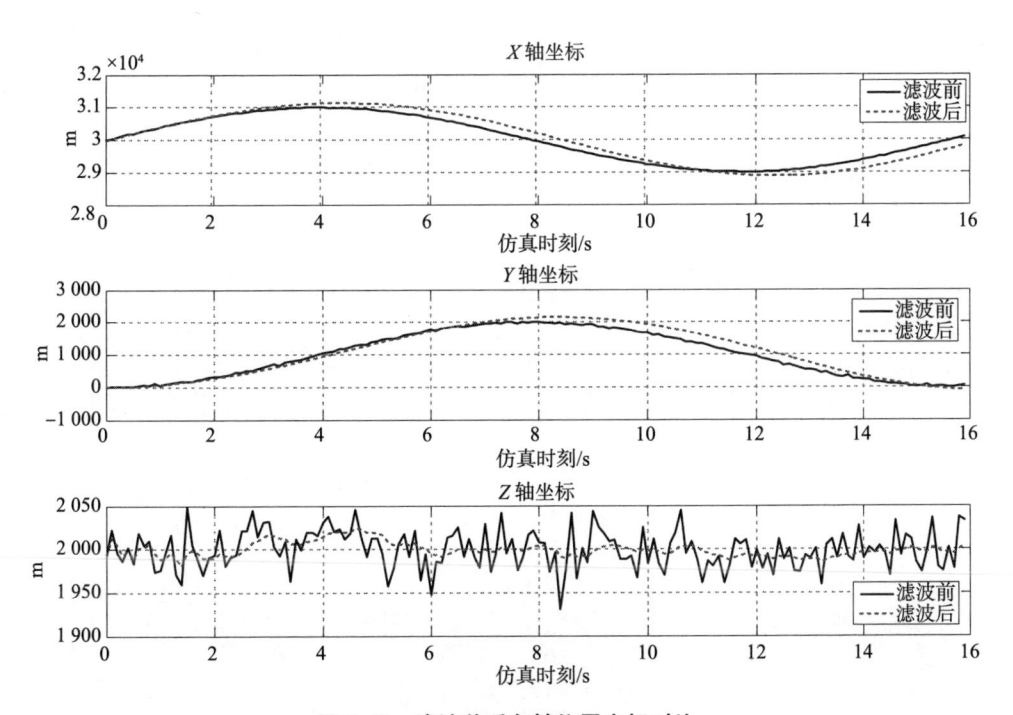

图 3.43　滤波前后各轴位置坐标对比

图 3.44 目标各轴位置残差

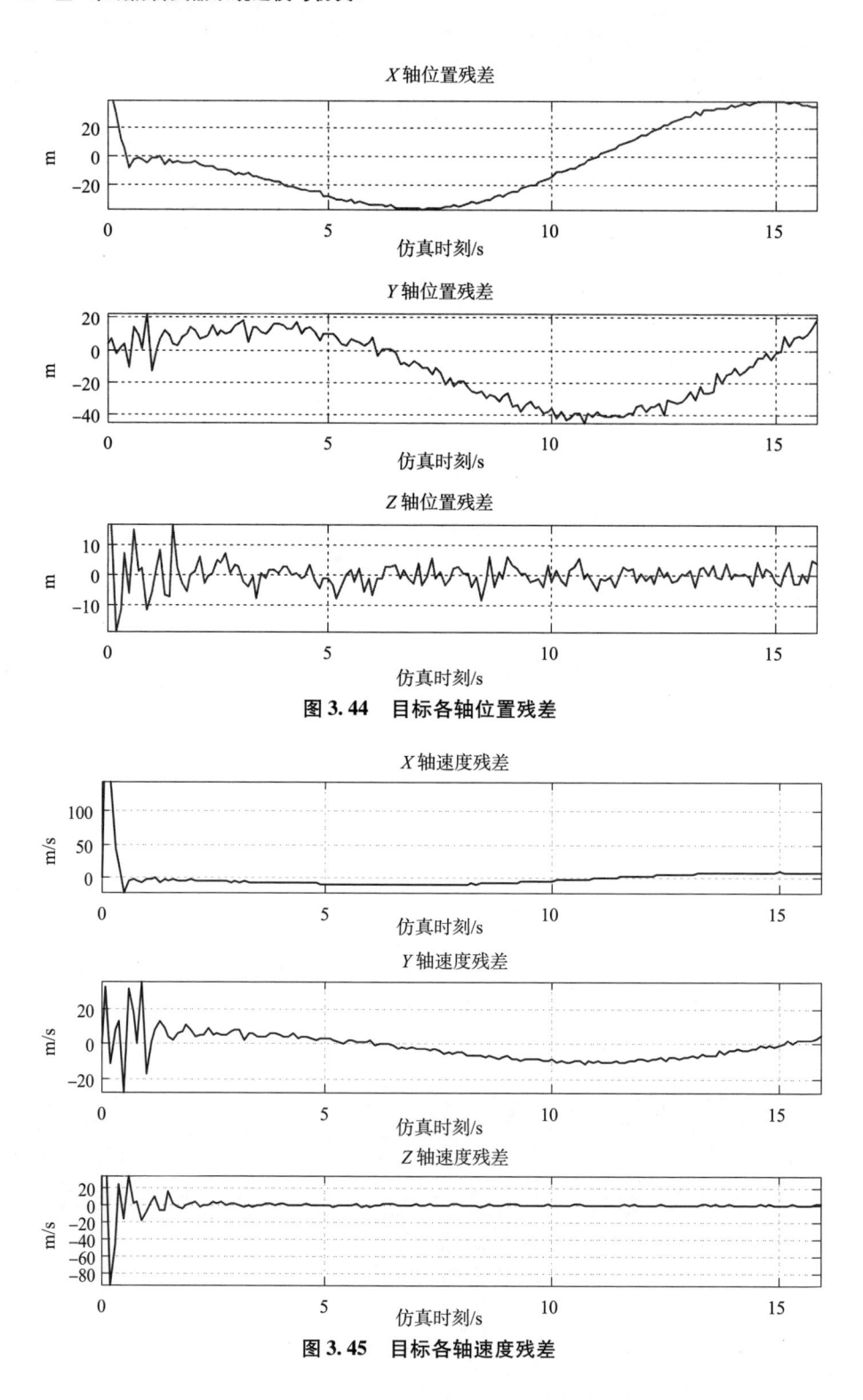

图 3.45 目标各轴速度残差

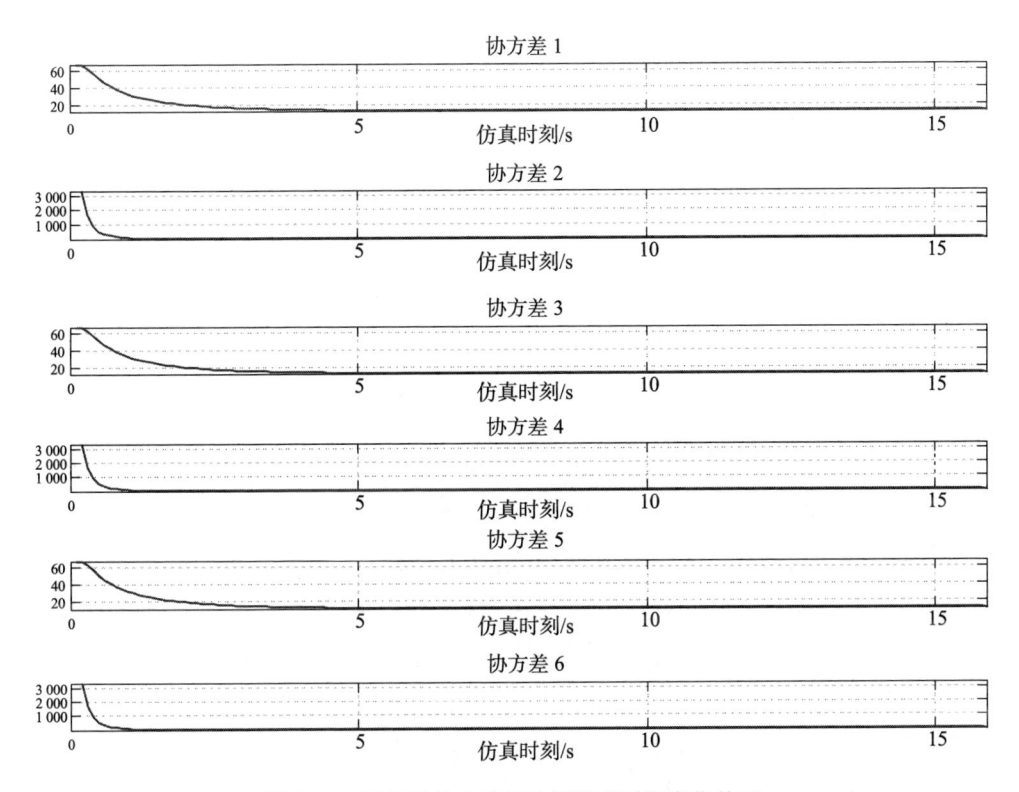

图 3.46　目标的协方差矩阵元素随时间变化关系

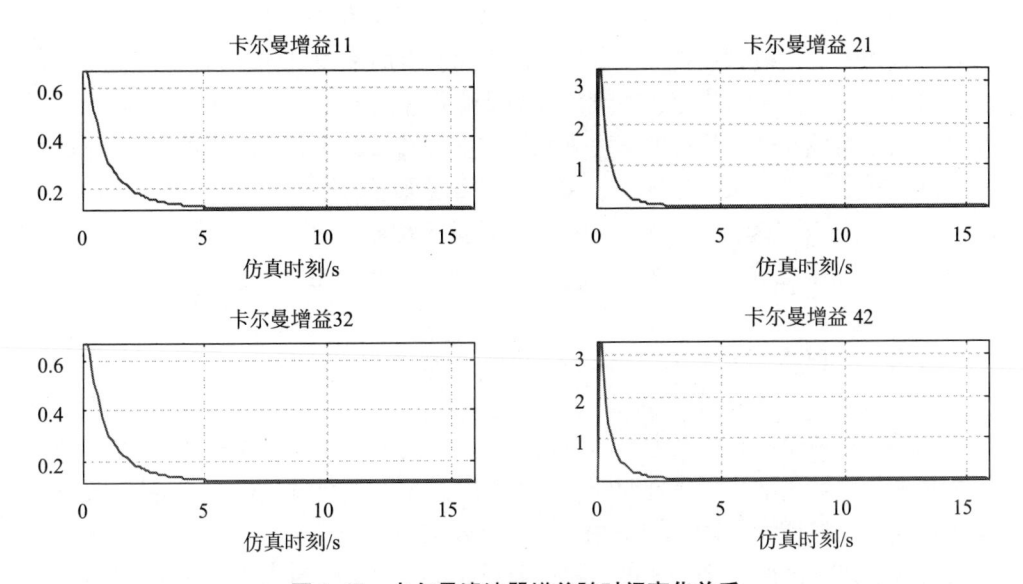

图 3.47　卡尔曼滤波器增益随时间变化关系

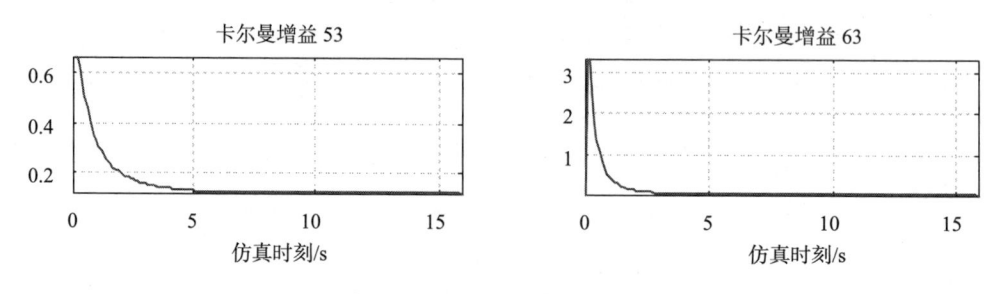

图 3.47　卡尔曼滤波器增益随时间变化关系（续）

3.5　指挥控制仿真模型构建与服务概率评估

末端防御武器系统在对进入防空区域的目标进行服务前需要选择合适的防御武器并对开火时机进行判断[81]。对末端防御武器系统而言，对抗的是多层次、多种类、多方向、多运动状态的目标群。多目标威胁度分析是进行目标攻击和防御的前提，威胁判断方法的选择直接影响武器系统打击效果[82]。选择合适的威胁判断方法，进行多目标威胁程度排序、火力分配决策和战术决策，完成火力部署，是指挥控制过程研究的主要问题。

在末端防御武器系统的指挥控制分系统中，由于其所配备的搜索雷达及跟踪雷达作用距离较近、指挥决策时间有限，故多采用简化的目标分配模型及算法。构建指挥控制仿真模型过程中，基于跟踪雷达获得的来袭目标多属性数据对来袭目标进行威胁度判断及排序，并利用该威胁度排序结果，采用简化的目标分配模型及算法来实现武器—目标的火力分配。根据末端防御武器系统武器系统作战运用实际，构建的武器系统指挥控制模型主要实现如下功能[83]：

（1）具备对来袭目标威胁度进行判断及排序功能。
（2）具备根据威胁度判断结果自动进行目标分配功能。

3.5.1　威胁度评估指标体系构建

来袭目标威胁度是指敌方目标对被保卫目标袭击成功的可能性及袭击成功时可能造成的破坏程度，威胁度判断与排序的结果将直接影响目标分配的结果。根据末端防御武器系统的性能和空中目标的运动特性，首先建立以来袭目标类型、目标距离、飞行高度、飞行速度、航路捷径 5 个主要影响因素构成的威胁度评估指标体系；其次，基于灰色关联分析法实现对来袭目标的威胁度判断及排序。该方法可为后续火力分配提供科学合理的参考依据。

3.5.1.1 目标类型

根据文献［82］，可得不同类型目标的威胁隶属度，如表3.4所示，根据该表可知来袭目标类型不同，其作战方式及生存能力不同，不同类型目标的威胁度也不同。

表3.4 不同目标类型的威胁隶属度

目标类型	威胁隶属度
轰炸机	［0.8，0.85］
歼轰机	［0.6，0.7］
干扰机	［0.1，0.2］
隐身飞机	［0.85，0.9］
武装直升机	［0.3，0.35］
巡航导弹	［0.5，0.65］
反辐射导弹	［0.75，0.85］
制导炸弹	［0.55，0.7］
空地导弹	［0.65，0.75］
TBM	［0.85，1.0］

根据表3.4，在构建指挥控制仿真模型过程中定义目标类型的威胁度模糊隶属函数为

$$u(l) = \begin{cases} 0.85, & \text{F}-16\text{战斗机} \\ 0.65, & \text{BGM}-109\text{"战斧"巡航导弹} \end{cases} \quad (3.59)$$

3.5.1.2 目标距离[73]

来袭目标与我方保卫目标的距离越近，地面防空武器系统的反应时间越短，目标的威胁度越大。目标距离的威胁度模糊隶属函数为

$$u(d) = e^{ad^2}, a = -0.0011 \quad (3.60)$$

式中，d 为来袭目标距离（km）。

由图3.48可知，当来袭目标距我方保卫目标距离为0时，其威胁隶属度最大为1；当目标距离为0~60km时，其威胁隶属度逐渐递减，在60km处基本无威胁。

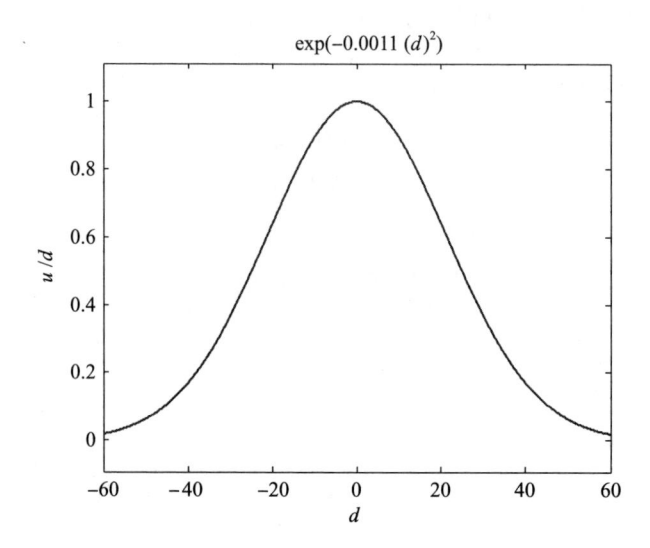

图 3.48　目标距离威胁隶属度函数曲线图

3.5.1.3　飞行高度[85]

降低飞行高度能够减少被雷达发现的距离及概率,故来袭目标接近攻击对象时多采用降低飞行高度的方法进行低空、超低空突袭。通常情况下,来袭目标飞行高度越低其威胁度就越大。

当来袭目标的飞行高度小于 1 000 m 时,其威胁隶属度接近于 1;当目标飞行高度为 1 000~30 000 m 时,其威胁隶属度随飞行高度的增加逐渐减小。飞行高度威胁隶属度函数满足如下表达式:

$$u(h) = \begin{cases} 1, & 0 \leq h \leq 1\,000 \\ e^{-k(h-1\,000)^2}, & 1\,000 < h \leq 30\,000, k = 10^{-8} \end{cases} \quad (3.61)$$

式中,h 为飞行高度(m)。图 3.49 为飞行高度威胁隶属度函数曲线图。

3.5.1.4　飞行速度[85]

飞行速度将直接影响防空导弹和火炮的拦截杀伤区域。通常情况下,来袭目标的飞行速度越快,就越难以拦截,其威胁度也越大;反之则较小。飞行速度威胁隶属度函数满足如下表达式:

$$u(v) = 1 - e^{av}, \quad a = -0.005 \text{ 且 } v > 0 \quad (3.62)$$

式中,v 为来袭目标飞行速度(m/s)。图 3.50 为飞行速度威胁隶属度函数曲线图。

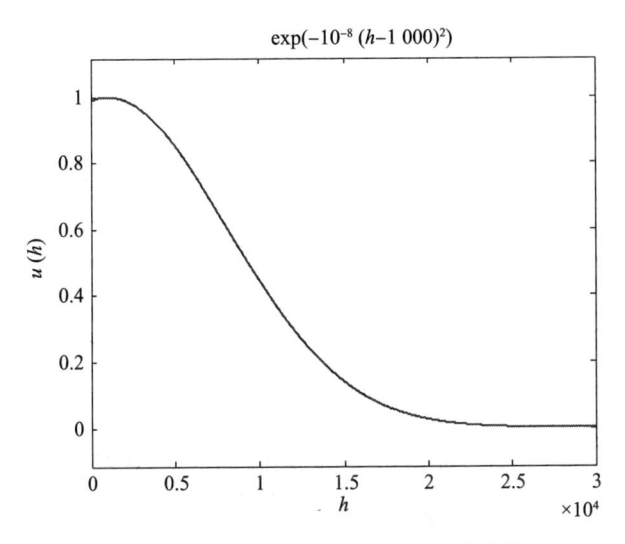

图 3.49 飞行高度威胁隶属度函数曲线图

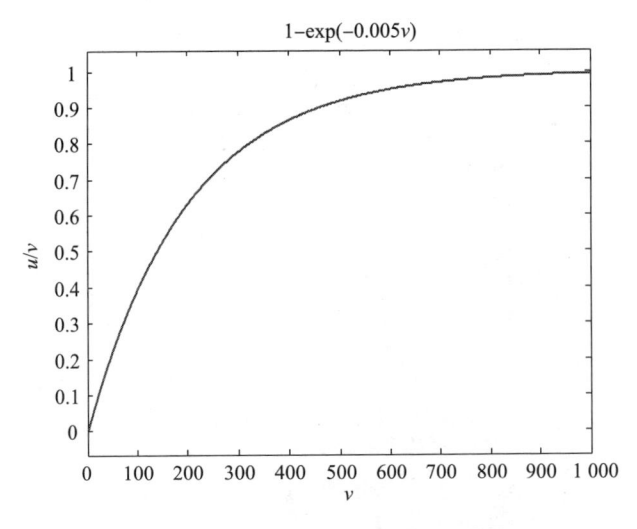

图 3.50 飞行速度威胁隶属度函数曲线图

3.5.1.5 航路捷径[85]

通常情况下,航路捷径越小,来袭目标威胁度越大,当航路捷径为 0 时,威胁隶属度最大为 1。因此,航路捷径威胁隶属度函数满足如下表达式:

$$u(p) = e^{-k(p-\alpha)^2}, \quad -30 < p \leq 30 \quad (3.63)$$

式中,$\alpha = 0$ km,$k = 0.005$;p 为航路捷径,即目标瞬时速度矢量在水平面投影线与对应点的距离。

构建指挥控制模型过程中,采用以搜索雷达部署点为原点的地面直角坐标系 $O-XYZ$,且该原点位于被保卫要地的中心 (0m, 0m, 0m)处,搜索雷达通过跟踪滤波能够获得来袭目标的位置坐标 (x, y, z) 和速度矢量 (V_x, V_y, V_z),则根据图 3.51 可得,来袭目标在任意时刻的航路捷径满足如下表达式[86]:

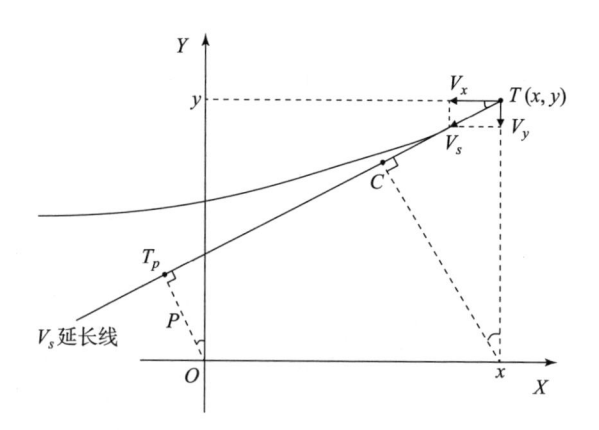

图 3.51 目标航路捷径推求示意图

$$P = \frac{y|V_x|}{\sqrt{V_x^2 + V_y^2}} - \frac{x|V_y|}{\sqrt{V_x^2 + V_y^2}} \quad (3.64)$$

图 3.51 中,点 T_p、C 分别为线 OT_p 和 XC 与延长线 V_s 的交点,V_s 为来袭目标水平速度。图 3.52 为航路捷径威胁隶属度函数曲线图。

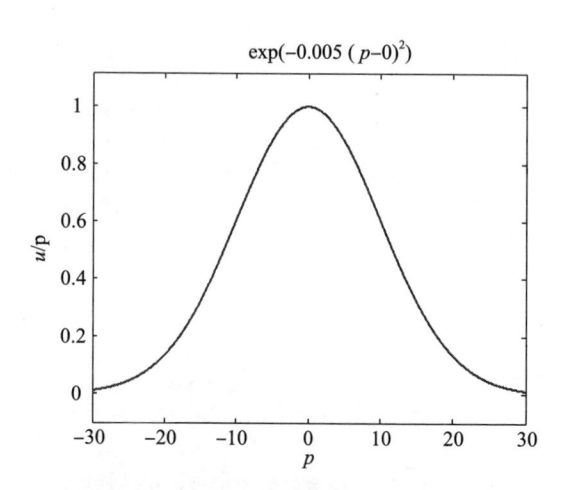

图 3.52 航路捷径威胁隶属度函数曲线图

3.5.2 目标威胁度判断与排序模型构建

及时、准确地对来袭目标进行威胁度判断将直接关系到武器系统的总体防御效果。昌飞采用层次分析法与效用函数相结合的方法,对各指标进行量化处理后得到了来袭目标威胁度的综合评估值，在应用中具有一定实用性[87]。吉兵采用层次分析法和熵权法进行主、客观赋权，并将二者结合起来构造出综合权重，使威胁度判断结果更加优化[88]。赫娜针对多类型数据的融合问题，提出了一种基于诱导有序加权直觉模糊集的混合多属性目标威胁评估方法[89]。

灰色关联分析法是一种多因素统计分析方法，它以各因素的样本数据为依据，用灰色关联度来描述各因素间相关性的强弱。相比于传统的运用数理统计方法进行系统分析，灰色关联分析法对数据量要求不高且对无规律的样本数据也同样适用[90]。该方法的实现步骤如下：

（1）建立威胁隶属度矩阵。

根据威胁评估指标体系建立 n 行 5 列威胁隶属度矩阵 $\boldsymbol{X}$：

$$\boldsymbol{X} = \{X_i \mid i \in I = (1,2,\cdots,n)\} \quad X_i = \{\mu_i(l),\mu_i(d),\mu_i(h),\mu_i(v),\mu_i(p)\}$$

$$\boldsymbol{X} = (X_1,\cdots,X_n)^{\mathrm{T}} = \begin{Bmatrix} u_1(l) & u_1(d) & u_1(h) & u_1(v) & u_1(p) \\ u_2(l) & u_2(d) & u_2(h) & u_2(v) & u_2(p) \\ \cdots & \cdots & \cdots & \cdots & \cdots \\ u_n(l) & u_n(d) & u_0(h) & u_0(v) & u_n(p) \end{Bmatrix}_{n \times 5} \quad (3.65)$$

（2）确定最优和最劣参考序列。

求出每一列的最大值组成理想最优参考序列 X_0；每一列的最小值组成理想最劣序列参考 X'_0。

最优参考序列：

$$\boldsymbol{X}_0 = \{\max_{1 \leqslant j \leqslant n}(u_j(l)) \quad \max_{1 \leqslant j \leqslant n}(u_j(d)) \quad \max_{1 \leqslant j \leqslant n}(u_j(h)) \quad \max_{1 \leqslant j \leqslant n}(u_j(v)) \quad \max_{1 \leqslant j \leqslant n}(u_j(p))\}$$

$$(3.66)$$

最劣参考序列：

$$\boldsymbol{X}'_0 = \{\min_{1 \leqslant j \leqslant n}(u_j(l)) \quad \min_{1 \leqslant j \leqslant n}(u_j(d)) \quad \min_{1 \leqslant j \leqslant n}(u_j(h)) \quad \min_{1 \leqslant j \leqslant n}(u_j(v)) \quad \min_{1 \leqslant j \leqslant n}(u_j(p))\}$$

$$(3.67)$$

（3）确定绝对差矩阵及其最大差、最小差。

矩阵 $\boldsymbol{X}$ 每一行的最大值即最优参考序列 X_0 减去矩阵 $\boldsymbol{X}$ 得到理想最优参考序列的绝对差矩阵 $\boldsymbol{A}$；矩阵 $\boldsymbol{X}$ 每一行的最小值即最劣参考序列 X'_0 减去矩阵 $\boldsymbol{X}$ 得到理想最劣序列的绝对差矩阵 $\boldsymbol{B}$。

$$\boldsymbol{A} = \begin{bmatrix} \boldsymbol{\Delta}_{01}(1) & \boldsymbol{\Delta}_{01}(2) & \boldsymbol{\Delta}_{01}(3) & \boldsymbol{\Delta}_{01}(4) & \boldsymbol{\Delta}_{01}(5) \\ \boldsymbol{\Delta}_{02}(1) & \boldsymbol{\Delta}_{02}(2) & \boldsymbol{\Delta}_{02}(3) & \boldsymbol{\Delta}_{02}(4) & \boldsymbol{\Delta}_{02}(5) \\ \cdots & \cdots & \cdots & \cdots & \cdots \\ \boldsymbol{\Delta}_{0n}(1) & \boldsymbol{\Delta}_{0n}(2) & \boldsymbol{\Delta}_{0n}(3) & \boldsymbol{\Delta}_{0n}(4) & \boldsymbol{\Delta}_{0n}(5) \end{bmatrix} \quad (3.68)$$

式中，$\boldsymbol{\Delta}_{0i}(k) = |X_i(k) - X_0(k)|, i = 1,2,\cdots,n; k = 1,2,\cdots,5$。

$$B = \begin{bmatrix} \Delta'_{01}(1) & \Delta'_{01}(2) & \Delta'_{01}(3) & \Delta'_{01}(4) & \Delta'_{01}(5) \\ \Delta'_{02}(1) & \Delta'_{02}(2) & \Delta'_{02}(3) & \Delta'_{02}(4) & \Delta'_{02}(5) \\ & & \cdots & & \\ \Delta'_{0n}(1) & \Delta'_{0n}(2) & \Delta'_{0n}(3) & \Delta'_{0n}(4) & \Delta'_{0n}(5) \end{bmatrix} \quad (3.69)$$

式中，$\Delta'_{0i}(k) = |X_i(k) - X'_0(k)|, i = 1,2,\cdots,n; k = 1,2,\cdots,5$。

分别记：

绝对差矩阵 A 最大差：$\max1 = \max\limits_{\substack{1 \leq i \leq n \\ 1 \leq k \leq 5}} \{\Delta_{0i}(k)\}$

绝对差矩阵 A 最小差：$\min1 = \min\limits_{\substack{1 \leq i \leq n \\ 1 \leq k \leq 5}} \{\Delta_{0i}(k)\}$

绝对差矩阵 B 最大差：$\max2 = \max\limits_{\substack{1 \leq i \leq n \\ 1 \leq k \leq 5}} \{\Delta'_{0i}(k)\}$

绝对差矩阵 B 最小差：$\min2 = \min\limits_{\substack{1 \leq i \leq n \\ 1 \leq k \leq 5}} \{\Delta'_{0i}(k)\}$

（4）计算关联系数。

关联系数反映了比较序列与参考序列间的关联程度。设矩阵 A 中每一个元素可用 a_{ij} 表示，矩阵 B 中每一个元素可用 b_{ij} 表示，则可得理想最优参考序列的灰关联系数矩阵 C、理想最劣参考序列的灰关联系数矩阵 D，分别满足如下表达式：

$$c_{ij} = \frac{\min1 + \rho \max1}{a_{ij} + \rho \max1} \quad (3.70)$$

$$d_{ij} = \frac{\min2 + \rho \max2}{b_{ij} + \rho \max2} \quad (3.71)$$

式中，ρ 为分辨系数，在（0，1）内取值，ρ 越小越能提高关联系数间的差异，通常取 $\rho = 0$。

（5）计算最优关联度 α 和最劣关联度 β。

计算矩阵 C 每一行的平均值，即为每个目标的最优关联度 α；同理可得最劣关联度 β。

（6）计算综合关联度 γ。

定义综合关联度为

$$\gamma = \frac{1}{\left(1 + \dfrac{\beta}{\alpha}\right)^2} \quad (3.72)$$

（7）进行威胁度排序。

综合关联度 γ 即为对应的威胁度，γ 最大的威胁最大。

3.5.3 武器—目标火力分配模型构建

在现代防空作战过程中，为增大突防概率，敌方往往采取小编队、大密度、不同高度连续突袭等饱和攻击的方式，使得地面防空武器系统处于疲于应付的满负荷工作状态[91]。当有多目标来袭时，作战指挥人员需综合各方情况进行目标分配的决策，以提高武器系统抗击来袭目标的能力。

目前，武器—目标火力分配主要采用以下两种方法[92]：一种是根据上级指示并结合作战实际，进行目标分配；另一种是综合多类型情报数据构建相应的数学模型进行定量分析，并根据分析结果为目标分配提供依据。前一种方法受作战指挥人员主观想法影响较大，且当来袭目标较多时，容易造成指挥和射击的混乱，导致敌方目标突防成功，对我方保卫的要地目标造成重大安全威胁。为提高火力分配的效率及实现射击指挥自动化的需要，现在的武器装备通常采用第二种方法构建相应的指挥控制模型作为自动目标火力分配的依据。该方法在实际运用过程中对模型的精度和算法的效率即实时性有较高要求。许多专家在目标火力分配方面提出了不少解决方案，如运用定性与定量相结合的方法进行目标分配[93]、遗传算法[94]和改进遗传算法[95]等，此类算法较为复杂，尚不能满足末端防御指挥控制决策实时性的要求，目前多在理论上探讨，尚未实际运用。

采用简化目标分配模型和算法的核心是根据航路捷径最小、分配给最早的可用火力单元，以增加拦截次数。完成一次目标分配需满足下述约束条件：

（1）存在未分配的目标。

（2）存在具备打击能力的火力单元。

火力单元具备打击能力是指目标分配时火力单元处于空闲状态，且仍有剩余弹药（导弹或火炮）。

（3）存在来袭目标相对于具备打击能力的火力单元的航路捷径小于各具备打击能力的火力单元可拦截的最大航路捷径。

简化目标分配模型的目标函数可表示为[86]

$$\begin{cases} \max N_s = \sum_{i=1}^{U} \sum_{j=1}^{N_0} Z_{ij} \\ P_{ij} \leq P_{\max i} \\ H_{\min i} \leq H_{ij} \leq H_{\max i} \\ M_i > 0 \\ N_i > 0 \end{cases} \quad (3.73)$$

式中，N_s 为目标分配的次数；U 为火力单元的数量；N_0 为来袭目标次数；Z_{ij} 为火力单元 i 对来袭目标 j 是否进行拦截的指示数，$Z_{ij}=1$ 代表第 j 个目标对第 i 个火力单元满足约束条件，$Z_{ij}=0$ 代表不满足约束条件；H_{ij} 为目标 j 对火力单元 i 的高度，$H_{\min i}$、$H_{\max i}$ 为火力单元 i 杀伤目标最小、最大高度；M_i 为火力单元 i 剩余导弹数；N_i 为火力单元 i 剩余炮弹数；$P_{\max i}$ 为火力单元 i 最大航路捷径；P_{ij} 为目

标 j 对火力单元 i 的航路捷径，可按照式（3.74）计算：

$$P_{ij} = \frac{|(y-y_h)|V_x|-(x-x_h)|V_y||}{\sqrt{V_x^2+V_y^2}} \tag{3.74}$$

式中，x、y 为观测时刻目标的坐标；V_x、V_y 为观测时刻目标速度在 x 轴和 y 轴的分量；x_h、y_h 为火力单元 i 的坐标。

简化目标分配算法的实现步骤如下：

①获取待分配目标的信息及具备打击能力的火力单元状态。

②按照威胁度从大到小的顺序进行目标分配。

③计算待分配目标相对于各具备打击能力的火力单元的航路捷径。

④将满足上述约束条件的目标分配给航路捷径最小的火力单元。

简化目标分配逻辑框图如图 3.53 所示。

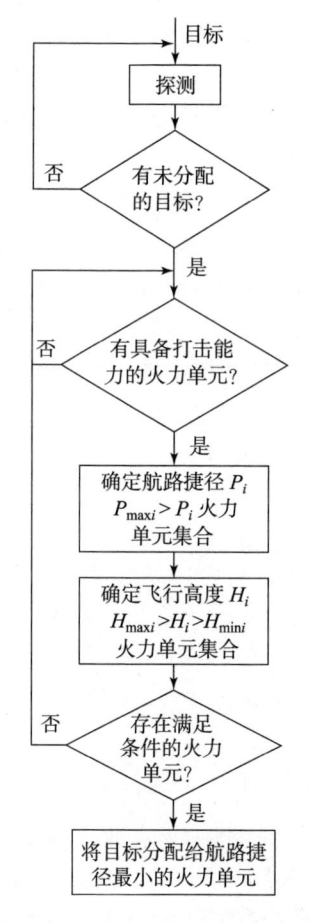

图 3.53　简化目标分配逻辑框图

3.5.4 服务概率评估模型构建

服务概率是指当目标按照某一规律、某一强度进入武器系统防空火力区域时，该武器系统能对来袭目标实施至少一次以上有效射击的概率。通过对防空区域内末端防御武器系统服务概率的求解，可综合评价该武器系统对来袭目标的射击能力，全面、定量地衡量各项指标的优劣，从而根据实际作战情况调整武器系统的作战部署，以期达到最佳的作战应用效果[96]。

末端防御武器系统服务来袭目标的过程可描述如下：防空作战过程中，由搜索雷达搜索并发现来袭目标，跟踪雷达连续并稳定地对已发现目标进行精确跟踪；指挥控制系统对已实现精确跟踪的来袭目标进行威胁度判断、排序并按照分配规则将目标分配给各火力单元。当目标首先进入火力单元中防空导弹的拦截区域时，由导弹进行拦截直至该火力单元的防空导弹数量被消耗完或者来袭目标被成功拦截；或者来袭目标未被击毁就进入火炮的拦截区域，来袭目标进入火炮拦截区后由该火力单元的火炮实施第二层拦截，直至击毁目标或弹药消耗完。服务过程示意图如图 3.54 所示。

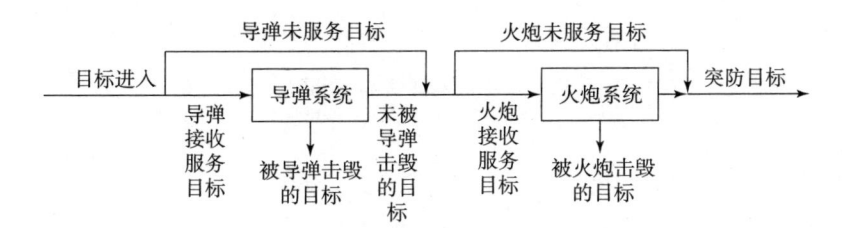

图 3.54 末端防御武器系统服务过程示意图

目前，对弹炮结合末端防御武器系统服务概率的评估多采用排队论的方法[94,97,98]。该方法将武器系统和敌方目标当作有限等待排队系统，并通常作出如下约定：

(1) 目标进入流为泊松流。
(2) 服务规则满足先到先服务。
(3) 服务时间为一个阶梯函数。
(4) 目标等待时间有限。

基于上述假设，排队论法利用解析计算的方式对武器系统的服务概率进行求解。显然，该方法的基本假设已经不满足末端防御武器系统的作战实际。此外，虽然解析法计算服务概率计算量较少，但由于并未考虑到部署环境、数量及具体作战流程的影响，导致服务概率的求解精度仍存在较大偏差。为克服上述排队论法存在的不足，基于构建的来袭目标仿真模型、搜索雷达仿真模型、跟踪雷达仿真模型、指挥控制仿真模型及火力拦截仿真模型进行仿真实验，根据仿真实验结果来计算每一次仿真末端防御武器系统对敌方目标的实时服务概率。服务概率 P_f 满足如下表达式：

$$P_f = \frac{M}{N} \tag{3.75}$$

式中，N 为来袭目标的总个数；M 为受到火力单元（导弹或高炮）一次以上（含一次）拦截的目标个数。

3.6 火力拦截仿真模型构建与杀伤概率评估

一旦指挥控制系统完成了目标的火力分配，将来袭目标按一定规则分配给各具体的火力单元，火力单元将实时进行火控诸元的解算，一旦满足射击拦截条件，将由火力单元中的防空导弹或火炮实施拦截。构建的火力拦截模型主要实现如下功能：

(1) 实现导弹和火炮火力防区的构建。
(2) 具备导弹发射诸元和火炮射击诸元解算的功能。
(3) 具备导弹和火炮飞行拦截过程仿真的功能。

3.6.1 火力防区划分

杀伤区是各类防空武器进行射击指挥和作战运用的重要依据。末端防御武器系统的火力防区需根据武器系统中导弹和高炮的杀伤区数据来具体构建。

杀伤区的描述一般在地面参数直角坐标系内进行，现以典型防空导弹的杀伤区为例，对构建火力防区需用到的主要参数进行说明。图 3.55 所示的是典型防空导弹杀伤给定速度匀速平直飞行的空中目标的杀伤区示意图。

图中 O 为防空导弹部署要地中心，$ABHG$ 为杀伤区高界面，$EFIJ$ 为杀伤区低界面，$GHIJ$ 为杀伤区远界面，$ACDB$ 为杀伤区高近界面，$DCEF$ 为杀伤区低近

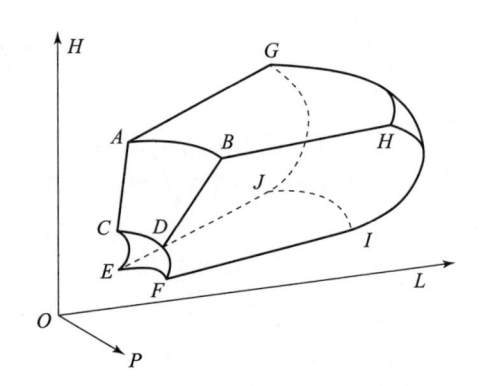

图 3.55 典型防空导弹杀伤区示意图

界面，*ACEJG*、*BDFIH* 为杀伤区两个侧近界面。

由于杀伤区左右对称，具有明显的规律性，故防空导弹的杀伤区通常用过 *HOL* 平面的垂直杀伤区和垂直于 *OH* 轴的水平杀伤区表示。显然，有且只有一个垂直杀伤区，但可以有多个不同高度的水平杀伤区。图 3.56、图 3.57 为典型防空导弹的垂直杀伤区与水平杀伤区。

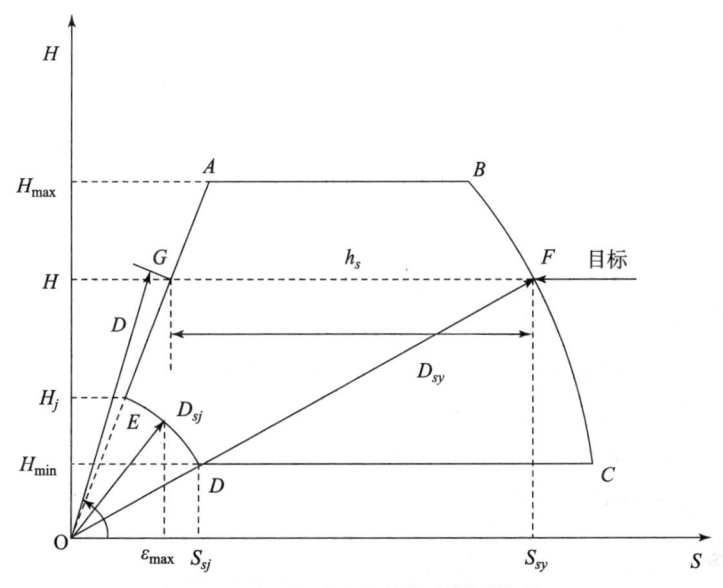

图 3.56　典型防空导弹垂直杀伤区

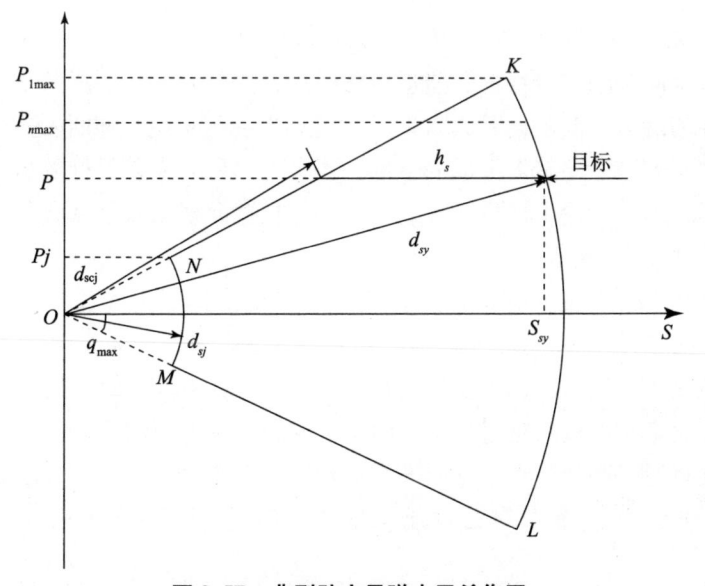

图 3.57　典型防空导弹水平杀伤区

图 3.56 中，AB 为杀伤区高界，CD 为杀伤区低界，BFC 为杀伤区远界，AGE 为杀伤区高近界，ED 为杀伤区低近界。可用如下参数表征该垂直杀伤区：

H_{max}——杀伤区最大高度；

H_{min}——杀伤区最小高度；

H_j——交界高度；

D_{sy}——给定高度 H 的杀伤区远界斜距；

D_{sj}——给定高度 H 的杀伤区近界斜距；

ε_{max}——杀伤区最大高低角；

h_s——航路捷径 $P=0$、高度为 H 时的杀伤区纵深。

图 3.57 中，KL 为杀伤区远界；MN 为杀伤区近界；KN、ML 为杀伤区侧近界。可用如下参数表征该水平杀伤区：

d_{sy}——高度为 H 的杀伤区远界水平距离；

d_{sj}——高度为 H 的杀伤区近界水平距离；

d_{scj}——航路捷径为 P、高度为 H 的杀伤区近界水平距离；

q_{max}——杀伤区最大航路角；

P_j——交界航路捷径，即水平杀伤区近界与侧近界交点对应的航路捷径；

P_{1max}——高度为 H 时，确保有 1 发防空导弹与来袭目标在杀伤区内遭遇的最大航路捷径；

P_{nmax}——高度为 H 时，确保有 n 发防空导弹与来袭目标在杀伤区内遭遇的最大航路捷径；

h_s——航路捷径为 P、高度 H 时的杀伤区纵深。

对于可全向跟踪来袭目标且能进行随动的火力单元，具备拦截从任意方向来袭空中目标的能力。对于此类火力单元，其火力防区即为将航路捷径 $P=0$ 的垂直杀伤区绕 OH 轴旋转 360°形成的空域。当火力单元对来袭目标的提前遭遇点进入火力防区之内，理论上即可对来袭目标实施拦截。根据武器系统的性能，构建其火力防区如图 3.58 所示。

图中，M_y 为导弹迎击作战远界，M_j 为导弹迎击作战近界，N_y 为导弹尾追作战远界，N_j 为导弹尾追作战近界，G_y 为火炮射击远界，G_j 为火炮射击近界，H_m 为导弹作战高界，H_g 为火炮有效射高。火炮杀伤来袭目标时，需保持一定的弹丸存速。当火炮对离远目标进行射击时，火炮弹丸在飞行阶段的末期速度原本就较小且来袭目标又高速飞离，此时即使火炮撞击到来袭目标，杀伤目标的能力也非常有限，故通常火炮不对已过航目标进行射击，即不考虑火炮尾追作战的情况。

在实际作战过程中，末端防御武器系统对不同类型的来袭目标、同一类型不

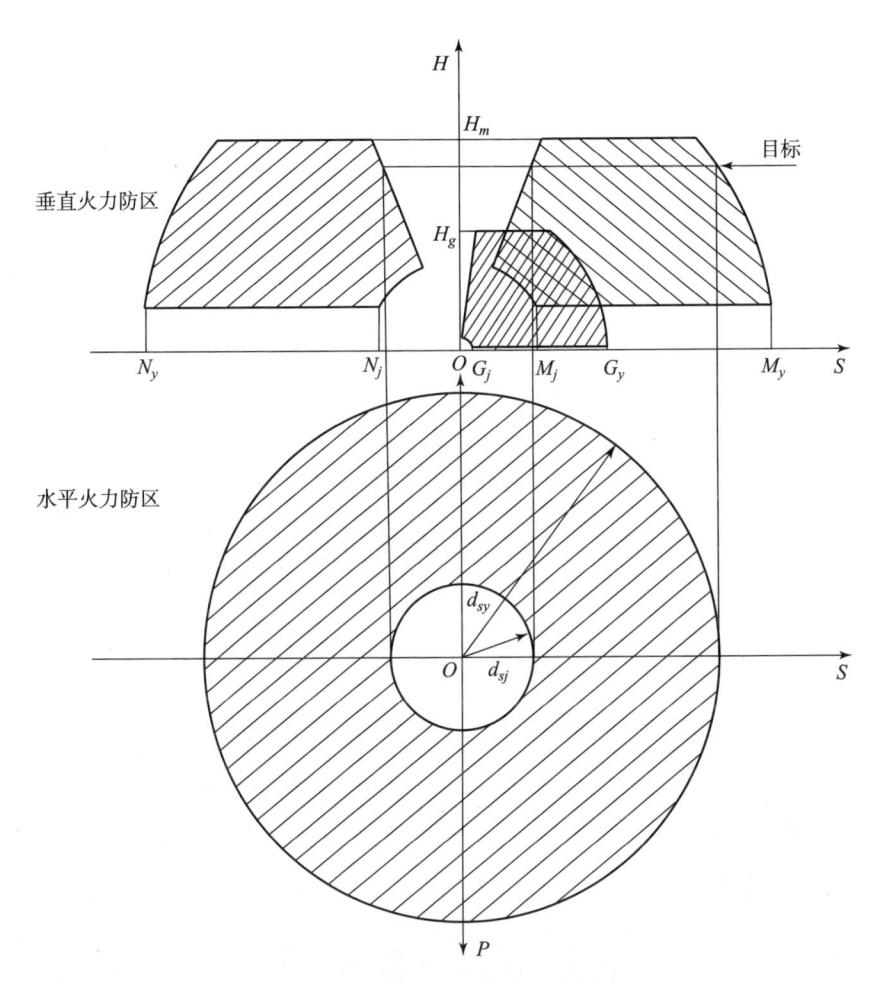

图3.58 末端防御武器系统火力防区

同飞行高度的来袭目标其杀伤区是不一样的，因此基于杀伤区构建的火力防区也不同。若基于典型防空导弹和火炮的杀伤区或者理想条件下的导弹和火炮的理论杀伤区来构建末端防御武器系统的火力防区，将会造成较大误差，影响仿真结果的可信性。因此，可利用末端防御武器系统对多种典型目标进行拦截测试时获得的火力拦截空域数据，进行适当简化、插值后作为末端防御武器系统对多种来袭目标和不同来袭高度时的火力防区数据库，方便在仿真过程中视情进行调用。

假设防空导弹和火炮的杀伤区（垂直、水平）远界和近界为以火力单元部署要地中心 O 为圆心的一段圆弧，则根据图3.57、图3.58可得如下表达式：

$$H_j = D_{sj} \times \sin(\varepsilon_{\max}) \tag{3.76}$$

$$d_{sy} = \sqrt{D_{sy}^2 - H^2} \tag{3.77}$$

$$d_{sj} = \begin{cases} \sqrt{D_{sj}^2 - H^2}, & H \leq H_j \\ \dfrac{H}{\tan(\varepsilon_{max})}, & H > H_j \end{cases} \tag{3.78}$$

式中，H 为来袭目标的飞行高度。

构建的末端防御武器系统对几种典型目标的火力防区数据如表 3.5～表 3.8 所示。

当来袭目标为 F-16 战斗机时，火力防区数据如表 3.5、表 3.6 所示。

表 3.5　防空导弹对 F-16 战斗机的火力防区数据

速度范围 /(m·s⁻¹)	最大高度 H_{max}/m	最小高度 H_{min}/m	远界斜距 D_{sy}/m	近界斜距 D_{sj}/m	远界水平距离 d_{sy}	近界水平距离 d_{sj}
≤300	15 000	100	24 000	2 000	由式 (3.77) 得	由式 (3.76)、式 (3.78) 得
>300	10 000	100	14 000	1 500	由式 (3.77) 得	由式 (3.76)、式 (3.78) 得

表 3.6　火炮对 F-16 战斗机的火力防区数据

最大高度 H_{max}/m	最小高度 H_{min}/m	远界斜距 D_{sy}/m	近界斜距 D_{sj}/m	远界水平距离 d_{sy}	近界水平距离 d_{sj}
5 000	50	4 000	200	由式 (3.77) 得	由式 (3.76)、式 (3.78) 得

当来袭目标为 BGM-109 "战斧" 巡航导弹时，火力防区数据如表 3.7、表 3.8 所示。

表 3.7　防空导弹对 BGM-109 战斧巡航导弹的火力防区数据

最大高度 H_{max}/m	最小高度 H_{min}/m	远界斜距 D_{sy}/m	近界斜距 D_{sj}/m	远界水平距离 d_{sy}	近界水平距离 d_{sj}
7 000	100	15 000	2 400	由式 (3.77) 得	由式 (3.76)、式 (3.78) 得

表 3.8　火炮对 BGM-109 "战斧" 巡航导弹的火力防区数据

最大高度 H_{max}/m	最小高度 H_{min}/m	远界斜距 D_{sy}/m	近界斜距 D_{sj}/m	远界水平距离 d_{sy}	近界水平距离 d_{sj}
4 000	60	3 000	500	由式 (3.77) 得	由式 (3.76)、(3.78) 得

仿真过程中，当不同状态的目标来袭时，初始化仿真模型对各个目标火力防区的逻辑框图如图 3.59 所示。

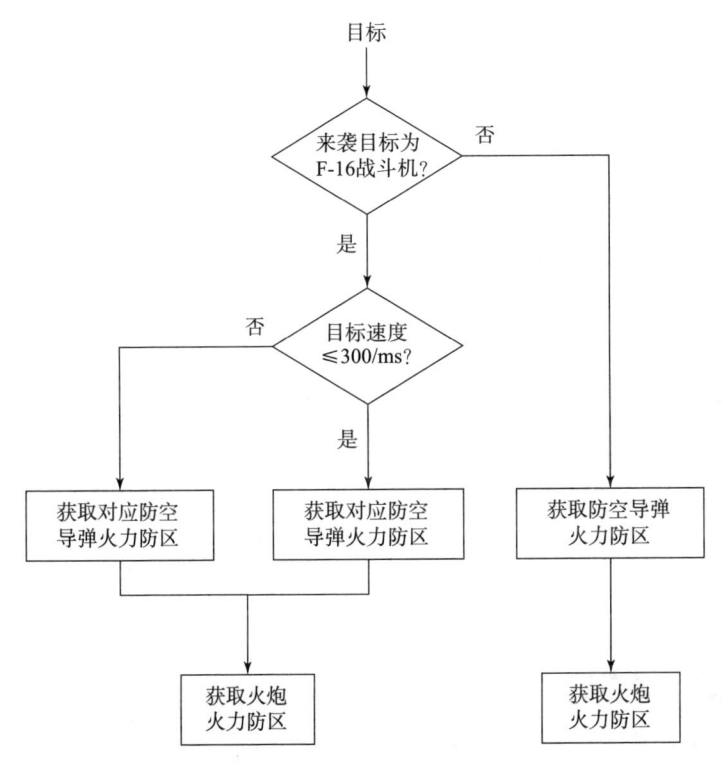

图 3.59　火力防区选择逻辑框图

3.6.2　防空导弹发射模型构建

防空导弹与其他普通武器的区别在于其具有制导控制系统，制导控制系统可确定来袭目标与防空导弹的相对位置，在一定精度条件下按照一定的制导规律导引导弹沿预定弹道拦截来袭目标，并在引信和战斗部的配合下，以较高的杀伤概率摧毁目标。

末端防御武器系统的导弹控制系统采用半主动寻的制导体制，由地面照射器照射目标和导弹，弹上导引头接收目标反射的回波信号，弹上直波天线接收照射信号，由导引头等得到导引律所要求的信息，控制导弹飞向目标。图 3.60 表示半主动寻的制导体制中照射器、发射车、导弹、目标之间的相互关系。

图中，Fi 为照射器产生的信号频率，dp 为目标多普勒频率，dn 为导弹多普勒频率。

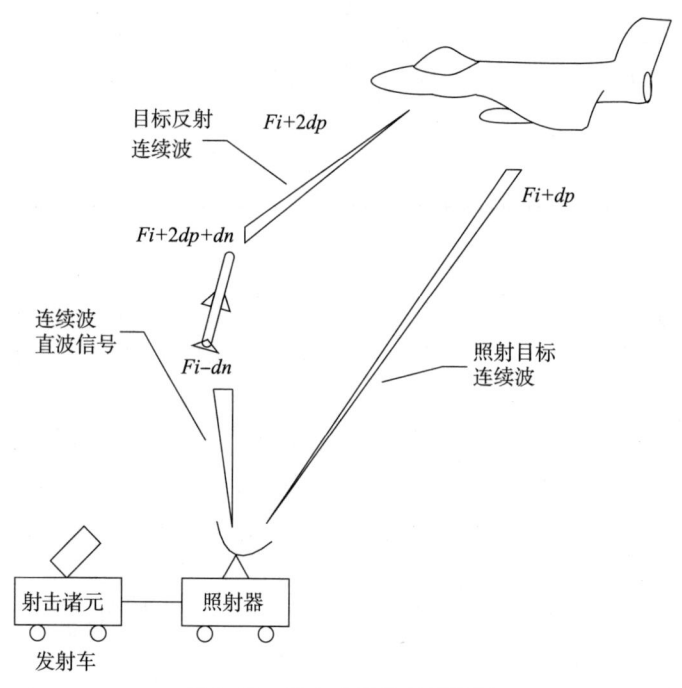

图 3.60 半主动寻的制导体制

3.6.2.1 防空导弹拦截模型构建

当末端防御武器系统的指挥控制系统完成来袭目标的火力分配后，火力单元将实时跟踪来袭目标并解算火控诸元，一旦满足拦截条件即可发射导弹实施拦截。构建的防空导弹拦截模型满足以下条件即可发射导弹拦截来袭目标：

（1）来袭目标的跟踪文件中必须包含至少 8 个以上（含 8 个）的点迹信息，确保该航迹不是杂波形成的虚假航迹。

（2）来袭目标航迹需经 60 次以上的卡尔曼滤波，确保滤波后获得的目指信息较为准确。

（3）防空导弹对来袭目标的预测遭遇点连续两次以上（含两次）进入对应火力单元的火力防区，以减少滤波误差或目标机动造成命中点不在火力防区内时导弹对来袭目标的杀伤效果较差。

为研究方便，在构建防空导弹按比例导引律拦截来袭目标的仿真模型过程中作如下假设：

（1）防空导弹和来袭目标为运动质点。

（2）防空导弹和来袭目标始终在同一个固定的平面内运动即攻击平面，该平面可以是铅垂面也可以是水平面或倾斜平面。

(3) 防空导弹飞行过程中不考虑大气环境的影响。

(4) 不考虑地球曲率和自转的影响。

防空导弹发射后将按比例导引制导律拦截来袭目标。如图 3.61 所示，设在某一仿真时刻，防空导弹处于 d 点位置，来袭目标处于 m 点位置。在上述假定条件下，可用定义在攻击平面内的极坐标参量 r、q 的变化规律来描述导弹与目标之间的相对运动关系[99]。

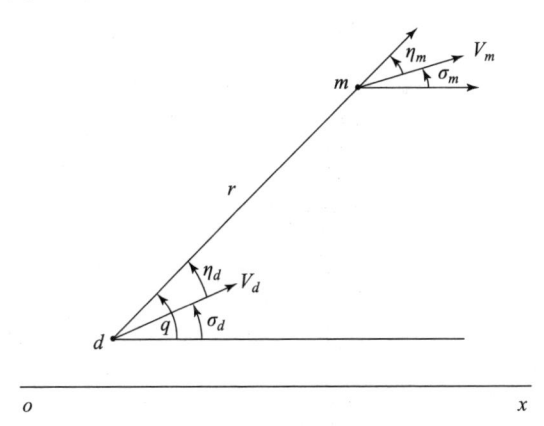

图 3.61　防空导弹与来袭目标的相对位置

图中，r 为导弹与目标间的相对距离；ox 为基准线，基准线可任意选择，基准线的选择并不影响导弹和目标间的相对运动特性，构建仿真模型过程中以仿真开始时刻的初始目标视线为基准；q 为目标线与攻击平面内基准线 ox 间的夹角，称为目标线方位角或目标视线角；σ_d 为导弹弹道角；σ_m 为目标航向角；η_d 为导弹速度矢量前置角；η_m 为目标速度矢量前置角。

根据图 3.61 防空导弹与来袭目标的相对位置关系，可得描述相对距离变化率 $\dfrac{\mathrm{d}r}{\mathrm{d}t}$ 和目标线方位角变化率 $\dfrac{\mathrm{d}q}{\mathrm{d}t}$ 的相对运动方程为

$$\begin{cases} \dfrac{\mathrm{d}r}{\mathrm{d}t} = V_m\cos\eta_m - V_d\cos\eta_d \\ \dfrac{\mathrm{d}q}{\mathrm{d}t} = \dfrac{1}{r}(V_d\sin\eta_d - V_m\sin\eta_m) \end{cases} \quad (3.79)$$

根据图 3.62 中的几何关系，可列出自导引体制的相对运动方程组为

$$\begin{cases} \dfrac{\mathrm{d}r}{\mathrm{d}t} = V_m\cos\eta_m - V_d\cos\eta_d \\ \dfrac{\mathrm{d}q}{\mathrm{d}t} = \dfrac{1}{r}(V_d\sin\eta_d - V_m\sin\eta_m) \\ q = \sigma_d + \eta_d \\ q = \sigma_m + \eta_m \end{cases} \quad (3.80)$$

比例导引法要求导弹在飞行过程中速度矢量的旋转角速度与目标视线的旋转角速度成比例[100]，其导引方程满足如下表达式：

$$\frac{\mathrm{d}\sigma_d}{\mathrm{d}t} = K \cdot \frac{\mathrm{d}q}{\mathrm{d}t} \tag{3.81}$$

式中，K 为比例系数；$\frac{\mathrm{d}q}{\mathrm{d}t}$ 为目标视线旋转速度；$\frac{\mathrm{d}\sigma_d}{\mathrm{d}t}$ 为导弹速度矢量旋转速度。

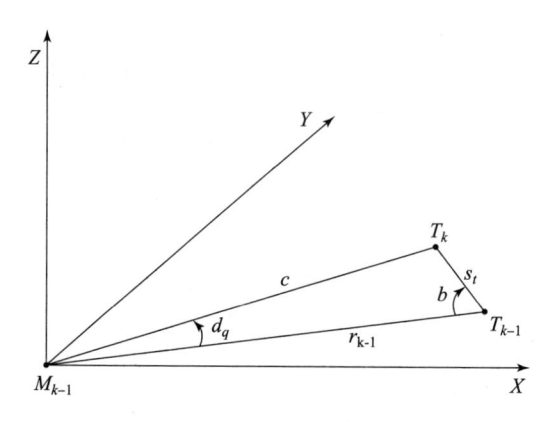

图 3.62　$k-1$ 时刻导弹不动目标先动时几何关系图

根据式（3.80）和式（3.81）即可求解，在实际编程计算过程中 d_q 不能直接算出，考虑到初始时刻来袭目标与导弹距离较远，可先假设导弹不动，目标先运动步长 s_t 到 T_k 处，然后导弹根据目标的新位置 T_k 对 d_q 进行预测，具体过程如下：

图 3.62 中 M_{k-1} 为 $k-1$ 时刻导弹位置，T_{k-1} 为 $k-1$ 时刻来袭目标位置，T_k 为 k 时刻目标位置，r_{k-1} 为 $k-1$ 时刻导弹与目标相对位置，c 为 $k-1$ 时刻的导弹 M_{k-1} 与 k 时刻的目标 T_k 间的距离，d_q 为 $k-1$ 时刻与 k 时刻导弹目标视线角差。设已知 $k-1$ 时刻导弹位置（MX_{k-1}，MY_{k-1}，MZ_{k-1}）、$k-1$ 时刻来袭目标位置（TX_{k-1}，TY_{k-1}，TZ_{k-1}）、$k-1$ 时刻目标视线角 q_{k-1}、$k-1$ 时刻导弹速度矢量与基准线夹角 $\sigma_d(k-1)$、$k-1$ 时刻导弹速度矢量与目标连线的夹角 $\eta_d(k-1)$、来袭目标飞行速度 vt、导弹飞行速度 v_m、仿真步长 $\mathrm{d}t$、比例系数 K，则 $k-1$ 时刻导弹与来袭目标满足如下几何关系：

$$\begin{cases} r_{k-1} = \sqrt{(TX_{k-1} - MX_{k-1})^2 + (TY_{k-1} - MY_{k-1})^2 + (TZ_{k-1} - MZ_{k-1})^2} \\ c = \sqrt{(TX_k - MX_{k-1})^2 + (TY_k - MY_{k-1})^2 + (TZ_k - MZ_{k-1})^2} \\ s_t = v_t \times \mathrm{d}t \\ d_q = a\cos\left(\frac{r_{k-1}^2 - st^2 + c^2}{2 \times r_{k-1} \times c}\right) \end{cases}$$

(3.82)

且有

$$\begin{cases} q_k = q_{k-1} + \mathrm{d}_q \\ \sigma_d(k) = \sigma_d(k-1) + K \times \mathrm{d}_q \\ \eta_d(k) = \sigma_d(k) - q_{k-1} \end{cases} \quad (3.83)$$

式中，q_k 为 k 时刻目标视线角；$\sigma_d(k)$ 为 k 时刻导弹速度矢量与基准线夹角；$\eta_d(k)$ 为 k 时刻导弹速度矢量与目标连线夹角。

此时获得的 d_q 误差较大，必须进一步校正。假设 $k-1$ 时刻目标先运动一个步长 s_t 到 T_k 后，导弹也运动 s_m 到 M_k，此时导弹与来袭目标的位置关系如图 3.63 所示。

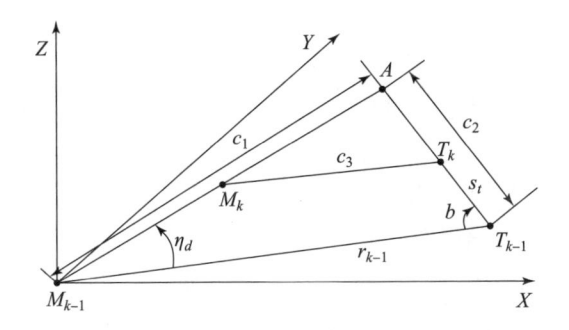

图 3.63 $k-1$ 时刻导弹与目标均运动时几何关系图

根据正弦定理和三角形函数公式有

$$\begin{cases} c_1 = \dfrac{r_{k-1}\sin(b)}{\sin(\eta_d(k)+b)} \\ c_2 = \dfrac{r_{k-1}\sin(\eta_d(k))}{\sin(\eta_d(k)+b)} \\ c_3 = \sqrt{(c_1-s_m)^2 + (c_2-s_t)^2 + 2(c_1-s_m)(c_2-s_t)\cos(\eta_d(k)+b)} \\ \mathrm{d}_q = \eta_d(k) - a\cos\left(\dfrac{(c_1-s_m)^2 + c_3^2 - (c_2-s_t)^2}{2(c_1-s_m)c^3}\right) \end{cases}$$

$$(3.84)$$

d_q 更新后，同样需按式（3.83）对 q_k、$\sigma_d(k)$ 和 $\eta_d(k)$ 进行更新，再对导弹位置进行更新，得到 k 时刻导弹位置 M_k 满足如下表达式：

$$\begin{cases} x_1(k) = TX_{k-1} + \dfrac{c_2}{st}(TX_k - TX_{k-1}) \\[4pt] y_1(k) = TY_{k-1} + \dfrac{c_2}{s_t}(TY_k - TY_{k-1}) \\[4pt] z_1(k) = TZ_{k-1} + \dfrac{c_2}{s_t}(TZ_k - TZ_{k-1}) \\[4pt] MX_k = MX_{k-1} + \dfrac{s_m}{c_1}(x1(k) - MX_{k-1}) \\[4pt] MY_k = MY_{k-1} + \dfrac{s_m}{c_1}(y1(k) - MY_{k-1}) \\[4pt] MZ_k = MZ_{k-1} + \dfrac{s_m}{c_1}(z1(k) - MZ_{k-1}) \end{cases} \quad (3.85)$$

分析相对运动方程组（3.80）和导引方程式（3.81），可知导弹相对目标的运动特性主要受以下几个因素的影响：

（1）目标的运动特性，如飞行高度、速度等。
（2）防空导弹飞行速度。
（3）比例导引系数 K。

3.6.2.2　防空导弹命中判断模型构建

通常情况下，防空导弹是否命中目标需要知道来袭目标的前视面积、侧视面积和仰视面积。为简化计算，通过计算目标等效半径的方式进行防空导弹是否命中判断。

将目标等效为一个圆，计算导弹的杀伤区：

$$D_R = R_d + R_m \quad (3.86)$$

式中，R_d 为导弹的杀伤半径；R_m 为目标的等效半径；D_R 为导弹的杀伤区半径。

当导弹与目标距离小于杀伤区时，即可认为导弹命中并摧毁来袭目标。

3.6.3　防空火炮射击模型构建

末端防御武器系统中，防空火炮使用的弹丸为无控（非制导）弹丸，要准确命中目标，必须依靠火控系统精确地计算出命中点，并据此来确定应赋予火炮的射击诸元。

3.6.3.1　目标提前点解算

火炮对运动目标进行射击时，火控系统根据目标的运动规律控制火炮对目标提前点进行射击，经过时间 t 后，弹丸与目标在提前点相遇。火炮与来袭目标的命中问题可用图 3.64 进行描述。

图中，O 为火炮的部署位置；M 为目标的现在位置；M_q 为命中提前点位置，D 为目标现在斜距向量；D_q 为提前向量，是火炮到命中点的向量；S 为提前向量，是在弹丸飞行时间内目标的位移向量。

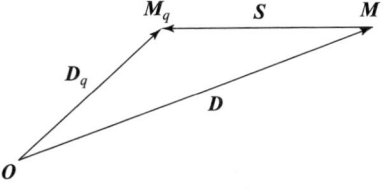

图 3.64　命中三角形

若用向量来描述该命中三角形，如下式所示：

$$D_q = D + S \tag{3.87}$$

在直角坐标系中，火炮射击的解命中问题，可通过联立式（3.88）、式（3.89）求得

$$\begin{cases} x_q = x + f_x(t_f) \\ y_q = y + f_y(t_f) \\ z_q = z + f_z(t_f) \\ D_q = f(t_f) = \sqrt{x_q^2 + y_q^2 + z_q^2} \end{cases} \tag{3.88}$$

$$t_f = g(D_q, z_q) \tag{3.89}$$

式（3.88）为命中提前点预测方程。式中，t_f 为弹丸飞行时间；x、y、z 为目标现在位置的直角坐标；x_q、y_q、z_q 为目标命中提前点的直角坐标；D_q 为目标命中提前点的斜距离；$f_x(t_f)$、$f_y(t_f)$、$f_z(t_f)$ 为弹丸飞行时间 t_f 内来袭目标的三个直角坐标改变量。虽然来袭目标的运动规律和参数在弹丸发射前可通过前期对该目标的连续跟踪计算得到，但对于弹丸发射后的目标运动规律和参数却很难实际预测，需用某种假设来确定目标的运动规律和参数。目前，火控系统中解命中问题最为常用的目标运动假设有两种[101]：

（1）目标在弹丸飞行时间 t_f 内作匀速直线运动。

（2）目标在弹丸飞行时间 t_f 内作匀加速直线运动。

上述两种目标运动假设并不能包含目标所有可能的运动，即使多设置几种目标运动假设或者提高假设的阶数也不能准确无误地描述目标的真实运动。相反，目标运动假设如果过于复杂，不仅导致计算量偏大，其命中点的预测误差也将变大。考虑到在较短的时间内，目标由于受到战术环境和技术性能的限制，不可能任意作大的机动，因此在构建仿真模型过程中认为：目标在弹丸飞行时间 t_f 内作匀速直线运动。

通过式（3.88）与式（3.89）进行命中提前点计算时，需要知道弹丸飞行时间 t_f，而弹丸飞行时间又需要通过提前命中点来确定。因此，命中方程组不能直接求解，需采用迭代法逐次逼近来求解。目前，计算弹丸飞行时间 t_f 主要采用

两种方法：一种是通过对火炮射表中的基本弹道诸元进行函数逼近后获得弹丸飞行时间的逼近函数进行计算；另一种是直接求解弹道微分方程组进行计算。无论采用哪种方法，弹丸飞行时间与命中提前点的关系都为非线性函数关系，求解此类非线性方程组最为普遍的方法仍是迭代法。目前，解命中问题采用的迭代法通常有简单迭代法、改进迭代法、快速迭代法和改进的快速迭代算法。为兼顾计算精度与效率，采用改进迭代算法进行解命中问题的求解，其算法实现如下：

选取迭代初值 $t_f^{(0)}$ 代入式（3.88）和式（3.89）得

$$D_q^{(0)} = f(t_f^{(0)}) = \sqrt{(x_q^{(0)})^2 + (y_q^{(0)})^2 + (z_q^{(0)})^2} \tag{3.90}$$

将 $D_q^{(0)}$ 和 $z_q^{(0)}$ 代入式（3.86）得

$$t_f^{(1)} = g(D_q^{(0)}, z_q^{(0)}) \tag{3.91}$$

迭代过程中，令

$$\begin{cases} \overline{t_f^{(0)}} \equiv t_f^{(0)} \\ \overline{t_f^{(k)}} = \dfrac{(t_f^{(k-1)} + t_f^{(k)})}{2} \end{cases} \tag{3.92}$$

式中，$k = 1, 2, 3, \cdots$。

因此，当给定初值 $t_f^{(0)}$ 后，其迭代顺序如下所示：

$$\overline{t_f^{(0)}} \to D_q^{(0)}, z_q^{(0)} \to t_f^{(1)} \to \overline{t_f^{(1)}} \to D_q^{(1)}, z_q^{(1)} \to t_f^{(2)} \to \overline{t_f^{(2)}} \to \cdots t_f^{(k)} \to \overline{t_f^{(k)}} \to \cdots$$

3.6.3.2 射击和弹道诸元解算

弹道诸元计算是火控系统的重要组成部分。精确而实用的弹道诸元计算方法对于提高火控解算精度、缩短解算时间具有重要作用。目前弹道诸元的计算方法主要有以下四种：

（1）直接求解弹道微分方程组。弹道微分方程组是对弹丸在空中运动过程的数学描述，反映了空中飞行弹丸在各种力和力矩作用下的运动规律，可适用于不同口径或弹种的弹道计算需要。采用该种方法进行计算时需要一套标准化的程序，并根据实际运用的火炮口径、弹种以及实时的弹道气象条件，对方程中的空气动力和动力矩系数、方程的初始条件进行更换和修正，因此具有较好的通用性。但该方法对弹道方程中的有关参数和初始条件的准确性要求较高。此外，该方法的计算工作量较大，对计算机的性能要求较高。

（2）利用简化弹道方程计算。该方法利用近似的方法将复杂的弹道微分方程简化成解析表达式。由于解析表达式函数关系表达明确，在满足一定精度的前提下减小了计算量。目前，该方法多用于射程短、弹道低伸即重力效应使弹道弯曲较小的弹道计算。

（3）在火控计算机中存储所需的弹道表格函数。火控计算机中存储的弹道表格函数来自射表。该方法具有较高的精度，但存储的数据量较大，且只适用于计算已编制射表的火炮。

（4）利用逼近弹道表格函数（射表）得到的代数多项式计算。该方法对射表的弹道表格函数进行曲线拟合，获得对应弹道的逼近多项式。相比于弹道表格函数，该方法无须存储大量数据，但由于二次近似的结果，其计算精度不高。

高射武器系统射击空中来袭目标时，要求炮弹在上升阶段与目标遭遇，以保证炮弹对来袭目标仍具有一定的侵彻能力。如图 3.65 所示，由于上升段的弹道比较平伸，故利用简化弹道方程法来近似计算火炮的射击和弹道诸元：

$$\begin{cases} \alpha = \cos\varepsilon_q \dfrac{gD_q}{2V_0^2} G_\eta(C_H D, V_0) \\ w = \cos\varepsilon_q \dfrac{gD_q}{2V_0^2} G_w(C_H D, V_0) \\ V_P = V_0 \dfrac{\cos\varphi}{\cos\theta} G_v(C_H D, V_0) \\ t_f = \dfrac{\cos\varepsilon_q}{\cos\varphi} \dfrac{D_q}{V_0} G_t(C_H D, V_0) \\ \varphi = \varepsilon_q + \alpha \\ \theta = \varepsilon_q - w \end{cases} \quad (3.93)$$

式中，α 为高角；

g 为重力加速度，可取 $g = 9.8 \text{m/s}^2$；

V_0 为弹丸初速；

w 为着角；

t_f 为弹丸飞行时间；

D_q 为命中提前点的斜距离，可由式（3.90）计算得到；

ε_q 为高低角；

V_P 为弹丸在命中提前点的存速矢量；

φ 为发射角；

θ 为提前点处的弹道倾角；

G_η、G_w、G_v、G_t 为 1943 年空气阻力定律空气弹道修正函数表的 g_η、g_w、g_v、g_t 的拟合函数，是 $C_H D$ 和 V_0 的二元函数，且满足下式：

$$C_H D = Ch(z)D_q \quad (3.94)$$

其中，z 为来袭目标飞行高度，$h(z)$ 为气重函数，按下式计算：

$$h(z) = \left(1 - 2.1905 \times 10^{-5} \dfrac{z}{2}\right)^{4.4} \quad (3.95)$$

C 为 1943 年阻力定律的弹道系数，且满足下式：

$$C = \frac{i_{43}d^2}{m} \times 10^3 \tag{3.96}$$

式中，i_{43} 为 1943 年阻力定律弹形系数，且有 $i_{43} = 0.85 \sim 1$；d 为弹径；m 为弹丸质量。

g_η、g_w、g_t、g_v 如表 3.9 ~ 表 3.12 所示。

表 3.9 g_η 数值表

$C_H D$ \ V_0	800	850	900	950	1000	1100	1200
500	1.049	1.047	1.046	1.045	1.045	1.043	1.042
1 000	1.102	1.098	1.095	1.093	1.092	1.090	1.080
1 500	1.160	1.154	1.151	1.148	1.145	1.141	1.138
2 000	1.224	1.217	1.211	1.206	1.201	1.195	1.191
2 500	1.294	1.285	1.277	1.269	1.264	1.254	1.247
3 000	1.373	1.360	1.350	1.340	1.331	1.318	1.309

表 3.10 g_w 数值表

$C_H D$ \ V_0	800	850	900	950	1000	1100	1200
500	1.099	1.096	1.093	1.091	1.090	1.088	1.086
1 000	1.213	1.206	1.199	1.196	1.193	1.188	1.183
1 500	1.343	1.331	1.322	1.315	1.308	1.298	1.291
2 000	1.494	1.477	1.462	1.450	1.438	1.421	1.410
2 500	1.667	1.643	1.622	1.603	1.588	1.562	1.545
3 000	1.872	1.837	1.807	1.782	1.757	1.721	1.699

表 3.11 g_t 数值表

$C_H D$ \ V_0	800	850	900	950	1000	1100	1200
500	1.036	1.035	1.034	1.033	1.033	1.032	1.031
1 000	1.075	1.073	1.071	1.069	1.069	1.067	1.065
1 500	1.116	1.113	1.110	1.108	1.106	1.103	1.100
2 000	1.161	1.156	1.153	1.150	1.147	1.140	1.137
2 500	1.210	1.203	1.197	1.192	1.188	1.181	1.177
3 000	1.262	1.254	1.247	1.240	1.234	1.224	1.218

表 3.12 g_y 数值表

V_0 \ C_HD	800	850	900	950	1000	1100	1200
500	0.932 4	0.933 0	0.934 6	0.935 7	0.937 0	0.938 3	0.939 9
1 000	0.866 2	0.868 4	0.872 4	0.874 8	0.877 0	0.880 0	0.882 4
1 500	0.802 4	0.807 1	0.812 3	0.815 5	0.819 0	0.823 5	0.827 3
2 000	0.741 3	0.748 4	0.754 6	0.759 7	0.763 0	0.770 0	0.775 0
2 500	0.683 7	0.691 8	0.699 0	0.706 0	0.710 0	0.719 1	0.724 9
3 000	0.628 8	0.637 7	0.645 7	0.653 3	0.659 0	0.669 1	0.677 5

提前点处射击诸元与弹道诸元如图 3.65 所示。

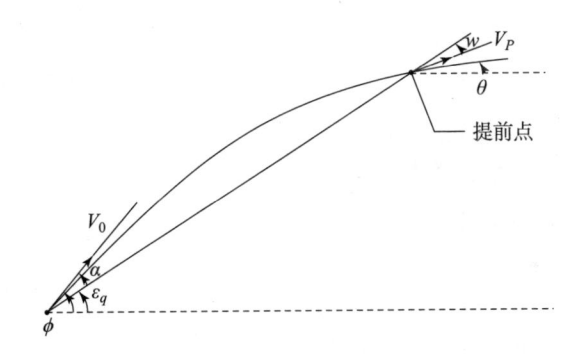

图 3.65 提前点处射击诸元与弹道诸元示意图

3.6.3.3 火炮外弹道模型构建

当火控系统获得射击和弹道诸元后，火炮将按照射击和弹道诸元要求击发弹丸。弹丸以初速度飞离炮口后，在空中飞行的速度、方向和飞行姿态将受到地球作用力、空气动力和动力矩的影响而不断变化。为精确地描述弹丸的空间运动及其外弹道模型，需将弹丸在空中的运动作为一般的刚体运动，建立六自由度运动方程，再根据这六个方程及其联系方程求解得到弹丸飞离炮口后在空间的运动规律及其弹道。为构建弹丸外弹道模型现作如下假设：

(1) 弹丸的外形和质量分布都是轴对称体且攻角恒为 0°。
(2) 考虑气象条件对弹丸外弹道的影响。
(3) 弹丸离开炮口后绕弹体轴心稳定旋转。

根据上述假设构建旋转稳定弹丸的外弹道模型如式（3.97）所示：

$$\begin{cases} \dfrac{\mathrm{d}v_x}{\mathrm{d}t} = -C_H(z)G(v_r,c_s)(v_x-w_x)+(v_xv_z/R)(1+z/R)^{-1} \\ \qquad\quad -2\Omega[(v_y-w_y)\sin\Lambda+v_z\cos\Lambda\sin\alpha] \\ \dfrac{\mathrm{d}v_z}{\mathrm{d}t} = -C_H(z)G(v_r,c_s)v_z-g_0(1+z/R)^{-2}+(v_x^2/R)(1+z/R)^{-1} \\ \qquad\quad +2\Omega\cos\Lambda[(v_x-w_x)\sin\alpha+(v_y-w_y)\cos\alpha] \\ \dfrac{\mathrm{d}v_y}{\mathrm{d}t} = -C_H(z)G(v_r,c_s)(v_y-w_y)-2\Omega[v_z\cos\Lambda\cos\alpha-(v_x-w_x)\sin\Lambda] \\ \dfrac{\mathrm{d}x}{\mathrm{d}t} = v_x(1+z/R)^{-1} \\ \dfrac{\mathrm{d}z}{\mathrm{d}t} = v_z \\ \dfrac{\mathrm{d}y}{\mathrm{d}t} = v_y \end{cases}$$

(3.97)

式中，C 为弹道系数，可由式（3.96）计算得到；

Ω 为地球自转角速度，可取 $\Omega = 7.292\times10^{-5}\text{r/s}$；

Λ 为火炮所处的纬度（°）；

w_x 为横向风速（m/s）；

w_y 为纵向风速（m/s）；

H 为气重函数，可按下式计算：

$$H = \dfrac{r}{r_o} \tag{3.98}$$

其中，r_o 为地面空气密度标准值，且 $r_o = 1.206\text{kg/m}^3$；r 为空气质量密度，可按下式计算：

$$r = \dfrac{p}{w\tau} \tag{3.99}$$

其中，w 为气体常数，干空气的 $w = 287\text{J/(kg·K)}$；P 为空气压力（Pa）；τ 为虚温（K），τ 满足下式：

$$\tau = \begin{cases} \tau_{ON} - G_1 z, & 0 \leqslant z \leqslant 9\,300\text{m} \\ A_1 - G_1(z-9\,300)+C_1(z-9\,300)^2, & 9\,300\text{m} < z \leqslant 12\,000\text{m} \\ 221.5\text{K}, & 12\,000 < z \leqslant 30\,000\text{m} \end{cases} \tag{3.100}$$

式中，$\tau_{ON} = 289.1\text{K}$ 为标准虚温；$A_1 = 230\text{K}$；$G_1 = 6.328\times10^{-3}\text{K/m}$；$C_1 = 1.172\times10^{-6}\text{K/m}^2$；

$G(vr)$ 为空气阻力函数，且满足下式：

$$G(vr) = \frac{\pi}{8}r_o \times 10^{-3} \times v_r \times C_{XO}\left(\frac{vr}{C_{ON}}\right) \tag{3.101}$$

其中，v_r 为弹丸相对速度，可按下式计算：

$$v_r = \sqrt{(V_x - w_x)^2 + V_z^2 + (V_y - w_y)^2} \tag{3.102}$$

C_{ON} 为地面标准声速；C_{XO} 为阻力系数，在非标准弹丸条件下，C_{XO} 需根据标准弹丸阻力系数 C_{XON} 插值得到。

R 为等效地球半径，可取 $R = 6\ 371\ 100$ (m)。

求解弹丸的外弹道模型通常采用四阶龙格－库塔法，其计算公式如式 (3.103) 所示：

$$\begin{cases} k_1 = f(t_k, y_k) \\ k_2 = f(t_k + \dfrac{h}{2}, y_k + \dfrac{1}{2}k_1) \\ k_3 = f(t_k + \dfrac{h}{2}, y_k + \dfrac{1}{2}k_2) \\ k_4 = f(t_k + h, y_k + k_3) \\ y_{k+1} = y_k + \dfrac{h}{6}(k_1 + 2k_2 + 2k_3 + k_4) \end{cases} \tag{3.103}$$

式中，h 为采样率，可取 $h = 0.01$。

设已知火炮弹丸直径 $d = 0.152$m、弹丸质量 $m = 30$kg、弹形系数 $i_{43} = 1$、弹丸初速 $V_0 = 594.2$m/s、发射角 $\theta = 45.15°$、射向角 $\alpha = 30°$、横向风速 $w_x = 50$m/s、纵向风速 $w_y = 10$m/s、火炮部署要地纬度 $\Lambda = 45°$、采样率 $h = 0.01$、大气压强 $P = 100\ 000$Pa。根据上述构建的火炮射击模型，可得弹丸的外弹道如图 3.66 所示。

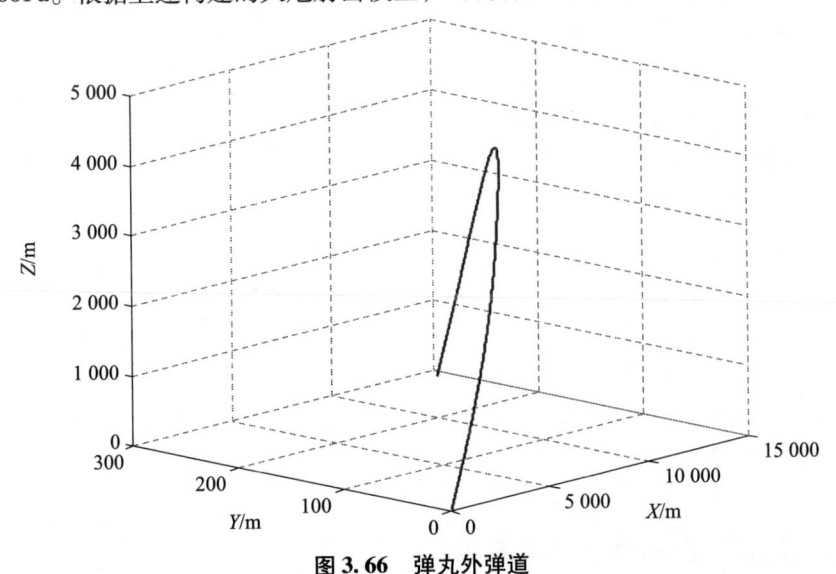

图 3.66 弹丸外弹道

3.6.3.4 火炮命中判断模型构建

由于各种因素的作用和影响，会使火炮射击时不断产生相应的误差，导致弹着点偏离目标。如图 3.67 所示，一门火炮即使以不变的射击诸元在相同条件下短时间内连续射击，各弹丸的外弹道也互不重合，形成一个弹道束。

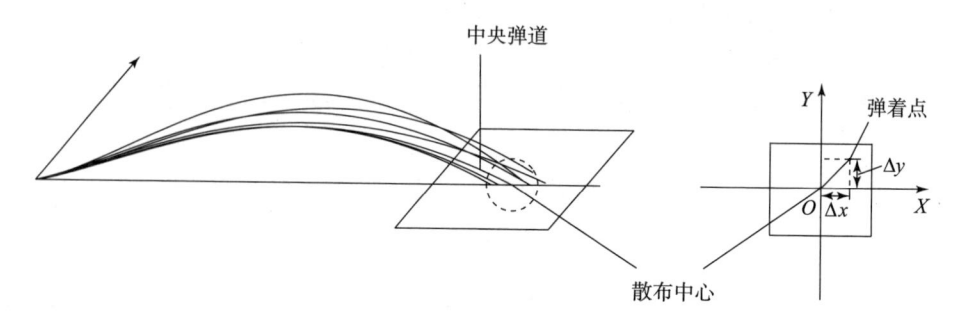

图 3.67 弹着散布

在一定气象条件下，弹丸的外弹道由弹丸初速 V_0、射角 θ 及弹道系数 C 唯一确定。这三个因素的变化将引起弹道的不重合，并形成射弹散布误差。引起射弹散布的原因主要有以下几种[102]。

（1）引起弹丸初速不同的主要原因：
①每发弹丸发射药的温度不同。
②弹丸重量不同。
③炮膛及药室状态不同。
（2）引起射角不同的主要原因：
①射击时火炮的振动和制退复进装置作用的差距。
②射击时火炮的旋回俯仰机构及瞄准装置存在的机械空回。
③炮管的细微弯曲。
（3）引起弹道系数不同的主要原因：
①弹丸飞行过程中，气象条件的波动。
②弹丸性质的差异，包括弹重、弹形、重心位置、弹表面粗糙度等的差异。

射弹散布误差为随机误差，由概率论的中心极限定理可得，射弹散布误差服从正态分布。因此，火炮是否命中来袭目标可按如下方法判断：

（1）根据解命中得到的射击诸元发射一枚炮弹，并将该外弹道当作中央弹道。

（2）当弹丸飞至来袭目标所在高度时，以弹丸所在位置为中心的一定区域内产生一组服从正态分布的空间弹着点。

(3) 计算各弹着点与目标的空间距离 r，且有

$$N = \begin{cases} 1, & r \leqslant R_m \\ 0, & r > R_m \end{cases} \quad (3.104)$$

式中，R_m 为目标等效半径；N 为命中状态记录：1 代表命中，0 代表未命中。

(4) 当命中个数超过一定数量，即认为该目标被杀伤摧毁。

$$\sum N \geqslant M \quad (3.105)$$

式中，M 为击毁目标所需的平均命中弹数。击毁目标所需的命中弹数主要受弹丸威力和目标易毁性影响。表 3.13 给出了根据射击试验得到的用 37mm 和 57mm 炮弹击毁飞机类目标和导弹类目标时所需的平均命中弹药数[50]。

表 3.13 击毁目标所需的平均命中弹药数

炮弹种类	F-16 战斗机	BGM-109 "战斧" 巡航导弹
37mm 炮弹	3.7	2.5
57mm 炮弹	1.1	1

3.6.4 杀伤概率评估模型构建

来袭目标经过末端防御武器系统中防空导弹和火炮两层拦截体系后，有的来袭目标被成功拦截摧毁，其余目标则突袭成功。故可构建末端防御武器系统的杀伤概率模型如下式所示：

$$P_S = \frac{l + m}{Q} \quad (3.106)$$

式中，P_S 为杀伤概率；l 为被防空导弹成功拦截的来袭目标个数；m 为被火炮成功拦截摧毁的来袭目标个数；Q 为来袭目标总个数。

第4章 末端防御武器系统作战运用仿真

4.1 武器系统作战运用原则及基本部署形式分析

4.1.1 武器系统作战运用原则

末端防御武器系统的运用应遵循从上把握、整体协调，重点部署、超强保障、混合编组、快速反应的原则。

(1) 从上把握、整体协调。

末端防御武器系统在对敌作战中，承担的要地防御作战任务非常艰巨，而相应的武器系统数量有限，无法满足各个方向的战场作战需求。因此，在作战中必须坚决贯彻上级作战意图、整体协调末端防御武器系统的使用，将其部署在敌空袭重点打击部位，保障我作战部队顺利行动。

(2) 重点部署、超强保障。

在对敌作战中，末端防御武器系统应部署在重点方向，以有效支援我方重要方向的突击作战行动。末端防御武器系统作为要地防空的最后一道屏障，必须将其部署在敌方目标主要进攻方向；必要时，可超强编配，确保要地的战场生存。

(3) 混合编组、快速反应。

考虑到末端防御武器系统造价昂贵且数量有限，在编配末端防御武器系统作战分队时，应把握混合编组的原则。同时，战场情况瞬息万变，目标打击时间较为有限，应尽量缩短末端防御武器系统火力反应时间，做到快速反应，及时有效地保障部队的作战行动。

4.1.2 基本部署形式分析

根据不同的实际情况，末端防御武器系统的部署形式多种多样，但就基本部署形式而言，主要有三种：环形部署、扇形部署、线形部署[103]。

在实际防空作战中，指挥员可根据不同的作战环境，选择防御效果较好的部署形式，如表 4.1 所示，对三种基本部署形式的优缺点和适用场景进行比较。

表 4.1 基本部署形式优缺点比较

内容	环形部署	扇形部署	线形部署
定义	火力部署围绕要地成圆环状，以形成单环、双环和多环部署	火力单元在主要作战方向上以扇形展开	在敌方可能攻击的方向上，火力单元沿直线配置
优点	具有很强的防御能力，不仅加强对主要来袭方向的防御能力，而且具有全方位的防空能力	节省兵力并在主要作战方向上具有很强的抗击力	该部署形式有较大的拦截正面宽度
缺点	保卫同一个目标时，所需的兵力数量很多	可靠性不高。如果敌方改变进攻方向，便会造成失误，风险较大	火力纵深小，防线容易被破坏。一旦某一防御点被突破，其余的防御力量将很难收缩支援
适用场景	对于可能全方位来袭的目标或敌来袭方向不明确时使用	主要是在我方兵力不够充足、地形限制不能形成环形部署的情况下使用	适用于防御范围较大的矩形防御区域。也适用于有强大的后方保护或天然地形屏障的防御情况

现代空袭战通常采用由远及近、全方位饱和式的进攻策略[103,105]。为了应对这种空袭模式，防空火力部署应满足中程、近程防空武器环形部署，而远程防空

武器呈扇形部署[31]。末端防御武器系统是一种近程防空武器，主要拦截突防要地的目标，而混合部署又是抗低空突防最有效的一种部署形式。因此，末端防御武器系统兵力部署优化应在环形部署的基础上，考虑与其他基本部署形式的混合部署。

4.2 末端防御武器系统部署要地选址

武器系统部署要地选址是末端防御作战指挥决策的必要环节和重要内容。末端防御武器系统部署要地通常位于山谷地带，地形因素制约武器系统作战效能的发挥。本节选定某山区作为武器系统的典型部署环境，结合无人机实地航测数据，分析影响武器系统要地选址的诸多因素，建立武器系统选址决策指标体系，提出一种结合地理信息系统（Geographical Information System，GIS）与模糊评价法相结合的选址方法，得到备选要地的优劣排序，为开展末端防御武器系统作战运用仿真研究提供要地使用环境想定依据。

4.2.1 典型部署环境航测数据获取与处理

末端防御武器系统在实际部署过程中，由于地形或地物对雷达天线波束的遮挡，搜索雷达、跟踪雷达的探测发现距离和连续跟踪能力会受到极大制约。为合理部署武器系统，提高其作战能力，需作战指挥人员对武器系统拟部署区域周围的阵地环境有详细了解。张迪哲利用光学测量仪器（全站仪）完成对武器拟部署区域的地形遮蔽角测绘工作，并采用Hermite插值法对采集到的有限遮蔽角数据进行插值拟合，得到了较为真实的地形遮蔽角曲线[22]。陈娇利用最近几年比较热门的无人机技术，实现了对一定区域内的地形测绘，并基于测绘数据构建了航测区域的三维地形图，该方法可为作战指挥人员合理选取部署阵地、优化武器部署提供直观形象、科学定量的辅助决策依据[26]。黄太山利用ArcGIS的空间分析功能可快速计算出雷达每隔2.5°方向的最大地形遮蔽角，为雷达站部署位置选址和天线高度设计提供了依据[27]。

4.2.1.1 成图技术对比分析

目前，构建数字战场环境可采用多种成图技术，表4.2给出了6种常用成图技术的各自优缺点[106]。

表 4.2　成图技术对比

成图技术	优点	缺点
传统航测成图技术	拍摄范围大、成图精度高	航测作业时需申请空域、对天气要求较高
无人机航测成图技术	灵活机动、速度快、成本低、工作量小、可操作性强、可实时监测更新，适用于地形复杂地区	成图精度不高、像片拍摄范围小，不适于大范围监测
卫星影像数字成图技术	拍摄范围广，适用于大范围区域监测	成图精度较低、性价比低，不适于地表建筑密集区域
GPS-RTK成图技术	测绘自动化程度高、成图精度高	对卫星信号要求较高，建筑密集区难以测量
全站仪成图技术	测绘技术成熟、精度高，适用于各种测绘领域	自动化程度低，工作量大，易受雨、雪、雾天气影响
PDA成图技术	操作简单、成图速度快、工作量少	成图精度差、地形复杂地区难以测绘

近年来，随着无人机技术的迅猛发展和专业航测相机的出现，无人机的航测范围和成图精度都有了较大提高。因此，采用无人机航测成图技术，并依托大疆Phantom 4 无人机对末端防御武器系统典型的部署环境进行航测作业[107,108]。

4.2.1.2　航测数据获取

如图 4.1 所示，无人机航测系统一般包括以下几个部分：无人机飞行平台、地面配套设备、通信设备、遥控设备[106]。构建的无人机航测系统实物模型如图 4.2 所示。

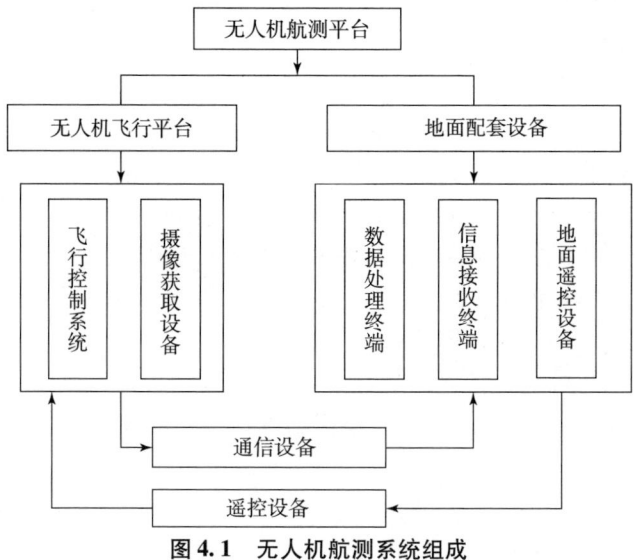

图 4.1　无人机航测系统组成

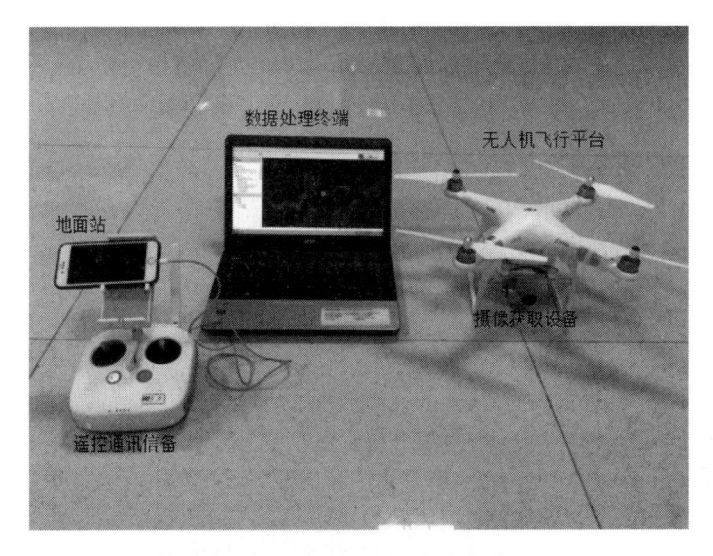

图 4.2　无人机航测系统实物模型

1. 航测分区

为保证航摄范围内获取的影像能达到指定的地面分辨率和重叠度，需进行合理的航摄分区[109]。航摄分区应遵循以下原则[106]：

（1）尽量保持分区界线与图廓线一致。

（2）分区内地形高度差不大于 1/6 摄影航高。

（3）在满足地形高差且能够保持航线直线性的前提下，分区跨度可尽量划大，能完整覆盖整个摄区。

（4）当地面高差突变，或有其他特殊作业要求时，可突破图廓线进行航摄分区。

2. 摄影航高

摄影航高是指摄影瞬间航摄像机物镜中心相对于摄影区内平均高程面的距离[106]。在相机焦距给定情况下，摄影航高越小，则成图比例尺越大、分辨率越高，且有利于地理信息数据获取；但摄影航高过小，会导致航测工作量过大。因此，摄影航高需根据欲测绘地形图及三维建模的精度来综合确定。

根据图 4.3，即可推导出摄影航高、镜头焦距、影像分辨率、像元尺寸间的关系式：

$$\frac{a}{GSD} = \frac{f}{H} \Rightarrow H = \frac{f * GSD}{a} \tag{4.1}$$

式中，H 为摄影航高（m）；a 为像元尺寸（um）；f 为镜头焦距（mm）；GSD 为地面分辨率（m）。l 与 L 的连线通过交点 O。

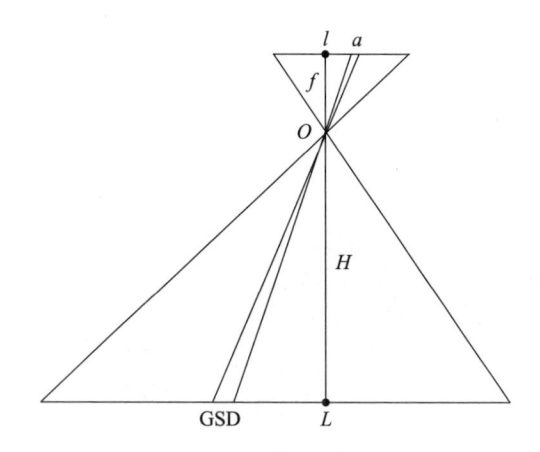

图 4.3　航摄高度与地面分辨率关系

3. 航线设计

航线设计与无人机飞行平台、地面分辨率、重叠度要求、航高及飞行速度等参数密切相关，是保证数据正确、能满足使用要求的前提条件。航线设计应遵循以下原则[110]：

（1）航线一般按东西向平行于图廓线，特定条件下亦可按南北向或沿线路、河流、海岸等方向设计。

（2）曝光点尽量采用数字高程模型，依地形起伏逐点设计。

（3）进行水域摄影时，尽量避免像主点落水，确保完整覆盖陆地面积并能构成立体像对。

遵循上述作业原则，实验设置照片重叠度 85%、摄影航高 150m，分别在相机倾角为 90°（垂直向下）和 45°时对 340m×256m 的某山区进行数据采集，如图 4.4 所示。

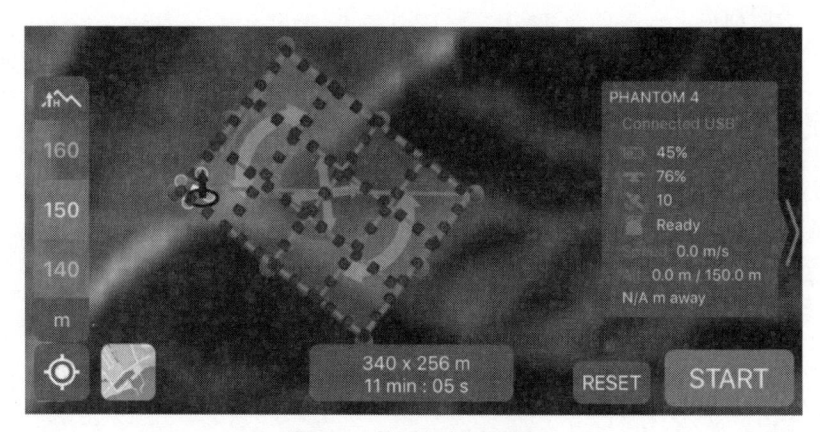

图 4.4　航测任务过程图

4.2.1.3 航测数据处理

Pix4Dmapper 是一款专业的无人机测绘和摄影测量软件，可以转换无人机、手持设备或飞机拍摄的图像，生成具有地理坐标的高精度二维地图和三维模型，可快速生成各种可自定义成果，并与众多软件兼容。利用 Pix4Dmapper 可自动提取高程点云数据和正射遥感影像数据，具体实现步骤如下：

（1）新建航测项目。
（2）添加影像。
（3）选择合适坐标系和相机型号，设置图片属性，如图 4.5 所示。
（4）进行空三加密处理，并生成数字表面模型和正射影像图。

航测区域三维模型如图 4.5 所示，部分航测数据如图 4.6 所示，量测航测区域部分地形地面面积如图 4.7 所示。

图 4.5 航测区域三维模型

如图 4.7 所示，在三维模型中，可通过仰视、俯视等 360°旋转操作，直观、准确地确定目标区域的位置、边界、长度、面积、体积、高程等信息，方便作战指挥人员根据作战实际合理选取武器系统部署要地，及时调整部署方案。

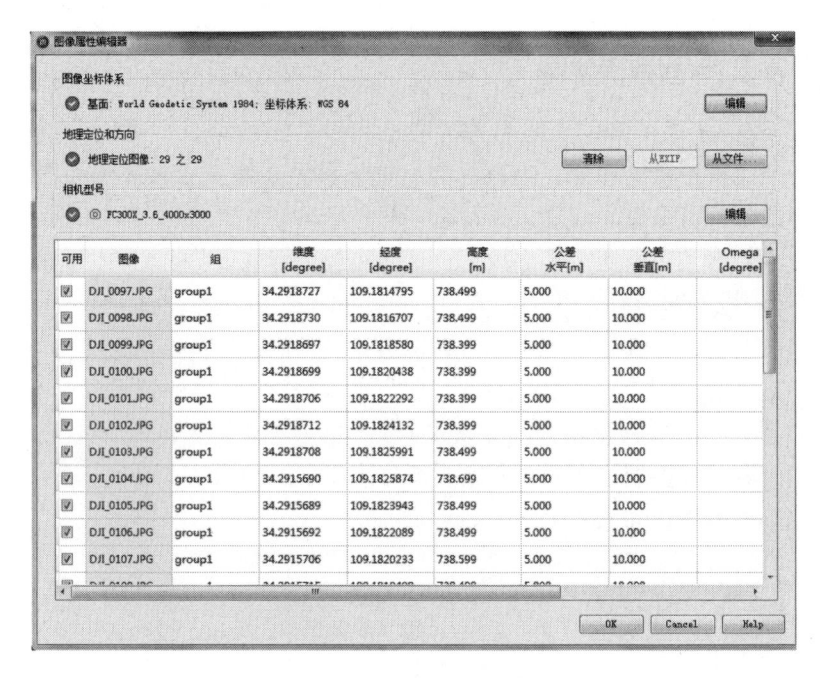

图 4.6　部分航测数据

图 4.7　量测航测区域部分地形地面面积

4.2.2　基于 GIS 的武器系统部署要地选择

4.2.2.1　末端防御武器系统部署要地筛选思路

以某通用型末端防御武器系统为例，该武器系统主要由搜索指挥车、跟踪高炮车、导弹发射车组成。实际部署武器过程中，由于地形或地物对天线波束的遮挡，雷达对低空目标的探测距离和连续跟踪能力会受到极大的制约[22]；此外，地形的坡度过大、可用地面积不能满足武器系统的正常展开，也将极大妨碍武器系统作战时的部署要地选择。因此，为了正确部署武器系统并提高其作战能力，有必要首先分析拟部署区域的周围环境。

地理信息系统（Geographical Information System，GIS）是一门新兴的跨学科理论和方法，用于描述、存储、分析和输出空间地理信息，基于地理空间数据库，采用地理模型分析方法，适时提供多种动态的空间地理信息，为地理研究和地理决策服务的计算机技术系统[111]。基于 GIS 对武器系统部署要地地理环境进行分析，可选择出符合作战要求的备选要地，选址流程如图 4.8 所示[112]。

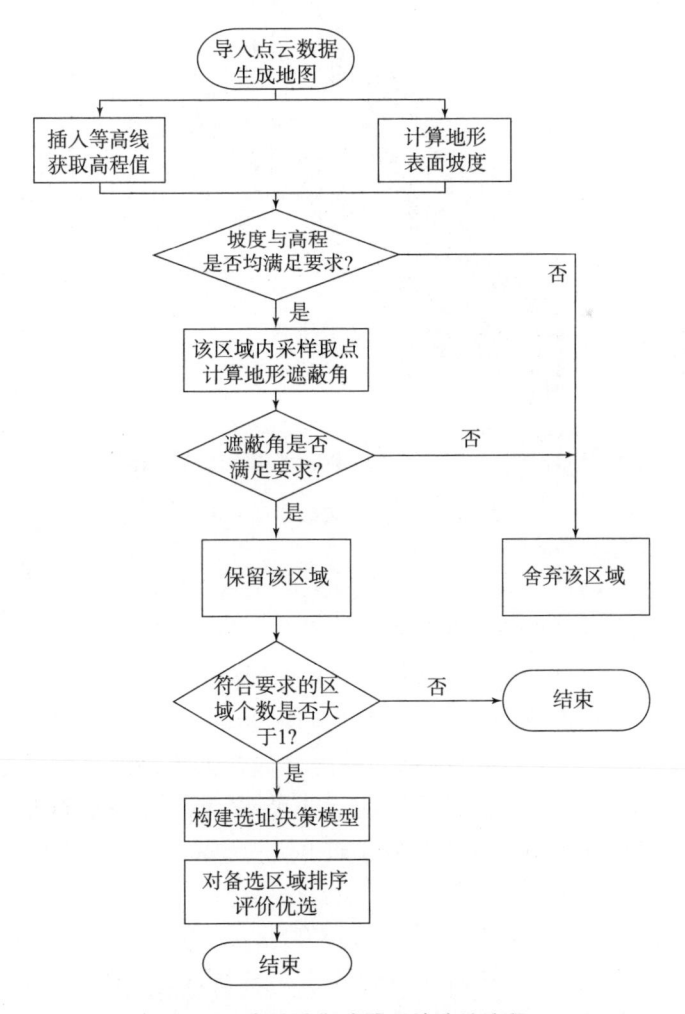

图 4.8 末端防御武器系统选址流程

4.2.2.2 坡度分析

坡度是指过地表一点的切平面与水平面的夹角,描述地表面在该点的倾斜程度。坡度分析的具体步骤如下:

(1) 添加点云文件。将由 Pix4Dmapper 生成的点云数据导入一个新建的 LAS 数据集。

(2) 将 LAS 数据转换成 DEM。ArcToolbox—转换工具—转为栅格—LAS 数据集转栅格,效果如图 4.9 所示(此时图层中已经包含该区域海拔信息)。

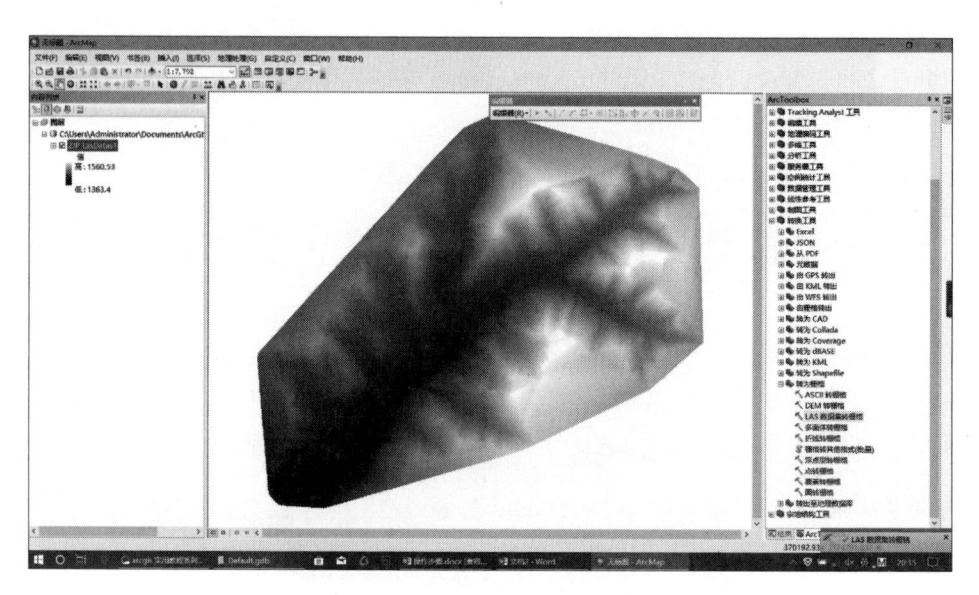

图 4.9 航测区域数字高程模型

(3) 添加等高线。ArcTool Box—Spatial Analyst 工具—表面分析—等值线,等值线间距为相邻两等高线间高程差。

(4) 获取该区域坡度信息。Arc Tool Box—Spatial Analyst 工具—表面分析—坡度,修改此时图层的坡度分区,如图 4.10 所示。

(5) 筛选符合条件区域。根据末端防御武器系统部署要地对地形的要求,海拔不大于 3 000 m,坡度不大于 5°,由步骤 2 可知航测区域最高海拔为 1 550.33m。则在 ArcMap10.4 中,ArcTool Box—Spatial Analyst 工具—地图代数—栅格计数器,将下式输入计算器:

$$(\text{"ZJP\_LasDatas1"} >= 1550) \& (\text{"Slope\_ZJP\_La1"} <= 5) \quad (4.2)$$

式 (4.2) 表示海拔大于 1 550m 且坡度小于 5°的区域,得到 Rastercalc 图层。图层中符合判断条件为 1,用红色标注;不符合判断条件为 0,用空心表示。结果如图 4.11 所示。

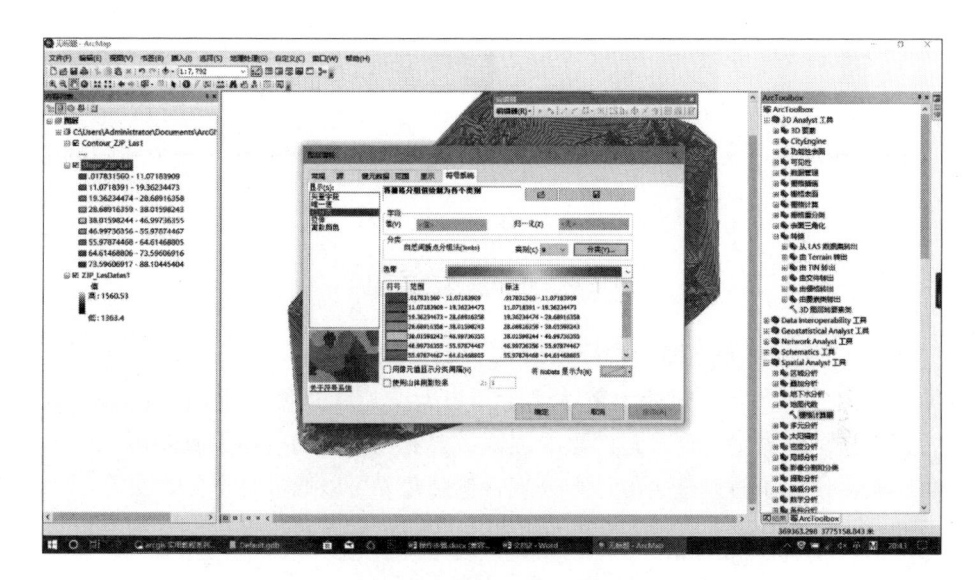

图 4.10　航测区域坡度信息

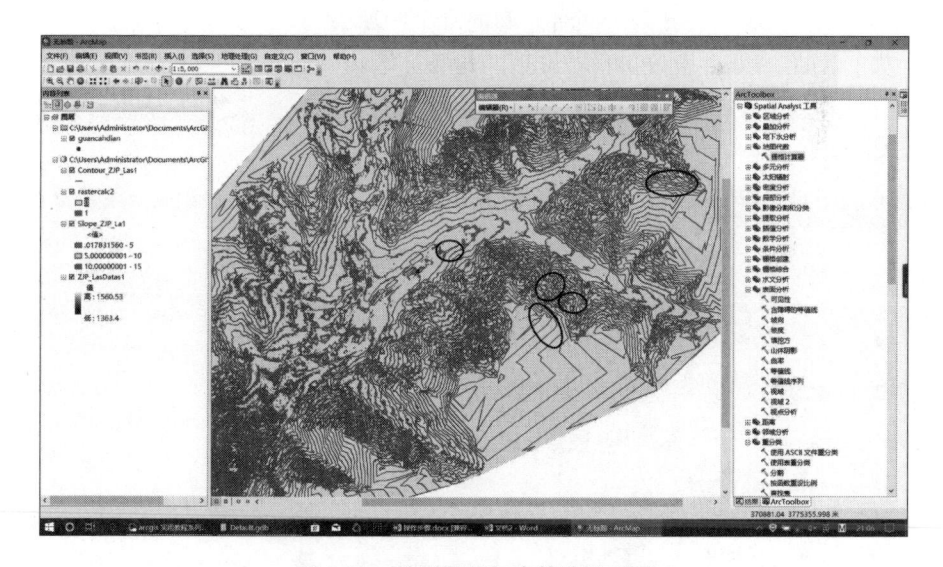

图 4.11　航测区域初步筛选结果图

4.2.2.3　雷达遮蔽角计算

遮蔽角是指雷达波源与地物顶端的连线和地平线之间的夹角[113]，如图 4.12 所示。

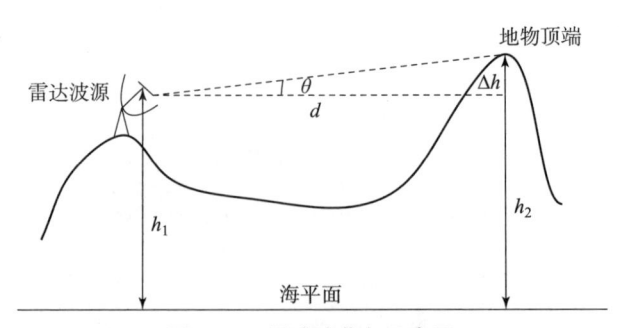

图 4.12 雷达遮蔽角示意图

图 4.12 中,夹角 θ 即为目标点对雷达形成的遮蔽角。实际工程应用中,在探测范围内各个方向上的最大雷达遮蔽角以及受遮蔽角影响形成的雷达探测盲区,都是要地部署中需要考虑的重要因素。要利用 GIS 的空间叠置功能来计算遮蔽角,就必须先了解遮蔽角的计算公式,遮蔽角 θ 可以通过以下公式求得:

$$\theta = \arctan\frac{\Delta h}{d} = \arctan\frac{h_2 - h_1}{\sqrt{(x_2 - x_1)^2 + (y_2 - y_1)^2}} \tag{4.3}$$

式中,x_1, y_1, h_1 为雷达天线顶端的坐标与高程;x_2, y_2, h_2 为遮蔽物的坐标与高程;Δh 为两者之间的高差;d 则为两者之间的水平距离。

基于 ArcGIS 软件求取雷达遮蔽角的步骤如下:

(1) 在图 4.11 中的红色区域任取一点 B,获取该点的高程值,效果如图 4.13 所示。

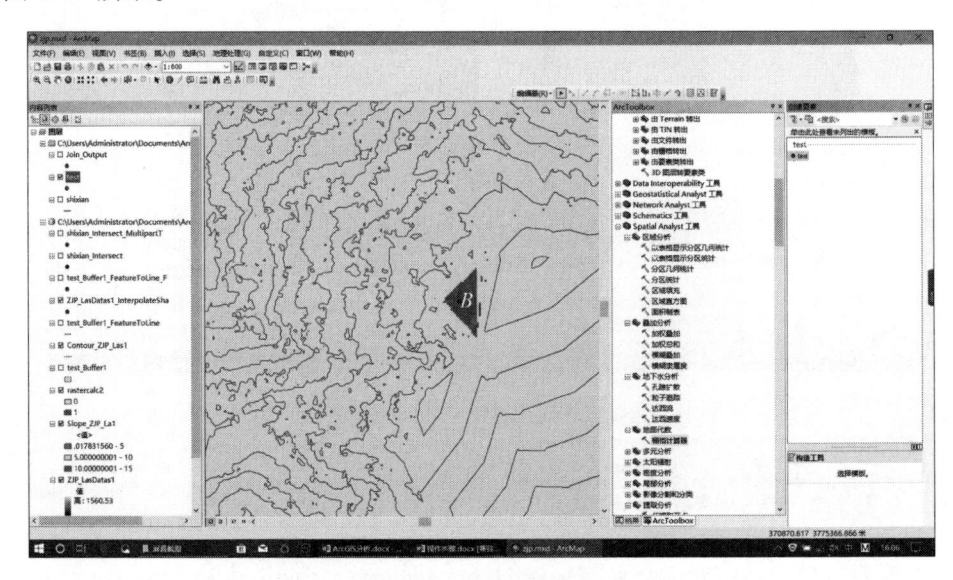

图 4.13 编辑要素点 B

(2) 创建缓冲区。ArcToolBox—分析工具—领域分析—缓冲区。缓冲区半径设为 1 200 m，可以保证最大化覆盖红色区域。

(3) 预处理缓冲区。ArcToolbox—数据管理工具—要素—要素转线，使缓冲区不显示；将缓冲区的图层轮廓分割为 360 份（可任意），效果如图 4.14 所示。此处需要注意并不是份数越多结果越精确，份数过多时在提高精度上并没有多大作用，相邻视线上遮蔽角相差不大，反而会消耗计算机资源。

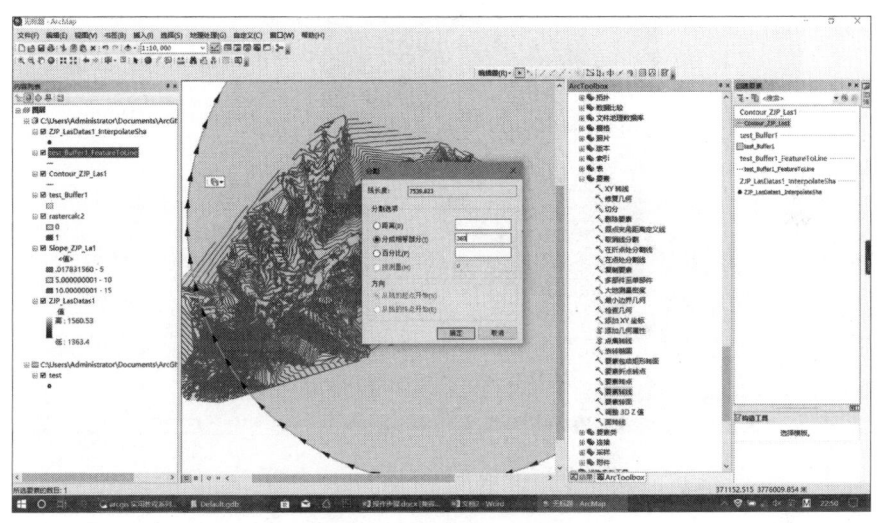

图 4.14　分割缓冲区轮廓

(4) 构造 360 个点与 B 点的视线，将每条视线唯一的标识（OID_TARGET）保存在属性表，效果如图 4.15 所示。

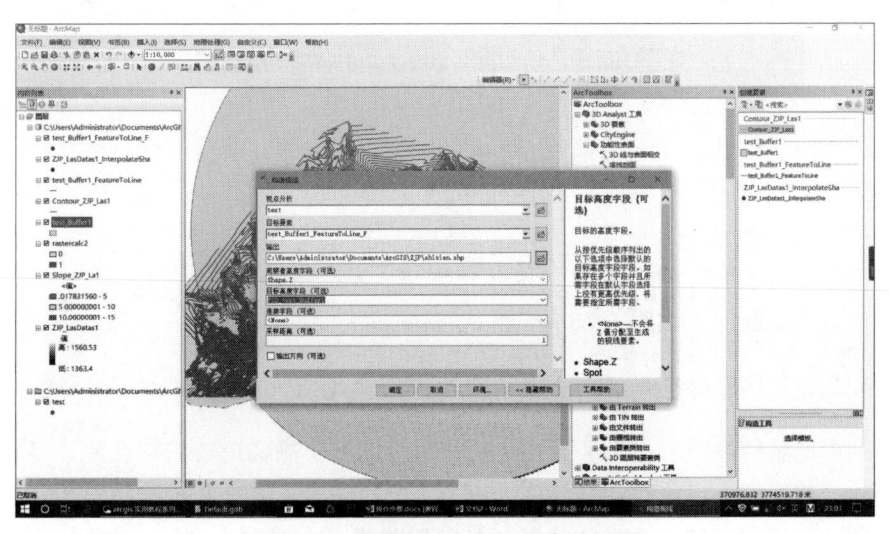

图 4.15　构造 360 个点与 B 点的视线

(5) 将视线与等高线交汇。ArcToolBox—分析工具—叠加分析—相交。再利用"多部件转单部件"功能，获得点集中各交点的高程数据，效果如图 4.16 所示。

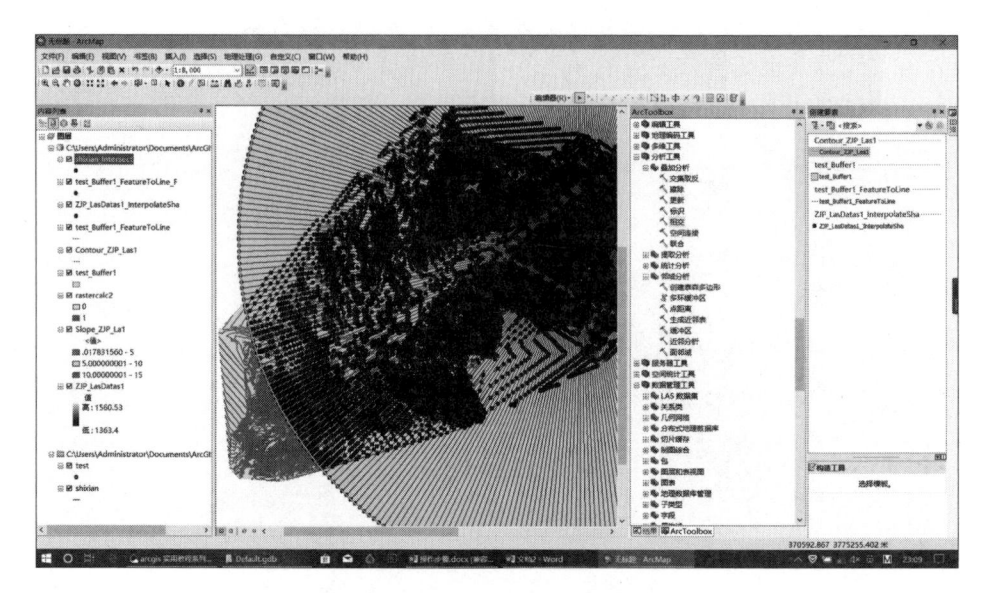

图 4.16 视线与等高线交汇效果图

(6) 利用"连接和关联"功能，获得各交叉点距中心点 B 的距离，还有各点的高度。

(7) 根据式（4.3），利用 ArcGIS 的字段计算功能，在选择计算器中输入如下公式：

math. atan（（！ZJP_LasD_1！－1 553.481）/！距离！）/3.141 592 6 * 180

(4.4)

式中，1553.481 为点本身的高程；math. atan（) 函数为计算反切值函数，计算得出的结果为弧度制，需要加上 3.141 592 6 * 180，效果如图 4.17 所示。

(8) 统计遮蔽角数据。由于 360 条视线中每一条视线与等高线有很多交点，只需提取出各视线方向上的最大遮蔽角即可。Arc Tool Box—分析工具—统计分析—汇总统计数据，如图 4.18 所示。

4.2.2.3 基于 Hermite 插值的雷达遮蔽角绘制

地形遮蔽角绘制工作的关键在于利用零散的地形遮蔽角数据拟合出一条遮蔽角曲线，使得该曲线能以一定精度逼近遮蔽物轮廓线。基于所获得的航测区域内视线方向上的离散最大遮蔽角数据，可利用分段三次 Hermite 插值方法实现雷达

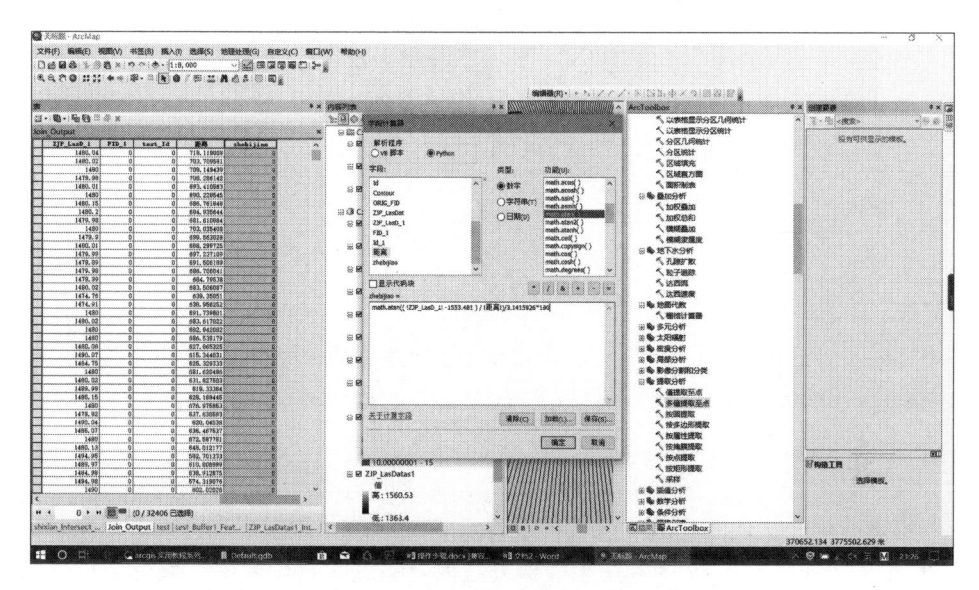

图 4.17　字段计算器对话框与遮蔽角数据

图 4.18　各视线方向上最大地形遮蔽角

遮蔽角的精确计算和绘制。

设已知节点 $a = x_0 < x_1 < x_n = b$，给定函数值 $y_i = f(x_i)$，$y_i' = f'(x_i) = m$，$i = 0, 1, \cdots, n$，构造一个导数连续的分段插值函数 $I_h(x)$，满足下述条件：

(1) $I_h(x) \in C'[a, b]$。

(2) $I_h(x_i) = f(x_i)$，$I'_h(x_i) = f'(x_i)$，$i = 0, 1, \cdots, n$。

(3) $I_h(x)$ 在每个小区间 $[x_i, x_{i+1}]$ 上是三次多项式。

则可得分段区间 $[x_i, x_{i+1}]$ 上的 Hermite 插值多项式满足式（4.5）：

$$\begin{aligned} I_h &= y_i \alpha_i(x) + y_{i+1} \alpha_{i+1}(x) + y'_i \beta_i(x) + y'_{i+1} \beta_{i+1}(x) \\ &= y_i \left(\frac{x - x_{i+1}}{x_i - x_{i+1}} \right)^2 \left(1 + 2 \frac{x - x_i}{x_{i-1} - x_i} \right) + y_{i+1} \left(\frac{x - x_i}{x_{i+1} - x_i} \right)^2 \left(1 + 2 \frac{x - x_{i+1}}{x_i - x_{i+1}} \right) + \\ &\quad y'_i \left(\frac{x - x_{i+1}}{x_i - x_{i+1}} \right)^2 (x - x_i) + y'_{i+1} \left(\frac{x - x_i}{x_{i+1} - x_i} \right)^2 (x - x_{i+1}) \end{aligned} \quad (4.5)$$

式中，$\alpha_i(x)$，$\beta_i(x)$，$i = 0, 1, \cdots, n$，分别满足插值条件：

$$\alpha_i(x_j) = \delta_{ij}, \; \alpha'_i(x_j) = 0, \; \beta_i(x_j) = 0, \; \beta'_i(x_j) = \delta_{ij}$$

其中，$j = 0, 1, \cdots, n, \delta = \begin{cases} 0, j \neq i \\ 1, j = i \end{cases}$。

将该插值方法运用到航测区域内观察点 B 的遮蔽角数据中进行插值效果验证（插值精度1°），图4.19为利用该插值方法拟合的遮蔽物轮廓图（真北方向作为方位0°的基准），图4.20为地形遮蔽角图。

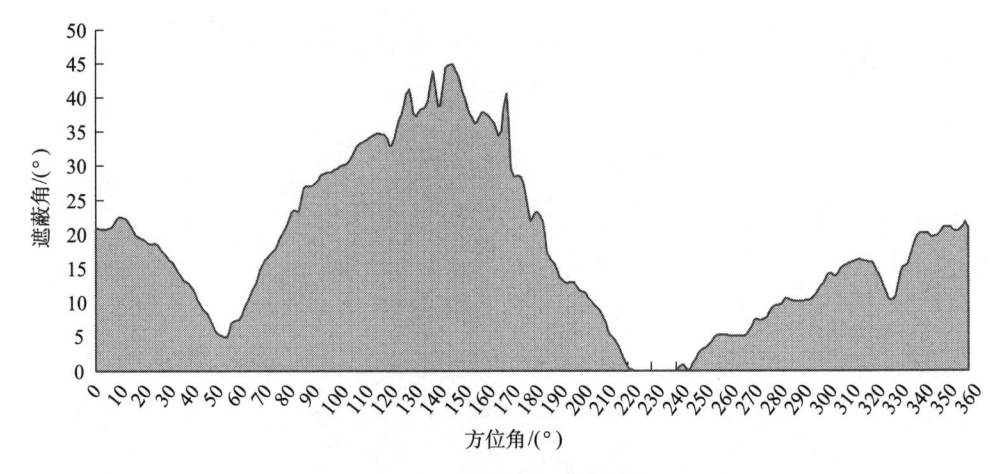

图4.19 遮蔽物轮廓拟合图

当雷达探测低空远距目标时，不仅需要考虑地形遮蔽角对雷达波束传播的遮蔽效应，还需考虑地球曲面和大气折射对雷达传播的影响。根据图4.21，可得雷达探测距离与来袭目标飞行高度、遮蔽角的关系满足式（4.6）：

$$D = \sqrt{(R_g \sin\theta)^2 + 2HR_g} - R_g \sin\theta \quad (4.6)$$

式中，D 为雷达探测距离；R_g 为考虑大气折射后等效的地球半径，$R_g = 8\,500 \text{km}$；H 为来袭目标高度；θ 为地形遮蔽角。

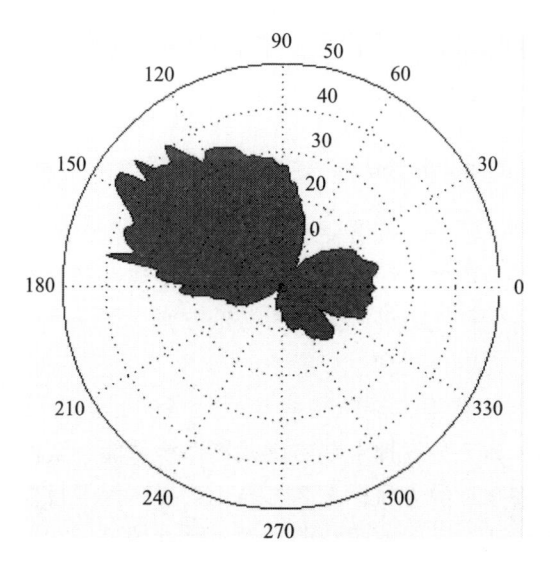

图 4.20　地形遮蔽角图

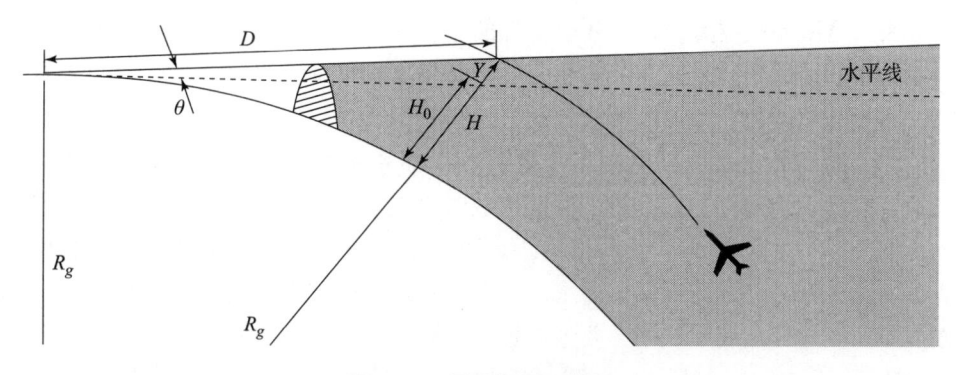

图 4.21　雷达探测示意图

由式（4.6）可知，雷达最大探测距离将随着遮蔽角的增加而大幅减小。当来袭目标飞行高度减小时，雷达可能发现目标的最大距离也将变短。因此，作战指挥人员在选取末端防御武器系统部署要地时在可用地面面积和地形坡度满足条件的基础上，一方面要尽量选择遮蔽角较小的位置，另一方面部署时要尽量升高搜索雷达和跟踪雷达的天线以减小遮蔽角的影响。

4.2.3　基于模糊评价法的武器系统部署要地决策

武器系统的部署要地选址是一个多属性决策问题，武器系统部署要地选址不仅与定量因素有关，而且与定性因素密切相关。为了在要地选择中快速处理大量数据并定量分析，先利用 GIS 技术分析处理影响要地选择的地形因素，再采用模糊评价方法评价优选备选要地。

4.2.3.1 建立武器系统部署要地选址决策层次结构模型

在选择末端防御武器系统部署要地时，根据上级作战部署意图，以武器系统部署要地选取的原则为依据，综合考虑武器系统作战性能的发挥、要地地形的利用以及武器系统自身生存能力等因素，为讨论方便，将影响因素归纳为四类：战术因素、要地状况、通信状况和生存能力。

（1）战术因素。从要地末端防御战术原则考虑，坚决贯彻上级的意图并符合战斗部署的原则；为充分发挥末端防御武器系统效能，至保卫目标的距离不能太远；将武器部署在靠近敌方目标来袭方向，会提高保卫目标的安全性；末端防御武器系统的搜索雷达，针对不同空袭类型、特性的目标在主要方向上保证有较远的预警探测距离。

（2）要地状况。由于末端防御武器所保卫的目标通常位于山谷地带，因此，地形因素是制约武器系统作战效能发挥的重要因素。要地周围要有较好的进出道路，道路的转弯半径及路宽要合适，便于装备车辆机动；充分考虑要地的土质硬度、路面的承载力、地形的平坦程度，选择具有良好道路路面条件的备选要地。

（3）通信状况。以某通用型末端防御武器系统为例，武器系统对内通信可采用有线和无线两种方式，为了保证作战时武器系统各单元间通信畅通，要求有线通信距离不小于 400m，无线通信距离不小于 300m，因此只有当要地面积便于武器系统展开时，才符合通信要求。为了避免电子干扰，要地附近不得有能产生方位多径效应的金属建筑物，要地附近应无高频率、大功率发射设备（如无线电发射塔等）。

（4）生存能力。为了提高武器系统的生存能力，要地必须具有良好的伪装条件，便于人员、装备的隐蔽；与主干道路的距离适中，既可以隐蔽，又方便机动转移。

根据上述分析，建立末端防御武器系统要地选址决策层次结构模型，如图 4.22 所示。

4.2.3.2 指标的量化与归一

（1）指标量化。末端防御武器部署要地选址决策指标体系中既有定量指标，又包含定性指标，应采用不同的方法进行处理。

对定量指标的处理，主要利用 GIS 技术迅速完成备选要地地理信息的收集、分析与计算，这样不仅可以保证采集到的原始数据真实可靠，还能起到事半功倍的效果。

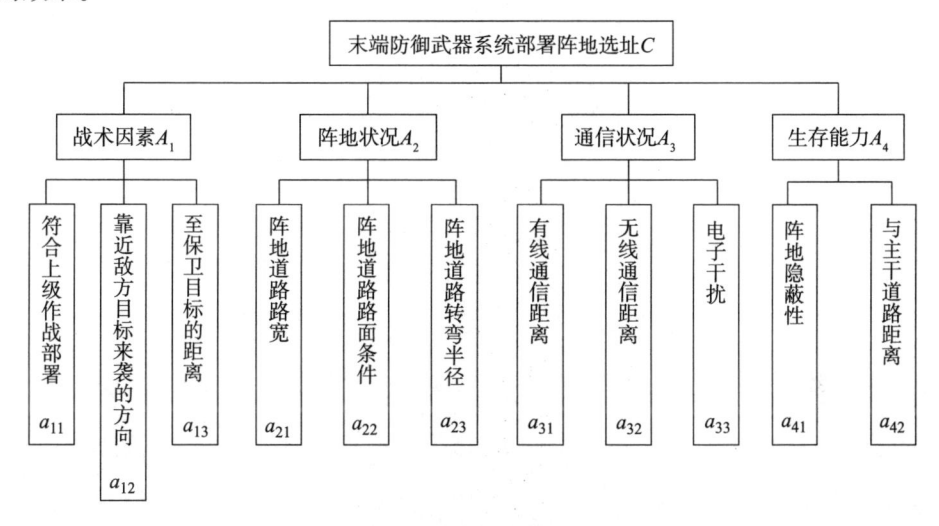

图 4.22 武器系统选址决策层次结构模型

对定性指标的处理，由专家评定法确定其量化值。将定性指标的评语分为 4 个等级，确定评语集 $V = \{V_1, V_2, V_3, V_4\} = \{优, 良, 合格, 差\}$。则第 i 个定性指标的量化值可用下列公式计算：

$$r_{ij} = \frac{评语集为 V_j 的人数}{参加评判总人数}, j = 1,2,3,4; 0 \leq r_{ij} \leq 1 \tag{4.7}$$

（2）指标归一化。武器系统要地选址决策指标背景和量纲不一样，需要将各指标属性值规范化，限制在 [0, 1] 内便于比较。

①对于值越大越有利的指标，其归一化公式为

$$\mu_j = \begin{cases} 0, & x_j \geq M_j \\ (M_j - x_j)/(M_j - m_j), & m_j < x_j < M_j \\ 1, & x_j \leq m_j \end{cases} \tag{4.8}$$

②对于值越小越有利的指标，其归一化公式为

$$\mu_j = \begin{cases} 0, & x_j \geq M_j \\ (x_j - m_j)/(M_j - m_j), & m_j < x_j < M_j \\ 1, & x_j \leq m_j \end{cases} \tag{4.9}$$

式中，x_j 为指标值；m_j 为指标可取的最小值；M_j 为指标可取的最大值。

4.2.3.3 主客观赋权法确定指标权重

根据建立的武器系统部署要地选址决策层次结构模型，先用层次分析法确定

指标层各元素关于目标层的权重,再用熵权法修正权重。具体步骤如下:

(1) 构造判断矩阵。通过 10 位专家 (4 名高级工程师,5 名工程师,1 名助理工程师) 给出的各评价指标的重要性,将各指标的重要性进行两两对比判断,采用 1~9 标度法量化,由此获得目标层对准则层 $C-A$,准则层对指标层 A_1-a_{1i}、A_2-a_{2j}、A_3-a_{2j} 共 4 个判断矩阵如下[114]:

$$C-A = \begin{bmatrix} 1 & 2 & 3 & 5 \\ 1/2 & 1 & 2 & 3 \\ 1/3 & 1/2 & 1 & 3 \\ 1/5 & 1/3 & 1/3 & 1 \end{bmatrix}, \quad A_1-a_{1i} = \begin{bmatrix} 1 & 3 & 3 \\ 1/3 & 1 & 2 \\ 1/3 & 1/2 & 1 \end{bmatrix}$$

$$A_2-a_{2j} = \begin{bmatrix} 1 & 3 & 2 \\ 1/3 & 1 & 1/3 \\ 1/2 & 3 & 1 \end{bmatrix}, \quad A_3-a_{2j} = \begin{bmatrix} 1 & 2 & 1/4 \\ 1/2 & 1 & 1/4 \\ 4 & 4 & 1 \end{bmatrix}$$

(2) 单一准则下元素相对权重的计算。求单一准则下元素相对权重就是求判断矩阵 A 的最大特征根 $\lambda_{\max}$ 对应的特征向量 w,其计算表达式为 $Aw = \lambda_{\max} w$,式中 w 经归一化后所得到的向量即为所求的相对权重。用特征根法计算元素的相对权重。求得 (1) 中 4 个判断矩阵对应的最大特征根分别为 $\lambda_{\max 0} = 4.0593$,$\lambda_{\max 1} = 3.0536$,$\lambda_{\max 2} = 3.0517$,$\lambda_{\max 3} = 3.0092$。

(3) 对计算结果进行一致性检验。判断矩阵数据通常由专家根据经验评分所得,由于客观事物的复杂性和专家的主观判断,在评分过程中不可避免地会出现一些误差,将影响最终结果,因此,需要对判断矩阵的一致性进行检验。为此,需要计算一致性指标 CI 和一致性比例 CR。

$$CI = \frac{\lambda_{\max} - n}{n - 1} \quad (4.10)$$

$$CR = \frac{CI}{RI} \quad (4.11)$$

式中,RI 为平均随机一致性指标。

查阅 1~9 阶矩阵的平均随机一致性指标表可知,本节的 RI = 0.58;再根据式 (4.10) 和式 (4.11) 对 4 个判断矩阵进行一致性检验,当 CR ≤ 0.1 时,判断矩阵通过一致性检验,否则需要对其适当修正。

$CI_0 = 0.0198$,$CR_0 = 0.0220$;$CI_1 = 0.00268$,$CR_1 = 0.0462$;$CI_2 = 0.0261$,$CR_2 = 0.0462$;$CI_3 = 0.0261$,$CR_3 = 0.0462$。

根据判断矩阵检验标准,可知 $CR_0 < 0.1$,$CR_1 < 0.1$,$CR_2 < 0.1$,$CR_3 < 0.1$,即 4 个判断矩阵均通过了一致性检验。

(4) 计算指标层各元素对于目标的合成权重。合成权重就是最底层中各方案指标相对于总准则的排序权重,以方便各方案的排序优选,合成权重的计算要自上而下，将单准则下的权重进行合成，并逐层进行总的判断一致性检验[115]。

第 k 层上元素对总目标的合成权重向量 $w^{(k)}$ 由下式确定：

$$w^{(k)} = p^{(k)} w^{(k-1)} \tag{4.12}$$

其中，

$$p^{(k)} = [p_1^{(k)} \quad p_2^{(k)} \quad \cdots \quad p_n^{(k)}]^T$$

$$P_j^{(k)} = [p_{1j}^{(k)} \quad p_{2j}^{(k)} \quad \cdots \quad p_{n_kj}^{(k)}]^T$$

式中，$p^{(k)}$ 表示层上元素对层上各元素的排序向量；$P_j^{(k)}$ 表示第 k 层上元素对第 k 层上第 j 个元素为准则的排序权重向量。

最后从上到下逐层进行一致性检验。若已求得以 $k-1$ 层上元素 j 为准则的一致性指标 $\mathrm{CI}_n^{(k)}$，$\mathrm{RI}_j^{(k)}$ 平均随机一致性指标以及一致性比例 $\mathrm{CR}_j^{(k)}$，$j = 1, 2, \cdots, n_{k-1}$，则 k 层的综合指标 $\mathrm{CI}^{(k)}$、$\mathrm{RI}^{(k)}$、$\mathrm{CR}^{(k)}$ 为

$$\mathrm{CI}^{(k)} = [\mathrm{CI}_1^{(k)} \quad \mathrm{CI}_2^{(k)} \cdots \mathrm{CI}_{n_{k-1}}^{(k)}] w^{(k-1)} \tag{4.13}$$

$$\mathrm{RI}^{(k)} = [\mathrm{RI}_1^{(k)} \quad \mathrm{RI}_2^{(k)} \cdots \mathrm{RI}_{n_{k-1}}^{(k)}] w^{(k-1)} \tag{4.14}$$

$$\mathrm{CR}^{(k)} = \frac{\mathrm{CI}^{(k)}}{\mathrm{RI}^{(k)}} \tag{4.15}$$

同样，当 $\mathrm{CR}^{(k)} \leq 0.1$ 时，判断矩阵具有满意的一致性。

首先计算出单一准则下元素相对权重，得 4 个判断矩阵的权重向量为

$$w_0 = (0.4768 \quad 0.2696 \quad 0.1740 \quad 0.0795)$$
$$w_1 = (0.5936 \quad 0.2493 \quad 0.1571)$$
$$w_2 = (0.5278 \quad 0.1396 \quad 0.3325)$$
$$w_3 = (0.2081 \quad 0.1311 \quad 0.6608)$$

再由 w_0, w_1, w_2, w_3 计算指标对于目标层的总权重：

$$w = \begin{bmatrix} 0.5936 & 0 & 0 & 0 \\ 0.2493 & 0 & 0 & 0 \\ 0.1571 & 0 & 0 & 0 \\ 0 & 0.5278 & 0 & 0 \\ 0 & 0.1396 & 0 & 0 \\ 0 & 0.3325 & 0 & 0 \\ 0 & 0 & 0.2081 & 0 \\ 0 & 0 & 0.1311 & 0 \\ 0 & 0 & 0.6608 & 0 \\ 0 & 0 & 0 & 0.5 \\ 0 & 0 & 0 & 0.5 \end{bmatrix} \cdot \begin{bmatrix} 0.4768 \\ 0.2696 \\ 0.1740 \\ 0.0795 \end{bmatrix}$$

计算得到

$$w = [0.283\ 0\quad 0.118\ 9\quad 0.074\ 9\quad 0.142\ 3\quad 0.037\ 6\quad 0.089\ 6$$
$$0.036\ 2\quad 0.022\ 8\quad 0.115\ 0\quad 0.039\ 8\quad 0.039\ 8]$$

（5）熵值法修正指标权重。在信息论中，事件发生的平均不确定性用熵来衡量。熵越大，事件出现的不确定越大；熵越小，则指标权重越大。

假设由 m 项指标和 n 个决策对象组成原始评价矩阵 $D_{n\times m}$，标准化处理后得到矩阵 $R_{n\times m}$，那么根据熵值法理论可得

$$H_j = -k\sum_{i=1}^{n} f_{ij}\ln f_{ij},\ j = 1,2,\cdots,m \tag{4.16}$$

式中，$k = \dfrac{1}{\ln n}$，$f_{ij} = \dfrac{R_{ij}}{\sum_{i=1}^{n} R_{ij}}$，当 $f_{ij} = 0$ 时，$f_{ij}\ln f_{ij} = 0$；H_j 表示第 j 项指标的熵值。

$$\mu_j = \dfrac{1 - H_j}{m - \sum_{j=1}^{m} H_j},\ j = 1,2,\cdots,m \tag{4.17}$$

式中，μ_j 表示第 j 项指标的熵权（权重），$0 \leqslant \mu_j \leqslant 1$ 且 $\sum_{j=1}^{n}\mu_j = 1$。

用 μ 修正层次分析法下的权重向量 $w^{(k)} = [w_1^{(k)}\ w_2^{(k)}\ \cdots\ w_j^{(k)}]$，得到各指标的修正权重 λ_j：

$$\lambda_j = \mu_j w_j^{(k)}\bigg/\sum_{j=1}^{m}\mu_j w_j^{(k)},\quad j = 1,2,\cdots,m \tag{4.18}$$

4.2.3.4 基于模糊理论的武器部署要地选取

模糊理论中的贴近度是指两个模糊集 U 相似度的度量[116]。用贴近度来描述各备选地址与理想目标的接近程度，然后根据贴近度大小进行排序以确定出最佳部署要地。

（1）隶属函数的确定。要确定 2 个模糊集 F_A、F_B 的贴近度 $\sigma(A,B)$，先要确定模糊集 F 的隶属函数。在模糊数学中，常把对象属于某个事物的程度用 [0, 1] 闭区间的一个实数表示，"0" 表示完全不隶属，"1" 表示完全隶属。隶属函数就是用于描述从隶属到不隶属这一渐变过程[117]。

设给定论域 X 和任意 $x \in X$，X 到 [0,1] 闭区间的任一映射 μ_{F_A}：

$$\mu_{F_A}:X \to [0,1]$$
$$x \to \mu_{F_A}(x)$$

X 的一个模糊子集 F_A，μ_{F_A} 定义为 F_A 的隶属函数，$\mu_{F_A}(x)$ 定义为 x 对 F_A 的隶属度。确定模糊集 F 的隶属函数的方法很多，计算模糊集的隶属函数为[24]

$$V_j = \lambda_j \mu_j \tag{4.19}$$

（2）贴近度的计算。假定理想部署要地 I 的隶属度为 I_j，将每个备选要地 V^i 中各元素的隶属度 V_j^i 求出，然后通过式（4.20）计算各备选要地 V^i 与理想部署要地 I 的贴近度。

$$\sigma(V^i, I) = \sum_{j=1}^{m} (|V_j^i - I_j|) \tag{4.20}$$

$\sigma(V^i, I)$ 越小，备选要地 V^i 与理想部署要地 I 越贴近[118]。

4.2.4 实例分析

为进一步说明基于 GIS 和模糊评价法的武器系统部署要地选址决策方法科学可行，通过假定某一特定空情具体阐述该方法的使用。

4.2.4.1 作战想定

接上级情报部门通报，现有一批敌机从方位角 90°（正北方向）来袭，欲对我要地（位于本次航测区域内）实施空袭。按照上级作战部署，准备在航测区域内部署末端防御武器系统对要地实施防护。

4.2.4.2 部署要地选址决策过程

（1）在作战任务区域内用 GIS 系统初步筛选出了满足条件的 5 个备选要地。

（2）利用 GIS 的空间分析功能和属性数据分析功能，快速获取评价指标体系中的地理信息指标值，定性指标值由式（4.7）确定，用式（4.8）~式（4.9）对指标值归一化处理，再用式（4.16）~式（4.18）修正层次分析法计算出的指标权重 λ，结果如表 4.3 所示。

表 4.3 备选要地指标及权重

指标	权重 λ_j	备选要地 V^1	V^2	V^3	V^4	V^5
符合上级作战部署	0.048 1	0.9	0.8	0.6	0.5	0.85
靠近敌方目标来袭方向/(°)	0.044 6	80	85	70	60	80
至保卫目标距离/km	0.112 9	1	1.5	2	2.5	1
要地道路路宽/m	0.401 3	5	4	4.5	4	4.5
要地道路路面条件	0.009 0	0.8	0.7	0.6	0.5	0.75
要地道路转弯半径/m	0.168 5	29	25	22	18	28

续表

指标	权重 λ_j	备选要地					
		V^1	V^2	V^3	V^4	V^5
有线通信距离/m	0.042 2	900	800	600	500	850
无线通信距离/m	0.035 2	400	500	600	450	300
电子干扰	0.093 6	80	70	60	30	80
要地隐蔽性	0.010 8	0.8	0.7	0.6	0.5	0.8
与主干道路距离/km	0.033 8	4	3	3.5	2	4.5

（3）按式（4.19）计算备选要地的指标隶属函数值，结果如表4.4所示。

表4.4　指标隶属函数值

V^1	V^2	V^3	V^4	V^5	I
0.043 3	0.038 5	0.028 9	0.024 0	0.040 9	0.043 3
0.037 2	0.040 9	0.029 7	0.022 3	0.037 2	0.041 0
0.076 8	0.057 6	0.038 4	0.022 6	0.076 8	0.079 7
0.240 8	0.080 3	0.160 5	0.080 3	0.048 2	0.080 3
0.007 2	0.006 3	0.005 4	0.004 5	0.006 7	0.008 1
0.157 3	0.112 3	0.078 6	0.033 7	0.146 0	0.157 3
0.031 6	0.026 4	0.021 1	0.015 8	0.010 6	0.033 8
0.017 6	0.013 2	0.004 4	0.008 8	0	0.024 6
0.008 6	0.007 6	0.006 5	0.005 4	0.008 6	0.009 7
0.026 3	0.018 8	0.022 5	0.011 3	0.030 0	0.032 0

（4）计算各指标因子与理想值之间的贴近度，结果如表4.5所示。

表4.5　各因素贴近度值

$|V^1-I|$	$|V^2-I|$	$|V^3-I|$	$|V^4-I|$	$|V^5-I|$
0	0.004 8	0.014 4	0.019 3	0.002 4
0.003 8	0.000 1	0.011 3	0.018 7	0.003 8
0.002 9	0.022 1	0.041 3	0.057 1	0.002 9
0.160 5	0	0.080 2	0	0.032 1

续表

$|V^1-I|$	$|V^2-I|$	$|V^3-I|$	$|V^4-I|$	$|V^5-I|$
0.000 9	0.001 8	0.002 7	0.003 6	0.001 4
0	0.045 0	0.078 7	0.123 6	0.011 3
0.002 2	0.007 4	0.012 7	0.018 0	0.023 2
0.007 0	0.011 4	0.020 2	0.015 8	0.024 6
0.001 1	0.002 1	0.003 2	0.004 3	0.001 1
0.005 7	0.013 2	0.009 5	0.020 7	0.002 0

（5）按式（4.20）计算各备选要地的贴近度值，结果如表4.6所示。

表4.6　各备选要地的贴近度值

$\sigma(V^1,I)$	$\sigma(V^2,I)$	$\sigma(V^3,I)$	$\sigma(V^4,I)$	$\sigma(V^5,I)$
0.184 1	0.107 9	0.274 2	0.281 1	0.104 8

由表4.6可以看出，备选地址的优选次序为$V^5>V^2>V^1>V^3>V^4$。通过实例证明了所提出的GIS与模糊评价法结合选择武器系统部署要地的正确性和实用性。此外，该方法不仅耗时少，而且可操作性强，为武器系统部署要地选址提供了科学的指导。

4.3　末端防御武器系统兵力部署优化

兵力部署优化是在满足一定约束条件下，合理部署防空武器于防御区域，使得武器系统的综合防御效能最大[119,120]。目前，末端防御武器的部署主要依据指挥员的作战经验来大致确定，如何获得最合理的武器系统火力单元一直缺乏科学的计算方法和技术支撑。因此，针对末端防御武器系统在典型作战环境下的火力单元部署优化问题，建立多目标兵力部署优化模型，并运用粒子群遗传混合算法求解模型，得到兵力部署优化方案，为末端防御武器系统作战效能评估提供依据。

4.3.1　武器系统兵力需求计算

目前，国内对防空武器兵力部署优化研究[29-32]，大都是在给定各型号防空武器数量，假定战场环境，根据作战任务需求，对火力单元数量和基本部署形式进行部署优化研究。因此，首先根据典型作战环境，确定合适的末端防御武器系统基本部署形式，然后由基本部署形式兵力需求公式计算出兵力需求总量。在此基础上，对末端防御武器兵力部署进行优化，开展武器系统编配数量、部署形式以及部署位置研究。

对于不同的兵力部署模型，防御要求的差异会影响所需火力单元的总数。文献［121］给出三种基本部署形式所需火力单元总数的计算公式。

(1) 线形部署兵力需求。线形部署以防御宽度作为防御要求，若所需防御宽度为 L，则所需火力单元总数

$$N_X = \begin{cases} \left[\dfrac{L}{2D}\right], & 2\theta < 180° \\ 1, & 2\theta \geq 180° \end{cases} \quad (4.21)$$

式中，[ ] 为取整符号；2θ 为掩护角；$2D$ 为掩护宽度。

(2) 扇形部署兵力需求。扇形部署以防御角作为防御要求，若所需防御角 α，则所需火力单元总数

$$N_S = \begin{cases} 1, & d \leq R_{fs} - R_T \\ \left[\dfrac{\alpha}{2\arccos\dfrac{R_T^{\ 2} + d^2 - R_{fs}^{\ 2}}{2dR_T}}\right], & R_{fs} - R_T < d < R_{fs} + R_T \\ \left[\dfrac{\alpha}{\arcsin\dfrac{R_{fs}}{d}}\right], & d \geq R_{fs} + R_T \end{cases} \quad (4.22)$$

式中，R_{fs} 为火力单元的杀伤远界；d 为火力单元部署点距被保卫要地中心的距离；R_T 为投弹区的半径，通过 $R_T = r_m + r_s + r_t$ 计算获得；r_m 为被保卫要地的半径；r_s 为空袭武器的毁伤半径；r_t 为投弹目标水平投弹距离。

(3) 环形部署兵力需求。环形部署以防御区域半径作为防御要求，若所需防御半径 $R(R \geq R_T)$，则所需火力单元总数

$$N_h = \begin{cases} \left[\dfrac{360°}{2\arccos\dfrac{R^2 + d^2 - R_{fs}^{\ 2}}{2dR}}\right], & d < R_{fs} + R_T \\ \left[\dfrac{360°}{2\arctan\dfrac{R_{fs}}{d}}\right], & d \geq R_{fs} + R_T \end{cases} \quad (4.23)$$

式中，[ ] 为取整符号；d 为火力单元部署点距被保护要地中心的距离；R_{fs} 为火力单元的杀伤远界。

4.3.2 武器系统兵力部署优化模型

4.3.2.1 基本假设

（1）我方有 N 套相同型号的末端防御武器系统，来袭目标在杀伤区飞行的时间与武器系统射击目标所需时间大致相等，射击时间 T_{shot}。

（2）来袭目标总数是 M 架，进入防区的目标流视为泊松流；空袭时平均强度为 λ 架/min，突防目标也视为泊松流。

（3）每个目标只分配给一个末端防御武器火力单元。

（4）要地防空中，来袭目标具有明确的攻击位置或有限的攻击范围。

4.3.2.2 部署位置量化

实际的末端防御武器部署要地是连续分布的，理论上只要满足部署约束条件，任何位置都可以成为火力单元的备选部署位置。为了便于定量分析末端防御武器要地部署，以被保护要地几何中心为原点，并根据不同的角度和距离对连续地形进行离散的网格化处理，网格交点用作末端防御武器部署的待选位置[31]。

网格大小应根据防区部署需求进行设置，网格越密集，部署位置越多，计算量就会增加，解的质量也会提高。取末端防御武器部署的离散化网格的角度为 2π，防御要地离散化部署位置如图 4.23 所示。

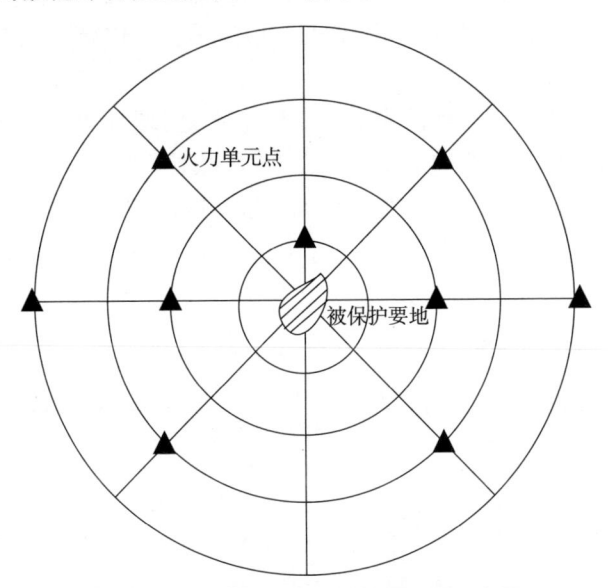

图 4.23 防御要地离散化部署位置示意图

4.3.2.3 子目标函数描述

针对现代空袭、防空特点，结合末端防御武器系统作战部署的实际情况，建立考虑防空火力均匀部署、各方向上目标来袭概率、火力单元毁歼概率的武器系统部署优化子目标函数。

1. 防空火力均匀部署目标函数

考虑防空火力均匀部署的目的是防止火力单元在某个方向上由于漏防，给突袭目标以可乘之机。假设敌可能进攻方向被等分成 na 份，d_{crossi} 为以方位角度 i 入侵的目标在火力单元杀伤区内的航迹，引用信息熵的表达形式，构造描述火力单元均匀性的函数为

$$f_{jy} = -\sum_{i=1}^{na} d'_{crossi} \log_2 d'_{crossi} \tag{4.24}$$

当 $d'_{cross1} = d'_{cross2} = \cdots = d'_{crossna}$ 时，其中 $d'_{crossi} = \dfrac{d_{crossi}}{\sum_{i=1}^{na} d_{crossi}}$，式（4.24）取得最大值，表明在各个方向上的火力单元部署比较均匀。反之，如果火力单元在各个方向上不均匀部署，那么式（4.24）就取不到最大值。来袭目标在杀伤区航迹 d_{crossi} 求解方法如下。

由于末端防御武器系统通常以火力单元为基本单位进行部署，当火力单元环形部署时，火力单元的杀伤区在水平面上的投影近似为圆环形状。其中，圆环的外边界是火力单元杀伤区远界的水平距离，内边界是火力单元杀伤区近界的水平距离。来袭目标在进袭过程中，可根据目标航迹是否经过导弹要地的中心，分两种情况进行讨论。

（1）来袭目标航迹经过要地中心。设被保护要地位于 O 点，火力单元 i 位于 O_f 点，火力单元 i 相对要地的角度为 θ_f，距离要地中心为 $|OO_f|$，火力半径为 r_f。当目标沿 θ_m 方向以速度 V 来袭，目标在杀伤区的航迹长度为 $|M_j M_y|$，在该段被服务时间为 t_{fi}，被火力单元 i 拦截了 $k_i(\theta_m)$ 次，每次火力单元拦截目标的毁歼概率为 p_i，如图 4.24 所示。

$|M_j M_y|$ 的计算公式为

$$|M_j M_y| = |OM_y| - |OM_j| = \dfrac{(|OO_f|^2 - r_f^2) \cdot \sin(\theta_m - \theta_f)}{r_f \cdot \sin(\angle OO_f M_j)} - \dfrac{r_f \cdot \sin(\angle OO_f M_j)}{\sin(\theta_m - \theta_f)} \tag{4.25}$$

式中，$\angle OM_j O_f = \pi - \arcsin\left[\dfrac{|OO_f|}{r_f} \cdot \sin(\theta_m - \theta_f)\right]$；$\angle OO_f M_j = \pi + \theta_f - \theta_m - \angle OM_j O_f$。

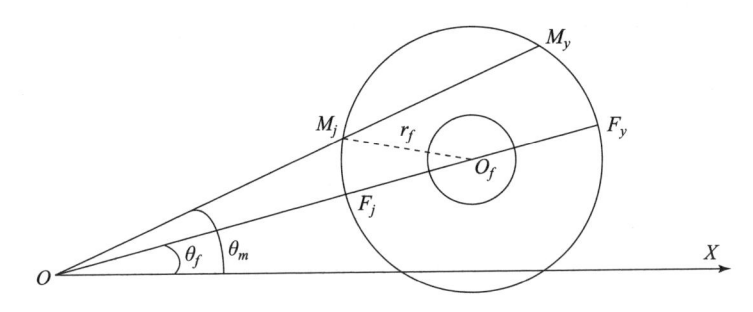

图 4.24 来袭目标航迹经过要地中心

（2）来袭目标航迹不经过要地中心。当来袭目标进袭方向不经过要地中心时，如图 4.25 所示，航迹计算公式为

$$|M'_j M'_y| = 2|M'_j D'| = 2\left(r_f^2 - \left(\sqrt{(r_f^2 - |M_j D|^2)} + |OO'|\sin\theta'_m\right)^2\right)^{\frac{1}{2}} \tag{4.26}$$

式中，$|DD'| = |OO'|\sin\theta'_m$；$|M_j D| = \frac{1}{2}|M_j M_y|$。

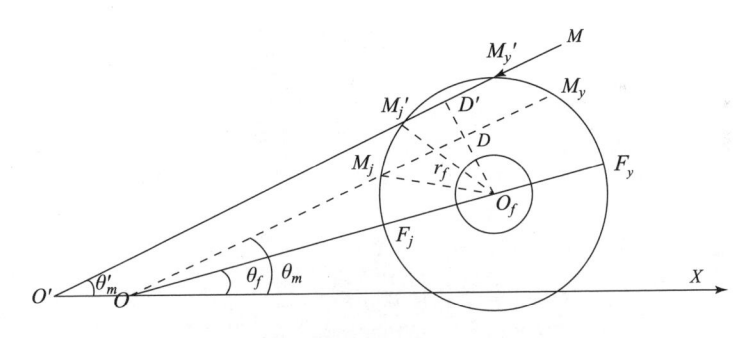

图 4.25 来袭目标航迹不经过要地中心

上面主要讨论了来袭目标航迹在杀伤区远界的情况，考虑到来袭目标突防航迹的不确定性。对于来袭目标的航迹经过末端防御武器的杀伤区近界以内时的情况，航迹计算可以通过位于圆环外边界以内的航迹与位于内边界的航迹作差得出。推导过程如下：

（1）当来袭目标的航迹经过末端防御武器杀伤近界以内，且目标航迹经过导弹要地中心时，如图 4.26 所示，$|M_j M_y|$ 的计算公式为

$$|M_j M_y| = |OM_y| - |OM_j| - |m_j m_y| \tag{4.27}$$

式中，$|m_j m_y| = 2|m_j m| = 2\left(r_f^2 - (|OO_f|\sin(\theta_m - \theta_f))^2\right)^{\frac{1}{2}}$。

（2）当来袭目标的航迹经过末端防御武器杀伤近界以内，且目标航迹不经

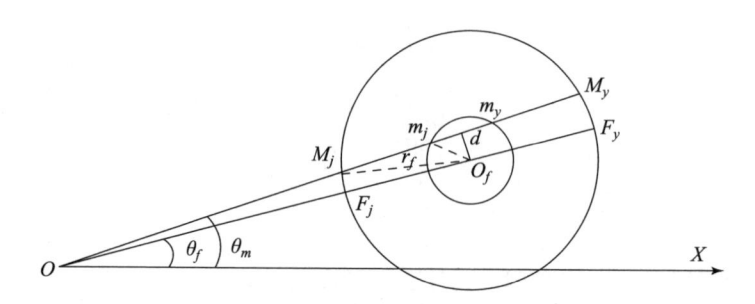

图 4.26 来袭目标航迹在近界以内且经过要地中心

过导弹要地中心时，如图 4.27 所示，$|M_jM_y|$ 的计算公式为

$$|M_j'M_y'| = 2|M_j'D'| - |m_j'm_y'| \tag{4.28}$$

式中，$|m_j'm_y'| = 2|m_j'd| = 2\left(r_f^2 - (|OO'|\sin\theta_m')^2\right)^{\frac{1}{2}}$。

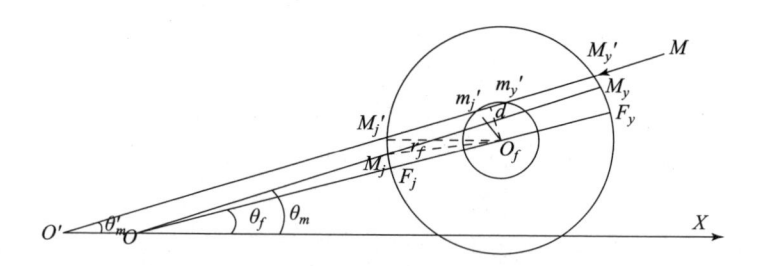

图 4.27 来袭目标航迹在近界以内且不经过要地中心

2. 火力单元对目标总毁歼概率

根据以上分析，火力单元 i 在 $|M_jM_y|$ 段对目标总毁歼概率 $p_i(\theta_m)$ 为

$$p_i(\theta_m) = 1 - (1-p_i)^{K_i(\theta_m)} \tag{4.29}$$

式中，$K_i(\theta_m)$ 为拦截次数，$K_i(\theta_m) = \dfrac{|M_jM_y|}{V \cdot t_{fi}}$。

根据排队论的原理，当目标以 θ_m 方向来袭时，末端防御武器系统成功保卫导弹要地的总毁歼概率 $p(\theta_m)$ 为

$$p(\theta_m) = \left(1 - \prod_{i=1}^{c_1}(1-p_i(\theta_m))\right) + \prod_{i=1}^{c_1}(1-p_i(\theta_m)) \cdot \left(1 - \prod_{i=1}^{c_2}(1-p_i(\theta_m))\right) \tag{4.30}$$

式中，c_1、c_2 分别表示第一、二道防线上火力单元总个数。

3. 各来袭方向的目标来袭概率 $w(x)$

实际作战中，在要地周围各方向上敌方目标的突袭概率通常是不同的，存在

主要进攻方向、次要进攻方向和其他进攻方向[32]。因此需要根据以往作战规律和空情预警,将我方要地周围离散化为 na 个子方向,每个来袭方向的来袭概率为 $w_i(x)$。根据来袭概率 $w(x)$ 大小,将火力单元着重部署在某一方向周围,可以提高导弹要地的防御效率。

4.3.2.4 约束条件

现代空袭环境变得越来越复杂,空袭强度大,并且来袭方向是随机的。对于末端防御武器系统保卫要地而言,为保证一定的火力纵深,需部署多道火力防线。从敌空袭角度考虑,各道火力防线上火力单元个数对于来袭目标的拦截概率是不同的,所以,确定火力防线个数对于火力单元部署优化是十分有必要的。为了简化问题研究,并结合武器系统实际作战情况,考虑了两道火力防线,约束条件也是在此条件下进行描述的。

(1) 防线约束。末端防御武器系统的主要作战任务是:将制导炸弹、巡航导弹、空地导弹、空地反辐射导弹等拦截击毁在安全边界线之外,部署距离范围为 $[D_{N1}, D_{N2}]$。

$$D_{N1} = D_a - d'_{dsy} \tag{4.31}$$

式中, $D_a = D_y + D_s$; d'_{dsy} 为导弹杀伤远界的水平投影; D_y 为被保护要地半径, D_s 为空袭武器战斗部的杀伤范围。以 D_a 为半径的圆构成了要地的安全边界线。只有当空袭武器在安全边界线外爆炸时才不会对要地造成毁伤。

$$D_{N2} = D_a + d_{tmin} - V_t(t_{pg} + t_{sr}) \tag{4.32}$$

式中, d_{tmin} 为当前外军装备的空袭武器在中高空投弹时的最小航程,目前外军空袭武器在中高空投弹的最小航程为 30km[31]; V_t 为空袭武器速度; t_{pg} 为拦截效果评估时间; t_{sr} 为武器系统的平均服务时间。

(2) 火力单元离要地中心距离约束。就要地末端防御来说,火力单元距要地越远,火力单元对要地形成的掩护角越小,所需兵力也越多;而且,对于多道火力防线部署,各道防线离保卫要地的距离不同,火力单元对于要地的防御能力也是不同的。因而,一个适当的距离对于提高有限火力单元数量下要地防御能力也是很重要的[122]。

用 dx_i ($i=1,2$) 表示火力单元与要地中心的距离, i 表示火力层数,则须满足约束条件

$$D_{n1} \leq dx_i \leq D_{n2} \tag{4.33}$$

式中, D_{n1} 是该型号末端防御武器与要地中心的最小距离,由末端防御武器的战术技术指标确定; D_{n2} 是被防护要地的最大半径。

(3) 火力单元数量约束。用 c_1 表示第一道防线上火力单元个数, c_2 表示第二

道防线上火力单元个数,则须满足约束条件

$$c_1 + c_2 = N_h \tag{4.34}$$

(4) 武器性能约束。dX_{ij} 表示任意两个火力单元之间的部署距离,$dX_{ij}^{\min}$ 表示任意两个火力单元允许部署的最小间距,由末端防御武器的战术技术指标确定,则部署时须满足 $dX_{ij}^{\min} \leqslant dX_{ij}$。

4.3.2.5 武器系统兵力部署优化模型

根据上述对各子目标函数和约束条件的描述分析,得到末端防御武器系统整体防御效能 Q 如下:

$$\max Q = \sqrt[n]{\prod_{i=1}^{n} a_i} \sum_{x=1}^{na} w(x) \cdot f_{jy} \cdot p(\theta_m)$$

$$\text{s. t.} \begin{cases} D_{N1} \leqslant D_{n1}, D_{n2} \leqslant D_{N2} \\ D_{n1} \leqslant dx_i \leqslant D_{n2} \\ c_1 + c_2 = N_h \\ dX_{ij}^{\min} \leqslant dX_{ij} \end{cases} \tag{4.35}$$

式中,a_i 为火力单元部署地点的要地评分值,地形中含有湖泊的地形要地 a_1 评分为 0,山地 a_2 为 0.2,丛林 a_3 为 0.5,平原 a_4 为 1,n 为火力单元数量。$\sqrt[n]{\prod_{i=1}^{n} a_i}$ 表示每套末端防御武器部署地点要地评分的集合平均值,它可以降低部署于恶劣地形方案的适应度,从而将这样的个体在进化过程中淘汰。

通过建立数学模型,将要地末端防御兵力部署优化问题转化为约束条件下的优化决策。由于战场环境的变化,候选部署要地的数量增多、约束条件也很复杂,会出现组合爆炸,可行解的数量急剧增多,需要借助智能优化算法求解。

4.3.3 基于 PSO – GA 混合算法的部署模型求解

4.3.3.1 算法简介

PSO 算法模拟鸟类觅食和人类的认知,是一种基于群体随机优化原则的算法[123]。该算法易于实现且收敛速度快,但解容易陷入局部最优,降低了解的质量。GA 算法是一种模拟自然界生物进化机制的算法,遵循"适者生存、优胜劣汰"的法则[124]。遗传算法通过全局搜索求解,解的质量随迭代次数的增多而提高,但收敛速度慢,导致收敛时间过长。结合 PSO 和 GA 两种算法,充分利用 GA 算法的随机全局搜索能力和 PSO 算法的收敛速度快等特性进行优势互补,来提高算法的搜索效率，增强算法的求解能力[125]。

粒子群遗传混合算法（PSO – GA 混合算法）初始化种群后，种群规模设为 N，先执行 PSO 算法，将大于群体适应度函数均值的 M_k 个体直接进入下一代，剩下的（$N - M_k$）个体执行 GA 进化；再将 GA 进化产生的个体与 M_k 个体结合为新种群，将新种群作为下一次迭代的初始化群体 N，再次循环上述步骤[126]。PSO – GA 混合算法原理如图 4.28 所示。

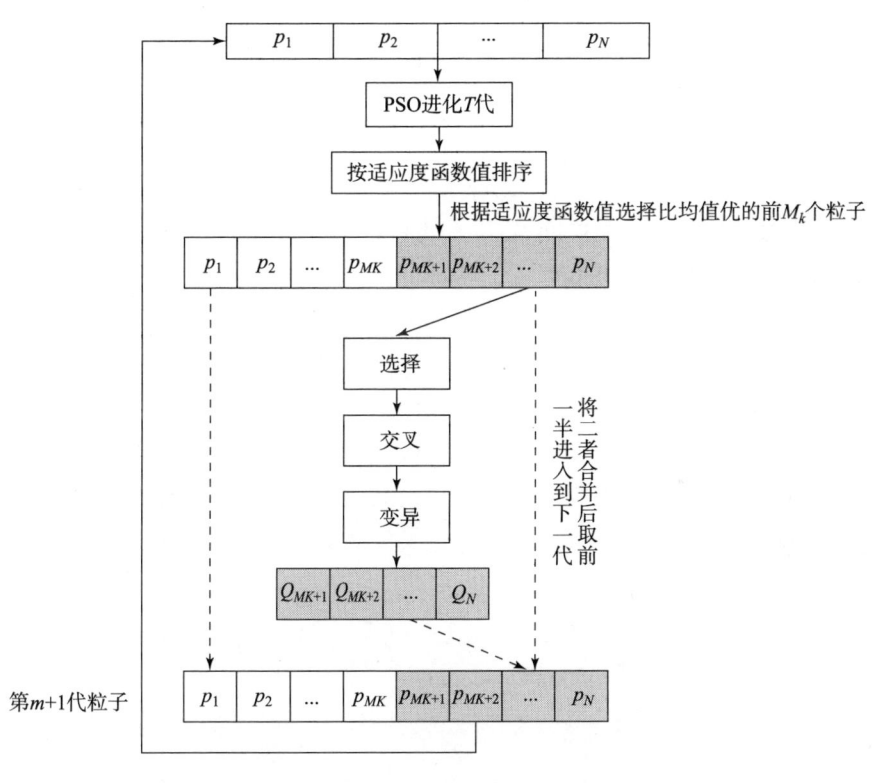

图 4.28　PSO – GA 混合算法原理示意图

4.3.3.2　编码设计及确定适应度函数

末端防御武器系统兵力部署模型为约束优化问题，要用算法求解模型首先要对解空间进行编码设计，设部署要地离散为 $m \times n$ 个点，并将其串行化为长度为 $m \times n$ 的行向量 G，则向量中带有 1 的元素表示在相应要地位置的火力单元，否则为 0，1 的个数即为部署火力单元数量；然后，采用罚函数将模型求解转化为无约束优化问题，并用罚函数作为适应度函数来评估解的适应度。适应度函数用下式描述：

$$F = \sqrt[n]{\prod_{i=1}^{n} a_i} \sum_{x=1}^{na} w(x) \cdot f_{jy} \cdot p(\theta_m) \qquad (4.36)$$

4.3.3.3 粒子操作

种群中每个个体粒子 i 可表示为 $X_i = (x_{i1}, x_{i2}, \cdots, x_{iD})$，每个个体的位置就是一个潜在的解。当 $V_i = (v_{i1}, v_{i2}, \cdots, v_{iD})$ 表示个体速度时，第 i 个粒子经历过的最好位置记为 $P_i = (p_{i1}, p_{i2}, \cdots, p_{iD})$，种群中所有个体经历过的最好位置记为 $P_g = (p_{g1}, p_{g2}, \cdots, p_{gD})$。对于每一代，其第 d 维（$1 \leq d \leq D$）空间可根据如下方程变化：

$$v_{id} = wv_{id} + c_1 r_1 (p_{id} - x_{id}) + c_2 r_2 (p_{gd} - x_{id}) \qquad (4.37)$$

$$x_{id} = x_{id} + v_{id} \qquad (4.38)$$

式中，x_{id} 为位置矢量；v_{id} 为速度矢量；w 为权重系数；c_1 和 c_2 为学习因子；r_1 和 r_2 为 [0, 1] 范围内的均匀随机数。

4.3.3.4 基因操作

(1) 选择算子。采用轮盘赌随机选择种群中的个体，保证个体被选择的公平性，遵循了遗传算法交叉变异随机性的原则[127]。

(2) 交叉操作。在遗传进化过程中，交叉概率 p_c 影响新个体的收敛速度，p_c 越大，产生新个体的速度越快，但是 p_c 过大又会破坏高适应度个体的结构，因此采用一种自适应交叉概率方法[128]，即

$$p_c = \begin{cases} p_{c1} - \dfrac{(p_{c1} - p_{c2})(f - f_{\text{avg}})}{f_{\max} - f_{\text{avg}}} \times \dfrac{1}{2^i}, & f \geq f_{\text{avg}} \\ p_{c1} \times \dfrac{1}{2^{G-1-i}}, & f < f_{\text{avg}} \end{cases} \qquad (4.39)$$

式中，$f_{\max}$ 为群体中最大适应值；f_{avg} 为群体平均适应值；f 为要交叉的两个个体中较大的适应值；$p_{c1} = 0.9$，$p_{c2} = 0.6$；i 为迭代次数；G 为基因链长度。

(3) 变异操作。变异概率 p_m 值的大小会影响遗传算法搜索能力。p_m 过小不易产生新的个体结构，但 p_m 过大遗传算法就变成了随机搜索算法，则因此变异算子也需要采用自适应变异概率的方法。

$$p_m = \begin{cases} p_{m1} - \dfrac{(p_{m1} - p_{m2})(f' - f_{\text{avg}})}{f_{\max} - f_{\text{avg}}} \times \dfrac{1}{2^i}, & f' \geq f_{\text{avg}} \\ p_{m1} \times \dfrac{1}{2^{G-1-i}}, & f' < f_{\text{avg}} \end{cases} \qquad (4.40)$$

式中，f' 为要变异个体的适应度值；$p_{m1} = 0.1$，$p_{m2} = 0.01$，其他参数同上。

4.3.3.5　PSO-GA 混合算法求解流程[129]

（1）初始化种群参数：种群规模 N，混合算法进化的总代数 Maxgen，粒子群算法的学习因子为 c_1, c_2，粒子群进化的最大速度 $V_{\max}$，以及粒子群进化代数 T；遗传算法中交叉概率 p_c 和变异概率 p_m。

（2）初始化种群随机生成 N 个粒子。

（3）用确定好的适应度函数计算适应函数值。

（4）总代数从 $k=1$ 开始计数。

（5）对 $k \leqslant$ Maxgen 与否进行判断，如果 $k \leqslant$ Maxgen 则继续下一步，反之转步骤（15）。

（6）PSO 算法的进化代数 $t=1$。

（7）对 $t \geqslant T$ 与否进行判断，如果 $t \leqslant T$ 则继续下一步，反之转向步骤（10）。

（8）粒子群的速度和位置用式（4.37）、式（4.38）进行更新。

（9）$t = t+1$。

（10）将 N 个个体按适应度函数排序，并计算各粒子适应度函数值的均值 f_{average}，取出适应度优于均值的个体 M_k。

（11）剩下的 $N - M_k$ 个个体执行 GA 算法。

（12）将两组 $N - M_k$ 个体合并，比较适应度函数值选择较优的 $N - M_k$ 个个体。

（13）将由 PSO 进化直接提出的 M_k 个个体和由 GA 进化得到的 $N - M_k$ 个个体合并形成新的种群。

（14）$k = k+1$，转至步骤（5）。

步骤 15：输出最优解和最优适应度函数值。

PSO-GA 混合算法实现流程图如图 4.29 所示。

4.3.4　算例仿真分析

根据预警情报显示，敌方来袭目标主要是 F-16 战斗机和 BGM-109"战斧"巡航导弹，采用低空突防的战术突袭我方要地。空袭武器的性能参数如表 4.7 所示。

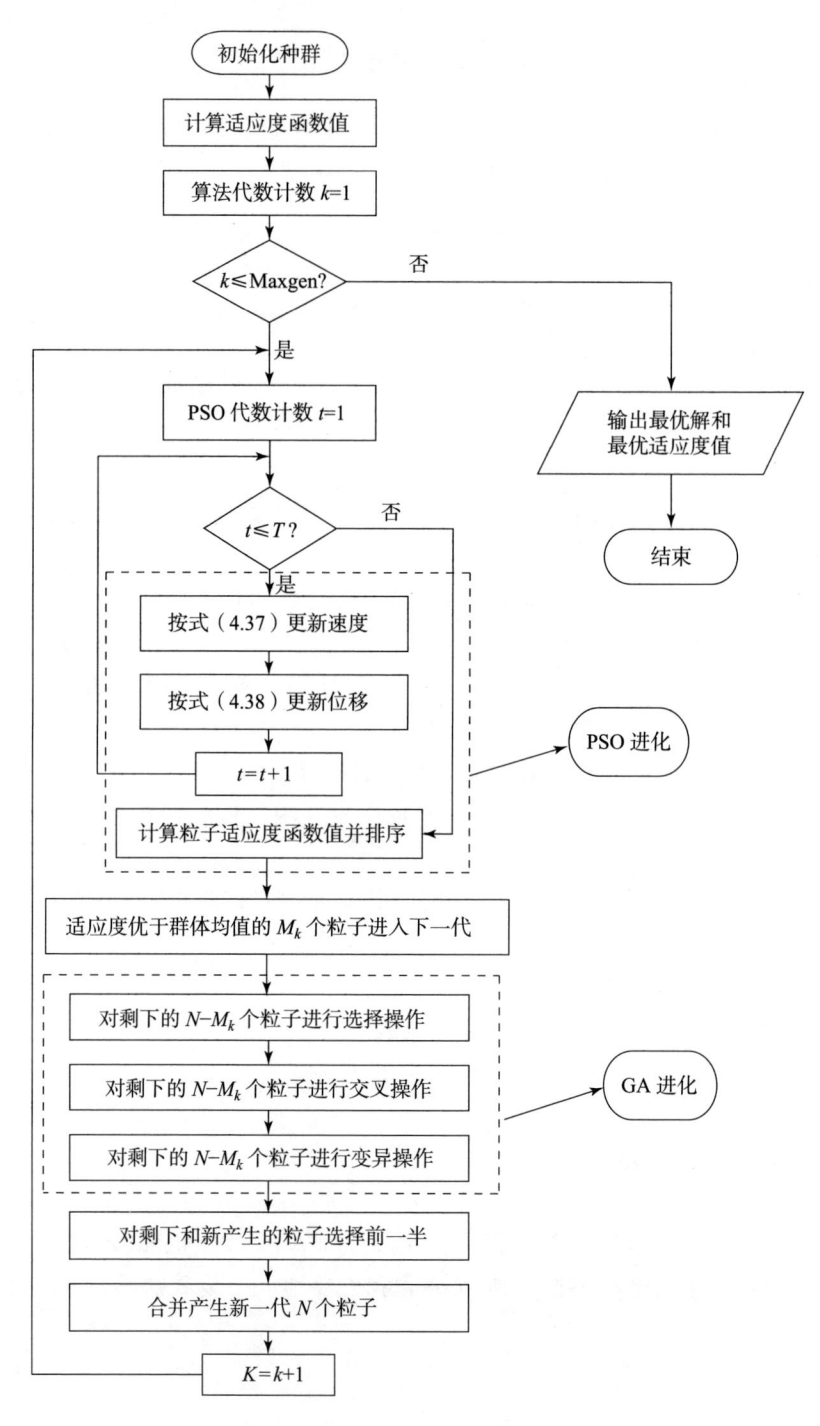

图 4.29　PSO – GA 混合算法流程

表4.7 空袭武器性能参数表

目标类型	速度范围/(m·s^{-1})	高度范围/km	航路角范围/(°)
F-16战斗机	300~600	0.05~15	0~90
BGM-109"战斧"巡航导弹	150~300	随地形变化	0~40

按照上级作战意图，在要地周围部署末端防御武器系统进行要地防御作战，由某通用型末端防御武器系统的战术技术指标可得，武器系统拦截来袭目标时的性能参数如表4.8所示。

表4.8 某通用型末端防御武器系统性能参数表

作战单元	目标类型	最大拦截高度/m	最小拦截高度/m	最大拦截斜距/m	最小拦截斜距/m	杀伤概率
导弹	F-16飞机	10 000	50	18 000	1 000	≥0.85
导弹	BGM-109"战斧"巡航导弹	—	50	10 000	2 000	≥0.90
火炮	F-16飞机	3 000	30	3 500	300	≥0.55~0.77
火炮	BGM-109"战斧"巡航导弹	—	30	2 500	300	≥0.85

结合作战想定条件，设计如下仿真实验：①验证所建兵力部署模型和算法的有效性，给出典型作战想定条件下的最优部署方案；②混合部署形式对最优部署方案的影响分析。

4.3.4.1 给出典型作战环境下武器系统的最优部署方案

设需要被防护的要地半径3km，在以要地为中心的20km范围内部署末端防御武器系统。根据兵力需求计算公式求得所需末端防御武器火力单元数量为6部。敌军可能从方位0°~360°（以正北方向为基准）全方位攻击，敌空袭武器载机飞行速度为300m/s，最大航路角90°，假设目标航迹在杀伤区远界且经过要地中心，其他参数如表4.9所示。

表4.9 末端防御武器部署条件

杀伤区远界/km	杀伤区近界/km	平均射击时间/s	距保卫目标距离范围/km	平均毁伤概率
10	1	120	3~20	0.7

在表4.8所示末端防御武器的性能参数和表4.9所示的部署要地条件约束下，以要地几何中心为原点，1km为单位极径，30°为单位极角，将部署要地离散

为 12×20 的环形网格，每个交点为末端防御武器系统待部署地点。根据敌军以往各方向进袭的可能性为指标评分，得到各来袭方向的突袭概率如图 4.30 所示。

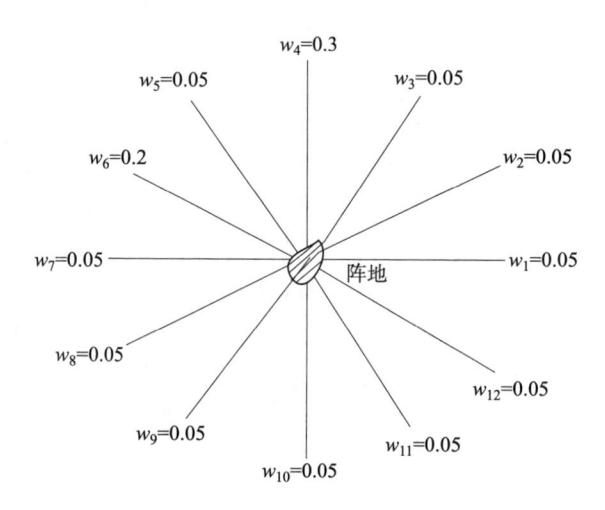

图 4.30 防御要地来袭方向突袭概率分布图

以所建立的目标函数作为优化目标，利用提出的 PSO – GA 混合算法对所建立的末端防御武器系统部署优化模型进行求解。用 PSO – GA 混合算法解得两道防线上火力单元个数 $c_1 = 4$，$c_2 = 2$，所获得的其他解如表 4.10 所示。算法中各参数设定如下：种群规模 $N = 240$，$p_c = 0.75$，$p_m = 0.01$，$c_1 = 2$，$c_2 = 2$，$w \in [0.4, 0.9]$，最大速度 $V_{\max} = 0.05 \times X_{\max}$，混合算法的粒子群算法需要进化的一定代数 T 设 20。

表 4.10 利用 PSO – GA 算法求取的目标函数值

方案	火力单元部署角度/(°) 第一道防线上火力单元分布角度	第二道防线上火力单元分布角度	与要地中心距离/km 第一道防线的距离 dx_1	第二道防线的距离 dx_2	f_{jy}	$p(\theta_m)$	Q
1	90, 150, 270, 330	90, 150	15	8	-1.809 5	0.953	0.090 5
2	90, 180, 270, 360		16	12	-1.576 9	0.962	0.078 4
3	150, 180, 330, 360		14	12	-1.090 5	0.941	0.055 2
4	30, 90, 210, 270		12	16	-1.079 1	0.969	0.054 0
5	30, 150, 210, 330		14	15	-0.930 6	0.954	0.014 7
6	60, 90, 240, 270		8	18	-0.845 5	0.973	0.042 3
7	60, 150, 240, 330		16	10	-0.873 1	0.980	0.039 4

实验结果表明，所得 7 个方案的火力单元毁歼概率差别不大，主要是火力均匀性和武器系统整体防御效能存在差距。方案 1 条件下整体防御效能目标函数取得最大值，但均匀性子目标函数取值较其余部署方案是最小的，在这种方案下，如果空袭武器选择火力单元结合薄弱的方向作为进袭航向，那么来袭目标很可能会突防成功。方案 4 和方案 6 与其余方案相比，子目标函数值比较均匀，按照这两种方案可以将火力单元部署于重要方向的前沿位置，便于武器系统提前展开作战，最终在要地周围形成了紧密衔接的防空火力网。同时，按照这两个方案部署火力单元，可以形成外圈扇形、内圈环形的混合部署方案，符合现代防空作战的实战需求。因此，建立的末端防御兵力部署优化模型和粒子群遗传混合算法可以有效的结合，能够适应现代空袭特点，并且能很好地解决网格化防空火力单元的优化布阵问题。图 4.31 是在方案 6 条件下的部署结果示意图。

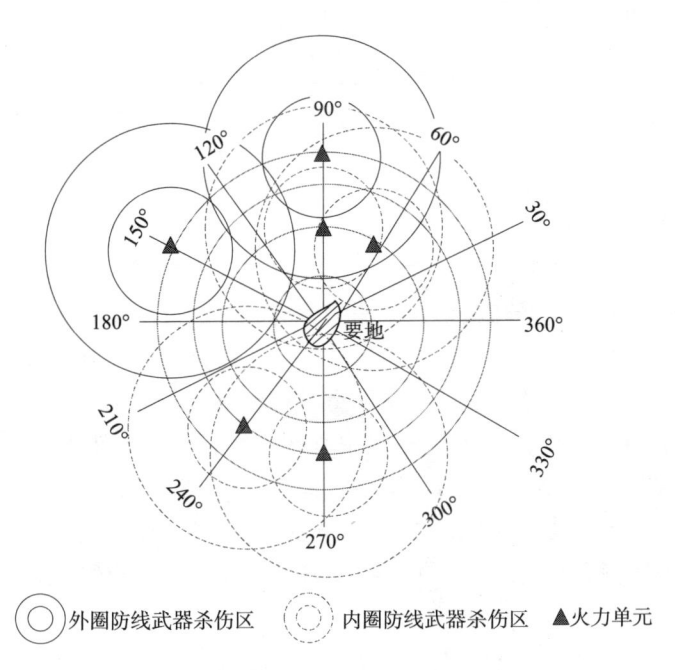

图 4.31 防御要地优化部署结果示意图

4.3.4.2 混合部署形式对最优部署方案的影响分析

为进一步研究火力单元混合部署形式对要地防空效能的影响，在环形部署的基础上，考虑与扇形、线形部署形式的组合。在典型作战想定下，假设有 6 部火力单元，按照混合部署原则，求得各混合部署方案下的子目标函数值如表 4.11 所示。

表 4.11 混合部署方案的目标函数值

方案	火力单元部署角度/(°) 第一道防线上火力单元分布角度	火力单元部署角度/(°) 第二道防线上火力单元分布角度	与要地中心距离/km 第一道防线的距离 dx_1	与要地中心距离/km 第二道防线的距离 dx_2	f_{jy}	$p(\theta_m)$	Q
双环形部署	90, 210, 330	30, 150, 270	10	3	−0.00289	0.0064	0.0009
双环形部署	90, 210, 330	120, 240, 360	12	6	−0.00292	0.4867	0.0007
双环形部署	30, 150, 270	60, 180, 300	10	8	−0.00079	0.4958	0.0020
双环形部署	120, 240, 360	30, 150, 270	10	3	−0.04145	0.0064	0.0013
双环形部署	60, 180, 300	120, 240, 360	10	6	−0.08306	0.5074	0.0020
环形+线形	30, 150, 270	90, 120, 150	11	6	−0.01458	0.4903	0.0004
环形+线形	60, 180, 300	90, 120, 150	12	6	−0.09286	0.4865	0.0023
环形+线形	90, 210, 330	90, 120, 150	11	6	−0.08363	0.4861	0.0020
环形+线形	120, 240, 360	90, 120, 150	12	6	−0.035087	0.4873	0.0085
环形+扇形	60, 90, 240, 270	90, 150	8	18	−0.8455	0.973	0.0423

实验结果表明，环形和扇形混合部署方案的要地末端防御效果最好。其他两种混合部署形式的火力单元均匀性虽然很好，但是火力毁歼概率只有环形和扇形混合部署的一半，而且整体的防御效能也没有环形和扇形混合部署效果好。前两种方案条件下的火力单元部署与要地中心距离太近，不便于前伸部署、先发制人，减少了拦截来袭目标的次数。因此，部署末端防御武器系统保护要地时，应提前做好空中预警工作，结合以往作战经验判断空袭目标的主要进攻方向，然后采取环形和扇形混合部署形式，可以有效降低来袭目标突防概率，提高要地末端防御能力。

第5章

末端防御武器系统作战效能评估

5.1 作战效能评估的基本概念及常用评估方法

5.1.1 作战效能评估的基本概念

关于效能目前还没有统一的定义，美国工业界武器效能咨询委员会关于效能的定义为大家所普遍接受——系统效能是预期一个系统能满足一组特定任务要求程度的度量。

根据武器系统的作战任务，武器系统作战效能定义为：整个系统在规定条件下能够以规定的方式工作并成功拦截目标的概率[130]。武器系统效能是一个与武器系统作战效能非常相似的概念，它被定义为武器系统执行一系列特定作战任务能力的度量[131]。

武器系统作战效能与武器系统效能之间没有统一的规定，一般认为，作战效能包括武器系统效能[132]。但两者的评估是不同的，系统效能的评估基于指定的环境和装备进行效能评估，它是功能性的、静态的和非对抗的；作战效能的评估和某些作战背景有关，评估的对象是作战的各个方面和不断变化的动态环境[133,134]。

5.1.2 作战效能常用评估方法

武器系统作战效能评估方法多种多样，归纳起来可分为四类：解析法、指数法、统计法和作战仿真方法[135]。表5.1对四种常用评估方法的优缺点和适用场景进行归纳总结，选择合适的评估方法对末端防御武器系统的作战效能进行评估。

表 5.1　常用评估方法优缺点比较

评估方法 内容	解析法	指数法	统计法	作战仿真法
定义	根据描述效能指标和给定条件之间函数关系的解析表达式来计算武器系统作战效能[37]。包括Lanchester方程、ADC法、系统分析（SEA）法、排队论法等	基于武器系统自身的战术技术性能指标，避免许多不确定因素影响，将系统中的因素量化为可以相对于相同量的数值进行比较的值	在指定的现场或准确的模拟环境中获取大量数据，并使用数学统计方法对数据进行处理，以获得武器系统的作战效能评估结果	将计算机模拟模型用于进行作战仿真实验，通过在给定数值条件下应用模型来进行作战仿真实验，有关操作进度和实验结果的数据可以直接进行统计处理，以给出效能的评估指标
优点	表达式清晰明了，意义明确，易于理解且计算简单	度量标准由军事专家的丰富经验统一，结果简单	由于评估结果直接来源于实践或实战，因此它是效能评估最可靠的方法	该方法能结合实际作战过程的因素，详细考虑武器系统的协同、作战过程对作战效能评估的影响
缺点	该方法考虑的因素很少，并且仅在严格定义的假设下有效	描述不细微、较粗糙	这种方法需要有大量的武器装备作试验的物质基础，无法在武器研制前实施，而且价格昂贵[136]	该方法需要建立准确的模型并编程任务繁重，仿真实验工作量大，得到的仿真结果的物理含义尚不明确
适用场景	仅适用于简单问题的描述或低级问题的表达	只适用于宏观描述	仅适用于评估武器系统单个效能指标	仅适用于对武器系统作战方案的作战效能指标的预测评估

5.2　末端防御武器系统的作战过程

武器系统的作战效能与其作战过程密切相关，为了评估末端防御武器系统作战效能，有必要先了解其作战过程。由于作战过程的复杂性，没有模型可以描述和解决作战过程中的所有问题，只能描述作战过程的主要方面[137]。

文献［37，39，40，138］分别建立了用于防空武器系统效能分析的排队模型，将火力单元的作战过程视为由一系列事件组成的离散事件系统过程，包括探测、搜索、跟踪、诸元计算、威胁评估、火力分配、火力对抗等事件，并将防空武器系统的射击周期看作是一个服务过程，最终求得各项效能指标。

末端防御武器系统的作战过程一般可分为9个阶段。

（1）搜索阶段：按上级指挥所送来的目标信息对目标进行搜索，或由末端防御武器系统中的搜索雷达直接搜索目标。

（2）跟踪阶段：跟踪搜索到的目标，测量目标运动参数。

（3）识别阶段：根据目标运动特性、回波特性等识别敌我目标和真假目标。

（4）威胁判断阶段：确定目标的威胁程度和实施拦截的程序。

（5）发射决策阶段：确定拦截点和发射时刻。

（6）火力分配阶段：分配作战任务给火力单元。

（7）发射控制阶段：完成导弹发射前的准备工作；进入不可逆发射程序。直至发动机点火，导弹离架。

（8）飞行控制阶段：根据弹目相对运动关系，按规定的飞行方案和制导规律，控制导弹飞行，直至命中目标。

（9）杀伤效果评定阶段：对杀伤效果进行评定，并依此评定结果确定下一步作战方案。

弹炮结合末端防御武器系统的基本作战过程：情报系统接收上级指令，给本级下达命令，目标指示雷达完成对目标的搜索和发现，建立目标航迹，识别目标，进行威胁判断；列出打击目标顺序，并向火力单元分配目标，目标跟踪装置在搜索雷达的指示下完成对目标的跟踪和测量，解算射击诸元。导弹、高炮调转指向目标。当目标距离大于高炮射程时，由导弹进行一次或多次拦截；当目标距离较近，导弹拦截效率变低时，由高炮进行拦截。从而实现多层拦截，增大对目标的毁歼概率。

武器系统作战效能的发挥是其作战过程中各个环节共同作用的结果，在每一个阶段，武器系统可能受到来自内部或外部的各种因素影响武器系统的作战效能。因此，为了使作战效能评估模型更贴近实际作战情形，有必要详细考虑影响末端防御武器系统作战过程的因素。末端防御武器系统是由多个子系统组成的复杂系统，其作战效能是作战过程中多因素综合作用的结果，不仅与武器系统本身的技术性能有关，而且和武器系统在具体作战环境下的编配方式、战术运用等因素相关。影响末端防御武器系统作战效能的因素可概括为以下四个方面：

（1）作战环境，主要是战场周围建筑设施、战场地形以及天气、天候等。

（2）作战人员，即作战指挥员的决策能力和战斗员对武器装备的熟悉程度等。

（3）部署方式，主要指部署编配的武器系统的类型、数量等。

（4）战术运用，是指武器系统作战运用形式、部署方案等。

由于作战环境因素和人为因素无法定量研究，评估末端防御武器系统作战效能时，可将这两个因素看作理想情况不做考虑，研究另外两种因素对武器系统作战效能的影响。

5.3 基于云重心法的武器系统综合效能评估

5.3.1 武器系统效能评估指标体系

由于末端防御武器系统是一个综合系统，若将以往传统的评价武器的单项评价指标不加改变直接照搬进来，会造成各个评价指标之间相互制约，最终影响整个评价体系的可信性，因此需要建立合适的指标体系，选择合适的评估指标进行效能评估。所选评价指标要具有代表性、完备性、可测性，相互独立且最能反映系统该方面的能力。在对末端防御武器系统功能和工作流程研究的基础上，选择以固有能力和作战能力作为评价系统综合效能的指标。

5.2.1.1 固有能力指标

固有能力是指武器在定型之后就已确定的一些能力参数，这些参数可作为评价武器效能最直观的指标。

（1）数据处理能力。当末端防御武器系统采用弹炮分置式结构时，各分系统都是独立的工作单元，作战数据能够及时有效地在各个单元之间传递，才能相互配合有效完成作战任务。这里选择数据获取、数据传输、数据处理与融合能力作为数据处理能力的度量。其中数据获取用来度量系统对来袭目标相关参数的获取能力；数据传输是对单元之间数据传输的速度、误报率和互通性等的度量；数据处理和融合是对系统处理数据的速度、决策的准确性和实效性的度量。

（2）可靠性。系统可靠性是武器系统发挥性能的最基本保障，一般用 MTBF（平均故障间隔时间）和 MTTR（平均故障修复时间）作为度量可靠性的最主要参数。系统可靠性在武器系统研制阶段经过多次的测试都已经确定，在使用中进行数据的累积以补充可靠性参数。MTBF 用来度量武器系统连续作战的能力，MTTR 用来度量武器系统维修的难易程度。

（3）机动生存能力。末端防御武器系统作为防御体系的最后一道防线，必须在瞬时多变的战场环境能够生存并根据上级指令随时转换要地投入新的防御任务，这就对末端防御武器系统的战场生存能力和机动能力有很高的要求[139]。

战场生存能力包括躲避能力（躲避敌方侦察的能力）、抗毁伤能力（装甲防护能力）、抗干扰能力等；机动能力是指武器系统能够迅速到达指定战场的能力，与武器系统运输能力、机动里程、设备展开与收起状态转换速度等有关。机动能力与武器系统自身的设计参数有关，在武器定型之后基本都已确定。

综上所述，建立武器系统固有能力指标体系如图 5.1 所示。

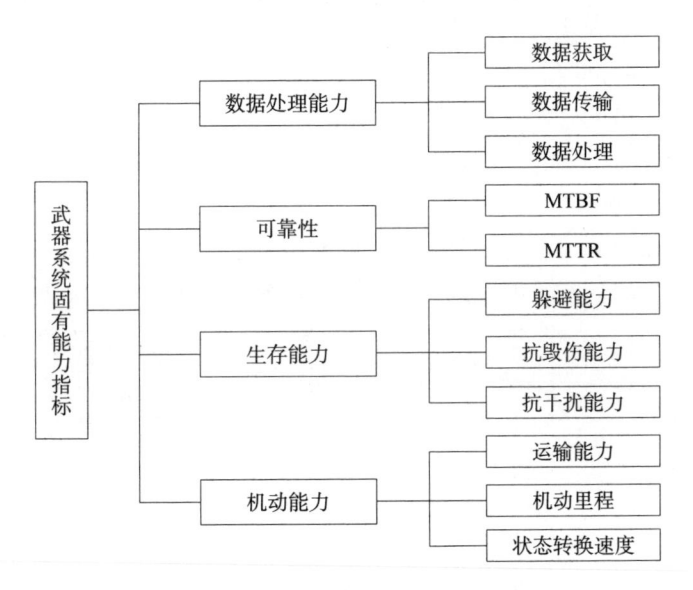

图 5.1 武器系统固有能力指标体系

5.2.1.2 实战能力指标

末端防御武器系统对来袭目标的防御效果不仅与武器系统本身的设计参数有关，而且实战环境对武器系统效能有很大的影响，综合考虑武器系统作战流程，确定实战中影响综合效能的能力指标。

1. 探测能力

探测能力主要用发现概率来描述，是指搜索雷达能够发现、捕捉、识别并跟踪目标的能力。选择最大发现距离和发现概率作为描述探测性能的指标参数。

2. 服务能力

武器系统的服务能力指标主要用服务概率来描述，是指决策系统对来袭目标威胁程度进行判断，选择威胁程度最大的目标分配给火力分系统进行拦截，完成对目标的服务过程。选择影响系统服务能力的指标参数为：

(1) 防空范围：防空范围越大，目标通过防空区域的时间越长。

(2) 反应速度：系统反应速度的增大可以减少每次服务的时间，提高服务效率。

(3) 服务目标威胁权重：所服务目标威胁度占总威胁度的比重，是对系统决策能力的判断。

(4) 有效服务概率：仿真结束后对系统服务能力的整体判断。

3. 毁伤能力

毁伤能力是指火力分系统对目标杀伤效果的度量，主要用毁伤概率来描述。火力分系统对目标的毁伤能力影响因素很多。选择影响毁伤概率的指标参数为：

(1) 杀伤范围：火力系统能覆盖的范围，是由最大斜距、高低角、范围角、射高等构成的空间范围。

(2) 武器射速：包括防空导弹飞行速度和火炮射击速度，是描述武器威力的重要指标参数。

(3) 毁歼概率：描述对命中目标造成的破坏能力，由命中概率和杀伤概率构成。

(4) 弹药储备量：决定武器系统持续作战的能力指标参数。

综上所述，建立实时作战能力指标体系如图 5.2 所示。

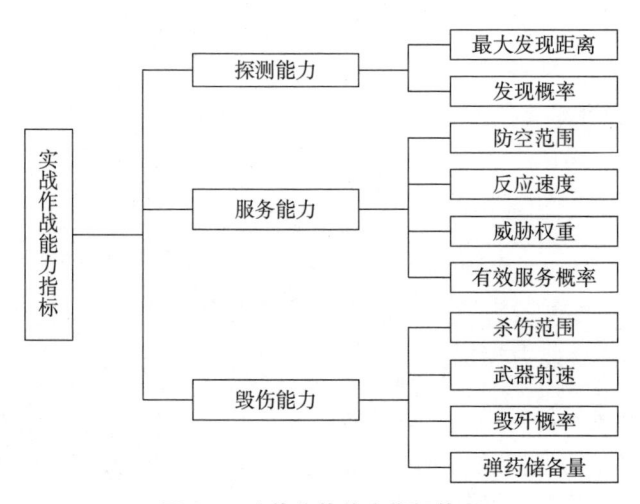

图 5.2 实战作战能力指标体系

5.3.2 云重心模型

在评价末端防御武器系统综合效能时会面临这样的问题：评估指标参数中定量与定性指标之间如何转化，采用基于云重心评判的效能评估方法来解决武器系统中各类指标的统一性处理问题。云重心评判法使用数字特征 (E_x, E_n, D) 来表征其模型，其中 E_x（期望）代表了模糊化的信息的中心，E_n（熵）代表了信息的模糊度，D（偏差）代表了信息云的厚度和离散程度。通过对信息的模糊化处理可以使云重心模型能够同时处理含有定量和定性描述的综合信息。

5.3.3 效能评估流程

采用云重心模型进行效能评估的具体步骤如下：

（1）评估参数转化。针对评估参数的不确定性和随机性，结合专家打分法对定性参数的语言描述程度进行量化，使得每一种状态都有与之对应的状态值，状态值域 $U = \{0, 0.1, 0.2, 0.3, 0.4, 0.5, 0.6, 0.7, 0.8, 0.9, 1\}$，建立状态参数矩阵。

（2）建立指标云模型。假设评估体系有 n 个指标，采集 m 组数据进行评估，需要对每个指标建立云模型：

$$\begin{cases} E_{xi} = (E_{xi1} + E_{xi2} \cdots + E_{xim})/m \\ E_{ni} = (\max(E_{xi1}, E_{xi2}, \cdots, E_{xim}) - \min(E_{xi1}, E_{xi2}, \cdots, E_{xim}))/n \end{cases} \quad (5.1)$$

式中，E_{xi} 和 E_{n1} 分别为第 i 个指标的期望和熵。

（3）建立系统云状态。n 个指标的云模型构成的 n 维矢量是对系统云状态的描述，其中任何一个指标的变化都会造成系统云状态重心的变化。

（4）指标权重分配。对各个指标按重要程度赋予其权重，权重的赋予一般有环比法、德尔菲法、PC-LINMAP 耦合法、AHP 法等。为了消除主观因素，这里采用公式赋值法。在权值分配中，对指标按重要程度进行排队，对指标 i 赋予其权重 w_i，并进行归一化处理。

$$w_i = \begin{cases} \dfrac{1}{2} + \dfrac{\sqrt{-2\ln\left(\dfrac{2(i-1)}{n}\right)}}{n}, & 1 < i \leq \dfrac{n+1}{2} \\ \dfrac{1}{2} - \dfrac{\sqrt{2\ln\left(\dfrac{2(i-1)}{n}\right)}}{n}, & \dfrac{n+1}{2} < i \leq n \\ 1, & i = 1 \end{cases} \quad (5.2)$$

(5) 确定云重心：根据云状态求解云重心 $T = \alpha \times \beta^T$，其中，位置向量 $\alpha = (E_{x1}, E_{x2}, \cdots, E_{xn})$，高度向量 $\beta = (\beta_1, \beta_2, \cdots, \beta_n)$，$\beta_i = 0.371 \cdot w_i$；假设理想状态重心为 T^0，以 T^0 对 T 进行归一化处理，得到归一化重心 T^G。

$$T_i^G = \begin{cases} (T_i - T_i^0)/T_i^0, & T_i \leqslant T_i^0 \\ (T_i^0 - T_i)/T_i^0, & T_i > T \end{cases} \quad (5.3)$$

(6) 计算加权偏离度：

$$\theta = \sum_{i=1}^{n} w_i T_i^G \quad (5.4)$$

式中，w_i 为步骤 (4) 中赋予的各项指标的权重，为了符合一般判断原则，将结果转换到 [0, 1] 区间，令 $\theta = \theta + 1$，其中 1 为理想状态。计算结果越接近 1，表示评估结果越理想，据此给出评估结果。

5.3.4 评估分析

根据建立的评估体系，将末端防御武器系统的评估分为固有能力指标和实时作战能力指标，先分别对两个指标采用云重心评估方法进行效能评估。

(1) 固有能力指标体系评估。固有能力指标各项指标参数如表 5.2 所示。

表 5.2 固有能力指标参数

指标参数	数据获取	数据传输	数据处理	MTBF /h	MTTR /h	躲避能力	抗毁伤能力	抗干扰能力	运输能力	机动里程 /km	状态转换 /min
组 1	0.863	很好	较好	95	7	一般	0.622	较差	较好	920	25
组 2	0.925	较好	好	90	4.5	差	0.856	差	较好	890	30
组 3	0.815	较好	很好	98	7	差	0.756	差	好	860	20
理想状态	1	1	1	100	5	0.8	1	1	1	1000	15

对定性描述的指标可细分为：
{无, 非常差, 很差, 较差, 差, 一般, 较好, 好, 很好, 非常好, 理想值}
分别对应状态值域：$U = \{0, 0.1, 0.2, 0.3, 0.4, 0.5, 0.6, 0.7, 0.8, 0.9, 1\}$；
据此建立状态参数矩阵 T：

$$T = \begin{bmatrix} 0.863 & 0.8 & 0.7 & 95 & 7.0 & 0.5 & 0.622 & 0.3 & 0.7 & 920 & 25 \\ 0.925 & 0.7 & 0.6 & 90 & 5.5 & 0.4 & 0.856 & 0.4 & 0.7 & 890 & 30 \\ 0.815 & 0.7 & 0.8 & 98 & 7.0 & 0.4 & 0.756 & 0.4 & 0.6 & 860 & 20 \end{bmatrix}$$

第 5 章　末端防御武器系统作战效能评估　177

由式（5.1）计算各指标参数 E_x 和 E_n 的云模型，以此构成云状态，如表5.3所示。

表5.3　固有能力云状态

指标 参数	数据 获取	数据 传输	数据 处理	MTBF /h	MTTR /h	躲避 能力	抗毁伤 能力	抗干扰 能力	运输 能力	机动 里程 /km	状态 转换 /min
E_x	0.868	0.733	0.700	94.3	6.5	0.433	0.745	0.367	0.667	890	25
E_n	0.010	0.009	0.018	0.727	0.136	0.009	0.021	0.009	0.009	4.455	0.909
理想 状态	1	1	1	100	5	0.8	1	1	1	1000	15

根据式（5.2）进行权重分配和排列，如表5.4所示。

表5.4　固有能力权重指标

指标 参数	数据 获取	数据 传输	数据 处理	MTBF /h	MTTR /h	躲避 能力	抗毁伤 能力	抗干扰 能力	运输 能力	机动 里程 /km	状态 转换 /min
等级	3	2	2	1	1	5	5	4	7	6	6
权重	0.762	0.799	0.799	1	1	0.611	0.611	0.688	0.389	0.500	0.500

对权重向量进行归一化：
$$W = (0.109, 0.114, 0.114, 0.143, 0.143, 0.087, 0.087,$$
$$0.098, 0.056, 0.071, 0.071)$$

确定云重心：
$$\alpha = (0.868, 0.733, 0.700, 94.3, 6.5, 0.433, 0.745, 0.367, 0.667, 890, 25)$$
$$\beta = (\beta_1, \beta_2, \cdots, \beta_n) = 0.371 \cdot W$$
$$T = \alpha \times \beta^T$$
$$= (0.035, 0.031, 0.030, 4.987, 0.345, 0.143, 0.024, 0.013, 0.014, 23.4, 0.659)$$

理想状态云重心 T^0 为
$$T^0 = (0.040, 0.043, 0.043, 5.31, 0.265, 0.026, 0.032, 0.036, 0.021, 2.63, 0.395)$$

则可根据式（5.3）对云重心进行无量纲的归一化处理：
$$T^G = (-0.125, -0.279, -0.302, -0.061, -0.302, -4.50,$$
$$-0.250, -0.639, -0.333, -7.90, 0.668)$$

根据式（5.4）计算云重心加权偏离度：
$$\theta = \sum_{i=1}^{6} w_i T^G_i = -0.357$$

则系统的静态评估值为 0.643，可判定固有能力：较好。

（2）实战能力指标体系评估。根据建立的仿真模型进行作战过程的全流程仿真，完成多次蒙特卡洛仿真后，选取其中三组仿真结果，选择其中的实战能力指标参数，如表 5.5 所示。

表 5.5 实战能力指标参数

指标参数	发现距离/km	发现概率	防空范围/km	反应时间/s	威胁权重	有效服务概率	杀伤斜距/km	武器射击状态	毁歼概率	弹药储备/发
组 1	23	0.890	15	4.0	0.668	0.524	8	0.8	0.834	500
组 2	20	0.968	16	3.5	0.715	0.601	9	0.7	0.884	600
组 3	24	0.951	14	4.0	0.722	0.612	8	0.8	0.861	550
理想状态	25	1	18	3	1	0.8	10	1	1	650

建立状态参数矩阵 T：

$$T = \begin{bmatrix} 23 & 0.890 & 15 & 5.0 & 0.668 & 0.524 & 8 & 0.8 & 0.834 & 500 \\ 20 & 0.968 & 16 & 3.5 & 0.715 & 0.601 & 9 & 0.7 & 0.884 & 600 \\ 24 & 0.951 & 14 & 4.0 & 0.722 & 0.612 & 8 & 0.8 & 0.861 & 550 \end{bmatrix}$$

计算云模型 E_x 和 E_n，建立如表 5.6 所示云状态。

表 5.6 实战能力云状态

指标参数	发现距离/km	发现概率	防空范围/km	反应时间/s	威胁权重	有效服务概率	杀伤斜距/km	武器射击状态	毁歼概率	弹药储备/发
E_x	22.3	0.936	15	4.17	0.702	0.579	8.33	0.767	0.860	550
E_n	0.300	0.008	0.200	0.100	0.005	0.009	0.100	0.01	0.005	10
理想状态	25	1	18	3	1	0.8	10	1	1	650

按式（5.2）进行权重的分配和排列，如表 5.7 所示。

表 5.7 实战能力权重指标

指标 参数	发现 距离 /km	发现 概率	防空 范围 /km	反应 时间 /s	威胁 权重	有效 服务 概率	杀伤 斜距 /km	武器 射速	毁歼 概率	弹药 储备 /发
等级	3	2	6	4	3	2	4	5	1	5
权重	0.676	0.764	0.324	0.593	0.676	0.764	0.593	0.407	1	0.407

权重向量归一化：
$W = (0.113, 0.127, 0.054, 0.099, 0.113, 0.127, 0.099, 0.068, 0.167, 0.068)$

确定云重心：
$T_s = (0.934, 0.044, 0.301, 0.153, 0.029, 0.027, 0.306, 0.019, 0.053, 13.84)$

理想云重心：
$T_s^0 = (1.04, 0.047, 0.361, 0.110, 0.042, 0.038, 0.367, 0.025, 0.062, 16.4)$

无量纲归一化处理：
$$T_s^G = (-0.107, -0.064, -0.167, -0.389, -0.298,$$
$$-0.276, -0.167, -0.233, -0.140, -0.154)$$

计算加权偏离度：
$$\theta = \sum_{i=1}^{6} w_i T_i^G = -0.203$$

则实战能力评估值为 0.797，可判定实战能力：很好。

5.4 基于 ADC 法的武器系统综合效能评估

通过第 3 章构建的末端防御武器系统仿真模型，实现了对武器系统发现概率、截获概率、服务概率及杀伤概率这四项单项效能的定量评估。但这四项单项效能都只是侧重于描述末端防御武器系统某一方面的能力，并不能反映武器系统完成规定作战任务的整体能力。因此，需综合末端防御武器系统的各单项效能，构建出末端防御武器系统的总体效能评估模型，对末端防御武器系统完成规定任务的能力进行科学评估。

本节结合末端防御武器系统作战运用实际，利用 ADC 法对其总体效能进行评估。ADC 法又称为 ADC 效能模型，该方法由美国工业界武器系统效能咨询委员会（Weapon System Effectiveness Industry Advisory Committee，WSEIAC）于 20 世纪 60 年代中期提出[140-143]。由于该方法层次清晰、计算简单，目前已广泛用于各类武器系统的效能评估。如图 5.3 所示，ADC 法将武器系统的总体效能划分为可用性、可信赖性和能力三个部分。

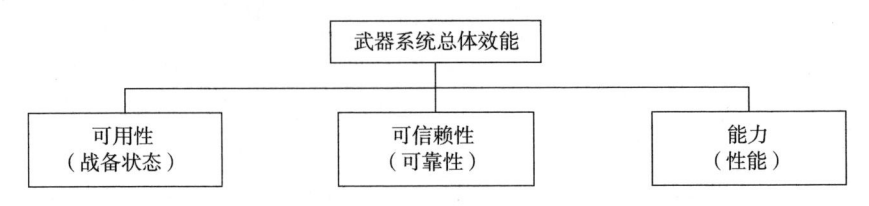

图 5.3　武器系统总体效能结构

该方法的具体模型可表示为

$$E = A \cdot D \cdot C \tag{5.5}$$

式中，$E = [e_1, e_2, \cdots e_m]$ 为总体效能指标向量；$e_i(i = 1, 2, \cdots, m)$ 是武器系统完成第 i 项任务的效能指标，若只有一项任务，则 E 为一具体数值。

$A = [a_1, a_2, \cdots a_n]$ 为可用性矩阵，是武器系统在任意时刻开始执行任务时可用程度的量度。A 的任意分量 $a_j(j = 1, 2, \cdots, n)$ 表示开始执行任务时刻武器系统处于状态 j 的概率。

D 为可信度矩阵，是武器系统在使用过程中完成规定任务的概率。D 为 $n \times n$ 阶转移概率矩阵：

$$D = \begin{bmatrix} d_{11} & d_{12} & \cdots & d_{1n} \\ d_{21} & d_{22} & \cdots & d_{2n} \\ \vdots & \vdots & & \vdots \\ d_{n1} & d_{n2} & \cdots & d_{nn} \end{bmatrix}$$

式中，$d_{ij}(i = 1, 2, \cdots, n; j = 1, 2, \cdots, n)$ 表示武器系统开始时处于状态 i，而在工作时转移至状态 j 的概率，且有

$$\sum_{j=1}^{n} d_{ij} = 1$$

C 为固有能力矩阵，表示系统处于可用状态下，系统能达到任务目标的能力。C 为 $n \times m$ 阶矩阵：

$$C = \begin{bmatrix} c_{11} & c_{12} & \cdots & c_{1m} \\ c_{21} & c_{22} & \cdots & c_{2m} \\ \vdots & \vdots & & \vdots \\ c_{n1} & c_{n2} & \cdots & c_{nm} \end{bmatrix}$$

其中，$c_{ij}(i = 1, 2, \cdots, n; j = 1, 2, \cdots, m)$ 表示武器系统在可能状态 i 下达到第 j 项效能指标的概率。

不同类型的武器系统，其总体效能模型中的具体内容和评价目的不同，建立

各武器系统的总体效能评估模型通常包括以下几个步骤：

（1）确定系统组成，将武器系统分成能独立完成某项功能的 M 个单元，各单元模块的划分需根据系统的具体情况来定。

（2）确定武器系统可能出现的几种工作状态。

（3）确定可用性向量 A。

（4）确定可信度矩阵 D。

（5）确定能力向量 C。

（6）计算总体效能 E。

5.4.1 末端防御武器系统可用性分析

根据末端防御武器系统作战应用实际及便于仿真的需要，可将该武器系统简化看成由雷达分系统（含搜索雷达和跟踪雷达）、指挥控制分系统、导弹分系统和火炮分系统组成的串/并联混合系统，如图 5.4 所示。

图 5.4 末端防御武器系统的串/并联结构

假设各分系统只有正常（Normal）和故障（Failure）两种工作状态，那么对于整个武器系统就有 2^4 种工作状态，系统可能的状态表如表 5.8 所示。

表 5.8 系统状态表

状态序号	A 分系统状态	B 分系统状态	C 分系统状态	D 分系统状态	整体系统状态	状态组合
1	正常	正常	正常	正常	正常	e_1 全部正常
2	正常	正常	正常	故障	正常	e_2 导弹正常，火炮故障
3	正常	正常	故障	正常	正常	e_3 火炮正常，导弹故障

续表

状态序号	A 分系统状态	B 分系统状态	C 分系统状态	D 分系统状态	整体系统状态	状态组合
4	正常	正常	故障	故障	故障	
5	正常	故障	正常	正常	故障	
6	正常	故障	正常	故障	故障	
7	正常	故障	故障	正常	故障	
8	正常	故障	故障	故障	故障	
9	故障	正常	正常	正常	故障	
10	故障	正常	正常	故障	故障	e_4 系统停止工作
11	故障	正常	故障	正常	故障	
12	故障	正常	故障	故障	故障	
13	故障	故障	正常	正常	故障	
14	故障	故障	正常	故障	故障	
15	故障	故障	故障	正常	故障	
16	故障	故障	故障	故障	故障	

根据可用性理论，系统的 16 种可能状态构成其可用性向量：

$$\boldsymbol{A} = (a_1, a_2, \cdots, a_{16}) \tag{5.6}$$

式中，$a_1, \cdots, a_{16}$ 为系统在任意时刻处于状态 1 到状态 16 的概率。

若第 i 个分系统的平均故障间隔时间 MTBF_i、平均修复时间 MTTR_i 或故障率 λ_i、修复率 u_i 已知，可得各分系统的可用度满足下式：

$$\begin{cases} \partial_i = \dfrac{\text{MTBF}_i}{\text{MTBF}_i + \text{MTTR}_i} = \dfrac{\mu_i}{\mu_i + \lambda_i} \\ \mu_i = \dfrac{1}{\text{MTTR}_i} \\ \lambda_i = \dfrac{1}{\text{MTBF}_i} \end{cases} \tag{5.7}$$

式中，∂_i 为各分系统在任意时刻处于可工作状态的概率。

根据表 5.8 所列的 16 种可能状态的含义及概率论知识，可得这 16 种可能状态出现的概率分别为

$$\begin{cases} a_1 = \partial_1\partial_2\partial_3\partial_4 \\ a_2 = \partial_1\partial_2\partial_3(1-\partial_4) \\ a_3 = \partial_1\partial_2(1-\partial_3)\partial_4 \\ a_4 = \partial_1\partial_2(1-\partial_3)(1-\partial_4) \\ a_5 = \partial_1(1-\partial_2)\partial_3\partial_4 \\ a_6 = \partial_1(1-\partial_2)\partial_3(1-\partial_4) \\ a_7 = \partial_1(1-\partial_2)(1-\partial_3)\partial_4 \\ a_8 = \partial_1(1-\partial_2)(1-\partial_3)(1-\partial_4) \\ a_9 = (1-\partial_1)\partial_2\partial_3\partial_4 \\ a_{10} = (1-\partial_1)\partial_2\partial_3(1-\partial_4) \\ a_{11} = (1-\partial_1)\partial_2(1-\partial_3)\partial_4 \\ a_{12} = (1-\partial_1)\partial_2(1-\partial_3)(1-\partial_4) \\ a_{13} = (1-\partial_1)(1-\partial_2)\partial_3\partial_4 \\ a_{14} = (1-\partial_1)(1-\partial_2)\partial_3(1-\partial_4) \\ a_{15} = (1-\partial_1)(1-\partial_2)(1-\partial_3)\partial_4 \\ a_{16} = (1-\partial_1)(1-\partial_2)(1-\partial_3)(1-\partial_4) \end{cases} \quad (5.8)$$

且有

$$\sum_{i=1}^{16} a_i = 1 \quad (5.9)$$

将该系统在开始工作时按 4 种状态组合处理，则其可用性向量为

$$\boldsymbol{A} = (e_1, e_2, e_3, e_4) \quad (5.10)$$

式中，$e_1 = a_1$，$e_2 = a_2$，$e_3 = a_3$，$e_1 = 1 - e_1 - e_2 - e_3$。

设末端防御武器系统各分系统的 MTBF 和 MTTR 如表 5.9 所示。

表 5.9 末端防御武器系统 MTBF 与 MTTR 参数

参数\分系统	雷达分系统	指控分系统	导弹分系统	火炮分系统
MTBF	100	120	200	160
MTTR	3	4	5	6

按 4 种状态组合进行处理，根据式 (5.8)~式 (5.10) 可得该武器系统的可用性向量满足下式：

$$\begin{cases} \partial_1 = \dfrac{100}{100+3} = 0.9709 \\ \partial_2 = \dfrac{120}{120+4} = 0.9677 \\ \partial_3 = \dfrac{200}{200+5} = 0.9756 \\ \partial_4 = \dfrac{160}{160+6} = 0.9639 \end{cases} \quad (5.11)$$

$$\begin{cases} e_1 = a_1 = \partial_1\partial_2\partial_3\partial_4 = 0.9709 \times 0.9677 \times 0.9756 \times 0.9639 = 0.8835 \\ e_2 = a_2 = \partial_1\partial_2\partial_3(1-\partial_4) = 0.9709 \times 0.9677 \times 0.9756 \times (1-0.9639) = 0.0330 \\ e_3 = a_3 = \partial_1\partial_2(1-\partial_3)\partial_4 = 0.9709 \times 0.9677 \times (1-0.9756) \times 0.9639 = 0.0220 \\ e_4 = 1 - e_1 - e_2 - e_3 = 0.0615 \end{cases}$$
$$(5.12)$$

$$A = (e_1, e_2, e_3, e_4) = (0.8835, 0.0330, 0.0220, 0.0615) \quad (5.13)$$

5.4.2 末端防御武器系统可信赖性分析

5.3.1 节获得的末端防御武器系统的可用性向量 A 反映了该武器系统在开始工作时处于各可能状态的概率,但是工作开始后,系统还必须继续工作一段时间。由于武器系统都由电子元器件组成,根据工程实际,现假设武器各分系统工作时间段内满足下列条件:

(1) 各分系统的故障出现及修理时间分别服从参数为 λ 和 u 的指数分布。
(2) 部件故障修复前后,其故障出现概率分布与新部件相同。
(3) 在 Δt 时间内系统中只能有一个分系统出故障或一个分系统被修复。
根据式 (5.7) 及表 5.9,各分系统的 λ_i 和 u_i 参数如表 5.10 所示。

表 5.10 末端防御武器系统故障率与修复率参数

参数	雷达分系统	指控分系统	导弹分系统	火炮分系统
故障率 λ_i	0.01	0.0083	0.005	0.006
修复率 u_i	0.3333	0.25	0.25	0.1667

根据该系统可能出现的 4 种状态组合,可得其状态空间图如图 5.5 所示。状态转移概率矩阵 P 为

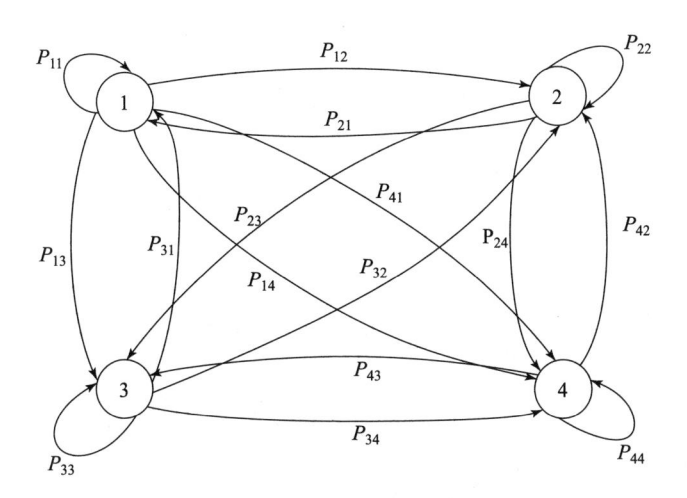

图 5.5　系统状态空间图

$$P = \begin{bmatrix} (1-\lambda_1-\lambda_2-\lambda_3-\lambda_4) & \lambda_4 & \lambda_3 & \lambda_1+\lambda_2 \\ \mu_4 & (1-\mu_4-\lambda_1-\lambda_2-\lambda_3) & 0 & \lambda_1+\lambda_2+\lambda_3 \\ \mu_3 & 0 & (1-\mu_3-\lambda_1-\lambda_2-\lambda_4) & \lambda_1+\lambda_2+\lambda_4 \\ \mu_2+\mu_1 & \mu_1+\mu_2+\mu_3 & \mu_1+\mu_2+\mu_4 & (1-3\mu_1-3\mu_2-\mu_3-\mu_4) \end{bmatrix}$$

(5.14)

可信度矩阵为

$$D = \begin{bmatrix} d_{11} & d_{12} & d_{13} & d_{14} \\ d_{21} & d_{22} & d_{23} & d_{24} \\ d_{31} & d_{32} & d_{33} & d_{34} \\ d_{41} & d_{42} & d_{43} & d_{44} \end{bmatrix}$$

(5.15)

记系统在 t 时刻处于各状态的概率为

$$p_1(t) = p(x(t)=1); p_2(t) = p(x(t)=2); \cdots; p_n(t) = p(x(t)=n)$$

(5.16)

系统在 t 时刻由初始状态 i 转移到状态 j 的概率为 $p_{ij}(t)$，可得状态方程如下：

$$\frac{\mathrm{d}\boldsymbol{p}}{\mathrm{d}\boldsymbol{t}} = \boldsymbol{U}P(t) \tag{5.17}$$

式中，

$$\boldsymbol{U} = \boldsymbol{P}^\mathrm{T} - \boldsymbol{I} \tag{5.18}$$

$\boldsymbol{P}^\mathrm{T}$ 为矩阵 $\boldsymbol{P}$ 的转置，$\boldsymbol{I}$ 是与 $\boldsymbol{P}^\mathrm{T}$ 同阶的单位矩阵。

假设武器系统在工作期间不可修复，则有

$$\mu_1 = \mu_2 = \mu_3 = \mu_4 = 0 \tag{5.19}$$

$$P = \begin{bmatrix} (1-\lambda_1-\lambda_2-\lambda_3-\lambda_4) & \lambda_4 & \lambda_3 & \lambda_1+\lambda_2 \\ 0 & (1-\lambda_1-\lambda_2-\lambda_3) & 0 & \lambda_1+\lambda_2+\lambda_3 \\ 0 & 0 & (1-\lambda_1-\lambda_2-\lambda_4) & \lambda_1+\lambda_2+\lambda_4 \\ 0 & 0 & 0 & 1 \end{bmatrix}$$
$$\tag{5.20}$$

$$U = \begin{bmatrix} -\lambda_1-\lambda_2-\lambda_3-\lambda_4 & 0 & 0 & 0 \\ \lambda_4 & -\lambda_1-\lambda_2-\lambda_3 & 0 & 0 \\ \lambda_3 & 0 & -\lambda_1-\lambda_2-\lambda_4 & 0 \\ \lambda_1+\lambda_2 & \lambda_1+\lambda_2+\lambda_3 & \lambda_1+\lambda_2+\lambda_4 & 0 \end{bmatrix} \tag{5.21}$$

由状态方程 (5.17) 可得

$$\frac{\mathrm{d}}{\mathrm{d}t} \begin{pmatrix} p_1(t) \\ p_2(t) \\ p_3(t) \\ p_4(t) \end{pmatrix} = U \begin{pmatrix} p_1(t) \\ p_2(t) \\ p_3(t) \\ p_4(t) \end{pmatrix} \tag{5.22}$$

即

$$\begin{cases} \dfrac{\mathrm{d}p_1(t)}{\mathrm{d}t} = -(\lambda_1+\lambda_2+\lambda_3+\lambda_4)p_1(t) \\ \dfrac{\mathrm{d}p_2(t)}{\mathrm{d}t} = \lambda_4 p_1(t) - (\lambda_1+\lambda_2+\lambda_3)p_2(t) \\ \dfrac{\mathrm{d}p_3(t)}{\mathrm{d}t} = \lambda_3 p_1(t) - (\lambda_1+\lambda_2+\lambda_4)p_3(t) \\ \dfrac{\mathrm{d}p_4(t)}{\mathrm{d}t} = (\lambda_1+\lambda_2)p_1(t) + (\lambda_1+\lambda_2+\lambda_3)p_2(t) + (\lambda_1+\lambda_2+\lambda_4)p_3(t) \end{cases}$$
$$\tag{5.23}$$

且已知初始条件为

$$p_1(0) = \begin{pmatrix} 1 \\ 0 \\ 0 \\ 0 \end{pmatrix}; p_2(0) = \begin{pmatrix} 0 \\ 1 \\ 0 \\ 0 \end{pmatrix}; \quad p_3(0) = \begin{pmatrix} 0 \\ 0 \\ 1 \\ 0 \end{pmatrix}; p_1(0) = \begin{pmatrix} 0 \\ 0 \\ 0 \\ 1 \end{pmatrix} \tag{5.24}$$

利用式 (5.23)、式 (5.24) 求状态方程通解比较麻烦, 在 Matlab 上利用龙格-库塔法 (ode45) 求出数值解, 可得该武器系统工作 2h 后其可信度矩阵为

$$D(2) = \begin{bmatrix} 0.9431 & 0.0114 & 0.0095 & 0.0361 \\ 0 & 0.9545 & 0 & 0.0489 \\ 0 & 0 & 0.9526 & 0.0508 \\ 0 & 0 & 0 & 1 \end{bmatrix}$$

5.4.3 末端防御武器系统能力分析

能力是在已知系统状态条件下，系统完成任务的量度。末端防御武器系统要完成一次作战任务，需满足下列要求：搜索雷达必须能够发现来袭目标，并由跟踪雷达截获以实现对来袭目标的连续稳定跟踪，截获目标后必须保证武器有机会对目标实施至少一次以上的有效拦截。结合第 3 章构建的末端防御仿真模型及依据此模型仿真得到的各单项效能评估结果，定义末端防御武器系统的固有能力为完成上述搜索目标、截获目标、服务来袭目标、杀伤来袭目标的概率，则其固有能力矩阵为

$$C = \begin{bmatrix} P_d \\ P_a \\ P_f \\ P_s \end{bmatrix} \tag{5.25}$$

式中，P_d 为发现概率；P_a 为截获概率；P_f 为服务概率；P_s 为杀伤概率。

设某次作战仿真的 P_d 为 0.9，P_a 为 0.9，P_f 为 0.8，P_s 为 0.7，则根据本章构建的末端防御武器系统的总体效能评估模型，可得该武器系统工作 2h 后的总体效能为

$$\begin{aligned} E &= AD(2)C \\ &= \begin{bmatrix} 0.8835 & 0.0330 & 0.0220 & 0.0615 \end{bmatrix} \times \begin{bmatrix} 0.9431 & 0.0114 & 0.0095 & 0.0361 \\ 0 & 0.9545 & 0 & 0.0489 \\ 0 & 0 & 0.9526 & 0.0508 \\ 0 & 0 & 0 & 1 \end{bmatrix} \times \begin{bmatrix} 0.9 \\ 0.9 \\ 0.8 \\ 0.7 \end{bmatrix} \\ &= \begin{bmatrix} 0.8332 & 0.0416 & 0.0294 & 0.0346 \end{bmatrix} \times \begin{bmatrix} 0.9 \\ 0.9 \\ 0.8 \\ 0.7 \end{bmatrix} \\ &= 0.8351 \end{aligned} \tag{5.26}$$

式（5.26）所得结果即为该仿真状态下，末端防御武器系统的总体效能值。当武器系统的部署环境发生变化或武器配置发生变化时，即可通过比较总体效能

值来定量判断部署环境变化或武器配置变化对整体作战效能的影响,并及时采取相应措施提高系统作战能力。

5.5　基于排队论和马尔可夫过程的武器系统作战效能评估

5.5.1　武器系统作战效能评估方法确定及评估模型构建

5.5.1.1　作战效能评估方法确定

传统武器系统的作战效能评估研究主要基于 ADC 模型,以分析单个武器系统的作战效能[144,145]。文献 [146] 考虑了作战环境并建立了扩展 ADC 模型来分析武器系统。但是,这种效能模型通常是对武器系统"相对静态"的评估,它适用于在无敌威胁条件下完成任务的能力,它没有考虑战场态势的变化,所以与实际作战情形偏离较大。

排队论作为军事运筹领域的重要内容,近年来在解决效能评估问题方面应用越来越广泛。因此,本节针对双层防线下末端防御武器系统作战效能评估的问题,基于排队论知识,将武器系统视为服务台,来袭目标视为顾客,作战过程视为随机服务过程,建立末端防御武器系统作战效能评估模型,并用马尔可夫过程对防空作战过程的动态性进行较为切合实际的描述,使得作战效能研究结果更具有理论意义和实践价值。

5.5.1.2　基于排队论的作战效能评估模型

基本假定:

(1) 敌方出动 m 架飞机突袭我方要地。

(2) 敌方以空袭强度为 λ 的泊松流突袭末端防御武器系统及其所保卫的要地。

(3) 末端防御武器系统由 c 个末端防御火力单元组成,在同一时间内一个火力单元只能射击一个目标,对敌机的射击时间是一个随机变量,服从参数为 μ 的指数分布,则整个服务系统的评价服务率为 $c\mu$,该模型如图 5.6 所示。

末端防御武器系统在稳定状态下,可能会处于下列的某种状态:

A_0 ——没有火力单元射击,其概率为 p_0。

A_n —— 有 n 个火力单元正在射击 ($n = 1,2,\cdots,c - 1$),其概率为 p_n。

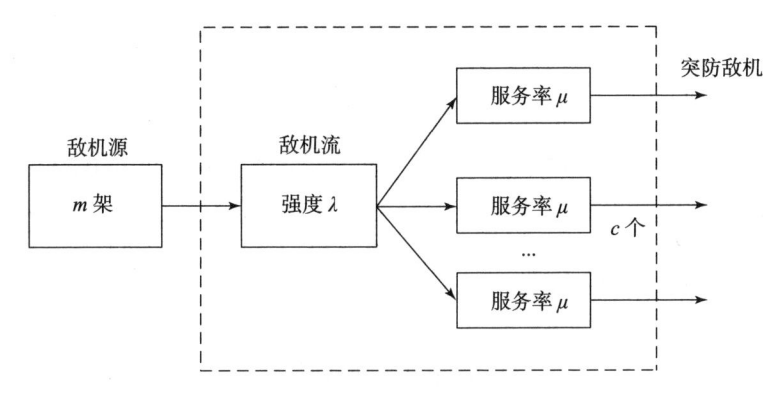

图 5.6 末端防御武器系统服务台模型

A_c——所有火力单元都在射击,其概率为 p_c。

分析武器系统作战时的状态转移过程,如图 5.7 所示。

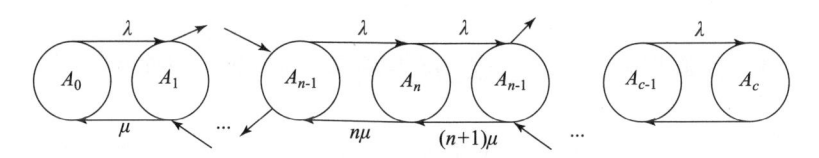

图 5.7 末端防御武器系统状态转移图

根据马尔可夫过程可得状态转移方程组[147]:

$$\begin{cases} \mu p_1 = \lambda p_0 \\ \vdots \\ (n+1)\mu p_{n+1} + \lambda p_{n-1} = (\lambda + n\mu)p_n, (1 \leqslant n \leqslant c) \quad (5.27) \\ \vdots \\ c\mu p_n = \lambda p_{n-1} \end{cases}$$

式中,$\sum_{n=0}^{c} p_n = 1$ 解得武器系统处于状态 A_n 的概率为

$$p_n = \frac{\dfrac{\rho^n}{n!}}{\sum_{n=0}^{c} \dfrac{\rho^n}{n!}} \quad (5.28)$$

式中,$\rho = \lambda/\mu$,且满足 $\lambda/c\mu < 1$。

防空系统中所有武器正在射击的概率是防空系统的一个重要指标,末端防御武器主要拦截突防目标,所以可把正在射击的概率称为目标突防(即目标通过防空区时不受射击)的概率,则有

$$p_c = \frac{\dfrac{\rho^c}{c!}}{\sum_{n=0}^{c} \dfrac{\rho^n}{n!}} \tag{5.29}$$

为了评估末端防御武器系统的作战效能,最常用的是以下几个指标[148]。

(1) 目标受到射击的概率为

$$p_{\text{served}} = 1 - p_c \tag{5.30}$$

(2) 目标被击毁的概率为

$$p_{\text{hited}} = p_{\text{served}} p \tag{5.31}$$

式中,p 为目标受到射击。条件下被击毁的概率。

(3) 被击毁的目标数的数学期望为

$$M_{\text{hited}} = m p_{\text{hited}} \tag{5.32}$$

(4) 突防目标数的数学期望为

$$M_{\text{flee}} = m(1 - p_{\text{hited}}) \tag{5.33}$$

5.5.2 末端防御武器双线配置情况下的作战效能评估

第 4 章以武器系统的静态部署为前提,研究了末端防御武器的作战部署方案。本节在第 4 章的基础上,对末端防御武器双线配置方案的作战效能进行动态评估,验证第 4 章得出的优化部署方案是否合理。

5.5.2.1 基本假设

根据第 4 章研究可知,末端防御武器系统采取双层防线配置时,各道防线上配置相同型号、不同数量的火力单元。第一道防线上的火力单元数 n_1,第二道防线上的火力单元数 n_2。对来袭目标、武器系统火力单元的服务能力以及目标在杀伤区的停留时间作如下假设。

(1) 来袭目标以泊松流的方式从各个方向突袭被防御系统保卫的要地。

(2) 火力单元采用"射—看—射"火力原则,即根据火力单元一次射击效果判断下一次是否需要继续对该目标进行射击。如果火力单元毁歼了目标,就马上停止射击;如果火力单元未能毁歼目标,就继续射击该目标,直到目标被毁歼或飞出火力单元的杀伤区。设该过程中一个火力单元对一个目标的毁歼概率为 Q。

(3) 来袭目标在杀伤区停留时间与火力单元射击所需时间大致相等,当一个目标进入火力区时,立即受到某个火力单元的射击;当所有火力单元都在射击时,后到的敌机就会突破防线。

（4）末端防御武器主要拦截的是巡航导弹、武器平台等突防目标，不考虑来袭目标与防线上火力单元对抗。

（5）来袭目标必须经过第一道防线才有可能进入第二道防线。

末端防御武器系统双层防线配置时防空模型如图 5.8 所示。

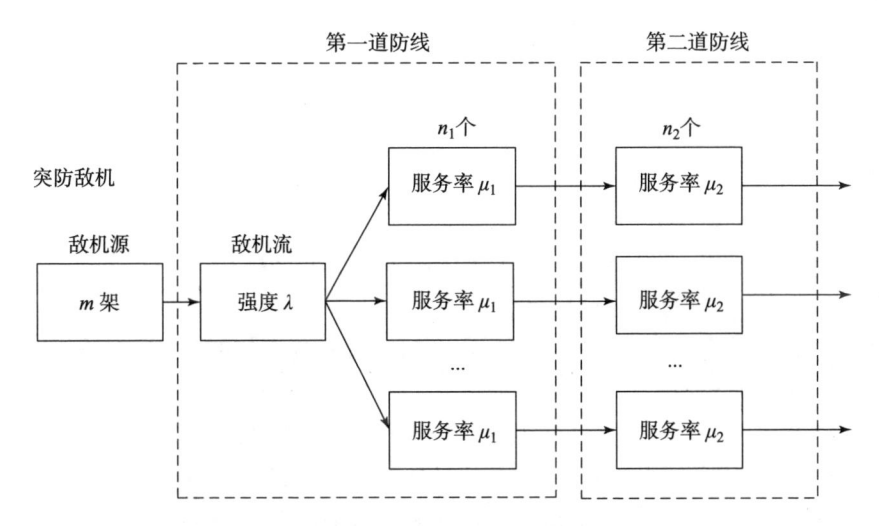

图 5.8 末端防御武器系统双层防线配置的防空模型

由以上假设分析可知，在 Δt 时间内：

（1）出现一个目标的概率：$1 - e^{-\lambda \Delta t} = \lambda \Delta t + 0(\Delta t)$。

（2）没有出现目标的概率：$e^{-\lambda \Delta t} = 1 - \lambda \Delta t + 0(\Delta t)$。

（3）出现两个以上目标的概率：$0(\Delta t)$。

（4）一个火力单元结束对目标服务的概率：$1 - e^{-\mu \Delta t} = \mu \Delta t + 0(\Delta t)$。

（5）$n(n \geqslant 1)$ 个火力单元正在对目标服务的概率：$(e^{-\mu \Delta t})^n = 1 - n\mu \Delta t + 0(\Delta t)$。

（6）两个以上火力单元同时结束对目标服务的概率：$0(\Delta t)$。

（7）某道防线上有火力单元结束对目标服务时，刚好有新目标到来的概率：$0(\Delta t)$。

5.5.2.2 状态分析

将 t 时刻末端防御武器系统中各道防线上火力单元的工作状态视为随机过程，分析基本假设可知，每道防线上火力单元可能处于的状态包括：

（1）$f_0(t)$ ——防线上所有的火力单元都不工作。

（2）$f_{k_m}(t)$ ——防线上有 k_m 个火力单元正在工作（$k_m = 1, 2, \cdots, n_m - 1$），$n_m$

为某一道防线上的所有火力单元数，$m = 1,2$，分别表示第一道防线、第二道防线。

(3) $f_{n_m}(t)$ ——防线上所有火力单元都在工作。

因此，t 时刻末端防御火力单元可能存在 3×3 种工作状态，状态组合数可表示如下：

$$f\begin{pmatrix} 0 \\ k_1 \\ n_1 \end{pmatrix} \times \begin{pmatrix} 0 \\ k_2 \\ n_2 \end{pmatrix}(t) \tag{5.34}$$

式中，$k_1 = 1, 2, \cdots, n_1 - 1$；$k_2 = 1, 2, \cdots, n_2 - 1$，$n_1$、$n_2$ 分别是第一道防线、第二道防线上的火力单元数。

由式（5.8）可知，9 种状态分别是 $f_{00}(t)$、$f_{0k_2}(t)$、$f_{0n_2}(t)$、$f_{k_10}(t)$、$f_{k_1k_2}(t)$、$f_{k_1n_2}(t)$、$f_{n_10}(t)$、$f_{n_1k_2}(t)$、$f_{n_1n_2}(t)$。

$f_{k_1k_2}(t)$ 表示为该系统中第一道防线、第二道防线上分别有 k_1、k_2 个火力单元在工作，其余状态的定义类似。

t 时刻系统处于上述各状态的概率用 $p_{ij}(t)$ $(i = 0,1,2,\cdots,n_1; j = 1,2,\cdots,n_2)$ 表示；Q_1、Q_2 分别为第一道防线、第二道防线上火力单元对目标的毁伤概率；第一道防线、第二道防线上火力单元对目标的服务强度分别为 μ_1、μ_2。

分析前面的假设可知，在 $(t,t + t)$ 时间内，只有以下 4 个事件的概率为 Δt 的一阶函数：①只出现一个新目标；②不出现新目标；③一个火力单元结束对目标服务；④所有火力单元均未结束对目标的服务。当 $\Delta t \to 0$ 时，其他 3 个发生概率为 $0(\Delta t)$ 的事件忽略不计。

假设系统由 t 时刻转移到 $t + \Delta t$ 时刻后，系统处于 $f_{k_1k_2}(t + \Delta t)$ 状态，此时状态的概率为 $p_{k_1k_2}(t + t)$。这一状态最多可能由 9 个不同的时刻状态经过 $t + \Delta t$ 时刻后转移而来，状态转移过程表示如下：

$$f\begin{pmatrix} k_1 - 1 \\ k_1 \\ k_1 + 1 \end{pmatrix} \times \begin{pmatrix} k_2 - 1 \\ k_2 \\ k_2 + 1 \end{pmatrix}(t) \to f_{k_1k_2}(t + \Delta t) \tag{5.35}$$

同理，剩余的 8 种状态也是由 9 个不同的时刻状态经过 $t + \Delta t$ 时刻后转移而来，所以系统由 t 时刻转移到 $t + \Delta t$ 时刻后，系统共有 81 种可能存在的状态。

现以系统由 t 时刻转移到 $t + \Delta t$ 时刻后处于 $f_{k_1k_2}(t + \Delta t)$ 状态时为例，将系统的状态转移过程分析如下。

(1) $f_{k_1-1k_2-1}(t) \to f_{k_1k_2}(t + \Delta t)$：由基本假设可知，要发生该事件，第一道防线有一个火力单元结束服务，同时第一道防线出现一个新目标，从而维持第一道防线正在工作的火力单元数 k_1 不变；此外，在 Δt 时间内有一个目标经过第一道防线时未被击毁，并进入第二道防线，刚好第二道防线有一个火力单元结束服务，对于这种情况，由假设可知，发生的概率为 $0(\Delta t)$。所以，这种状态转移过程发生的概率为 $0(\Delta t)$。

(2) $f_{k_1-1k_2}(t) \to f_{k_1k_2}(t+\Delta t)$：$t$ 时刻系统处于状态 $f_{k_1-1k_2}(t)$，在 Δt 时间内，到来一个新目标，没有一个火力单元结束对正在射击目标的服务，该事件发生的概率为

$$p_{k_1-1k_2}(t)(1-e^{-\lambda \Delta t})(e^{-\mu_1 \Delta t})^{k_1-1}(e^{-\mu_2 \Delta t})^{k_2} = p_{k_1-1k_2}(t)\lambda \Delta t + 0(\Delta t) \quad (5.36)$$

(3) $f_{k_1-1k_2+1}(t) \to f_{k_1k_2}(t+\Delta t)$：在 Δt 时间内出现一个新目标，并有一个目标从第一道防线突防进入第二道防线，没有一个火力单元结束对正在射击目标的服务，该事件发生的概率为 $0(\Delta t)$。

(4) $f_{k_1k_2-1}(t) \to f_{k_1k_2}(t+\Delta t)$：这种状态转移过程和情况（1）一样，所以该事件发生的概率为 $0(\Delta t)$。

(5) $f_{k_1k_2}(t) \to f_{k_1k_2}(t+\Delta t)$：$t$ 时刻系统处于状态 $f_{k_1k_2}(t)$，在 Δt 时间内没有新目标到来，也没有一个火力单元结束对正在射击目标的服务。该事件发生的概率为

$$p_{k_1k_2}(t)e^{-\lambda \Delta t}(e^{-\mu_1 \Delta t})^{k_1}(e^{-\mu_2 \Delta t})^{k_2} = p_{k_1k_2}(t)[1-(\lambda+k_1\mu_1+k_2\mu_2)\Delta t]+0(\Delta t)$$

$$(5.37)$$

(6) $f_{k_1k_2+1}(t) \to f_{k_1k_2}(t+\Delta t)$：在 Δt 时间内防线上没有新目标到来，第一道防线上所有正在射击的火力单元均未结束对原目标的服务；同时，第二道防线上有一个火力单元结束对目标的服务。该事件发生的概率为

$$p_{k_1k_2+1}(t)e^{-\lambda \Delta t}(e^{-\mu_1 \Delta t})^{k_1}C_{k_2+1}^{1}(1-e^{-\mu_2 \Delta t})(e^{-\mu_2 \Delta t})^{k_2}$$
$$= p_{k_1k_2+1}(t)(k_2+1)\mu_2 \Delta t + 0(\Delta t) \quad (5.38)$$

(7) $f_{k_1+k_2-1}(t) \to f_{k_1k_2}(t+\Delta t)$：在 Δt 时间内没有新目标到来，第一道防线上有一个火力单元结束对目标的服务，但目标未被毁歼，导致目标进入了第二道防线，第二道防线上所有正在射击的火力单元都未结束对原目标的服务。该事件发生的概率为

$$p_{k_1+1k_2-1}(t)e^{-\lambda \Delta t}C_{k_1+1}^{1}(1-e^{-\mu_1 \Delta t})^{k_1}(1-Q_1)(e^{-\mu_1 \Delta t})^{k_1}(e^{-\mu_2 \Delta t})^{k_2-1}$$
$$= p_{k_1+1k_2-1}(t)(k_1+1)\mu_1(1-Q_1)\Delta t + 0(\Delta t) \quad (5.39)$$

(8) $f_{k_1+1k_2}(t) \to f_{k_1k_2}(t+\Delta t)$：在 Δt 时间内无新目标出现，第一道防线上有一个火力单元击毁目标后停止服务，第二道防线上所有正在射击的火力单元都未结束对原目标的服务。该事件发生的概率为

$$p_{k_1+1k_2}(t)e^{-\lambda \Delta t}C_{k_1+1}^{1}(1-e^{-\mu_1 \Delta t})Q_1(e^{-\mu_1 \Delta t})^{k_1}(e^{-\mu_2 \Delta t})^{k_2}$$
$$= p_{k_1+1k_2}(t)(k_1+1)\mu_1 Q_1 \Delta t + 0(\Delta t) \quad (5.40)$$

(9) $f_{k_1+1k_2+1}(t) \to f_{k_1k_2}(t+\Delta t)$：在 Δt 时间内无新目标出现，第一道防线上有

一个火力单元停止服务；同时，第二道防线上也有一个火力单元结束对目标的服务。该事件发生的概率为 $0(\Delta t)$。

综上，有

$$p_{k_1k_2}(t) = p_{k_1-1k_2}(t)\lambda\Delta t + p_{k_1k_2}(t)[1-(\lambda+k_1\mu_1+k_2\mu_2)\Delta t] + \\ p_{k_1k_2+1}(t)(k_2+1)\mu_2\Delta t + p_{k_1+1k_2-1}(t) \\ (k_1+1)\mu_1(1-Q_1)\Delta t + p_{k_1+1k_2}(t)(k_1+1)\mu_1Q_1\Delta t + 0(\Delta t)$$

(5.41)

则

$$\dot{p}_{k_1k_2}(t) = \lim_{\Delta t\to 0}\frac{p_{k_1k_2}(t+\Delta t)-p_{k_1k_2}(t)}{\Delta t} \\ = -(\lambda+k_1\mu_1+k_2\mu_2)p_{k_1k_2}(t)+\lambda p_{k_1-1k_2}(t) \\ + p_{k_1k_2+1}(t) \\ (k_2+1)\mu_2 + p_{k_1+1k_2-1}(t)(k_1+1)\mu_1(1-Q_1) \\ + p_{k_1+1k_2}(t) \\ (k_1+1)\mu_1Q_1$$

(5.42)

当 $t\to\infty$ 时，$\dot{p}_{k_1k_2}(t)=0$，$p_{k_1k_2}(t)=p_{k_1k_2}$，则式(5.42)可化简为

$$(\lambda+k_1\mu_1+k_2\mu_2)p_{k_1k_2}(t) = \lambda p_{k_1-1k_2}(t)+p_{k_1k_2+1}(t)(k_2+1)\mu_2 + \\ p_{k_1+1k_2-1}(t)(k_1+1)\mu_1(1-Q_1)+p_{k_1+1k_2}(t)(k_1+1)\mu_1Q_1$$

(5.43)

同理，可分析系统处于其他 8 种状态下的概率。

当 $t\to\infty$，$\Delta t\to 0$，双防线末端防御武器系统的稳态方程组为

$$\begin{cases} \lambda p_{00} = \mu_1Q_1p_{10}+\mu_2p_{01} \\ (\lambda+k_2\mu_2)p_{0k_2} = \mu_1Q_1p_{1k_2}+\mu_1(1-Q_1)p_{1k_2-1}+(k_2+1)\mu_2p_{0k_2+1} \\ (\lambda+n_2\mu_2)p_{0n_2} = \mu_1p_{1n_2}+\mu_1(1-Q_1)p_{1n_2-1} \\ (\lambda+k_1\mu_1)p_{k_10} = \lambda p_{k_1-10}+(k_1+1)\mu_1Q_1p_{k_1+10}+\mu_2p_{k_11} \\ (\lambda+k_1\mu_1+k_2\mu_2)p_{k_1k_2} = \lambda p_{k_1-1k_2}+p_{k_1k_2+1}(k_2+1)\mu_2 + \\ \quad p_{k_1+1k_2-1}(k_1+1)\mu_1(1-Q_1)+p_{k_1+1k_2}(k_1+1)\mu_1Q_1 \\ (\lambda+k_1\mu_1+n_2\mu_2)p_{k_1n_2} = \lambda p_{k_1-1n_2}+p_{k_1+1n_2}(k_1+1)\mu_1 + \\ \quad p_{k_1+1n_2-1}(k_1+1)\mu_1(1-Q_1) \\ (\lambda+n_1\mu_1)p_{n_10} = \lambda p_{n_1-10}+\mu_2p_{n_11} \\ (\lambda+n_1\mu_1+k_2\mu_2)p_{n_1k_2} = \lambda p_{n_1-1k_2}+\lambda p_{n_1k_2-1}+(k_2+1)\mu_2p_{n_1k_2+1} \\ (n_1\mu_1+n_2\mu_2)p_{n_1n_2} = \lambda p_{n_1n_2-1}+\lambda p_{n_1-1n_2} \end{cases}$$

(5.44)

式中，$\sum_{j=0}^{n_2}\sum_{i=0}^{n_1} p_{ij} = 1, k_1 = 1,2,\cdots,n_1-1; k_2 = 1,2,\cdots,n_2-1$。

由方程组（5.44）可解得

$$p_{ij} = f_{ij}(\lambda,\mu_1,\mu_2,Q_1,n_1,n_2)p_{00}, i = 0,1,2,\cdots,n_1; j = 0,1,2,\cdots,n_2 \quad (5.45)$$

式中，

$$p_{00} = \frac{1}{\sum_{j=0}^{n_2}\sum_{i=0}^{n_1} f_{ij}(\lambda,\mu_1,\mu_2,Q_1,n_1,n_2)}$$

当 $n_1 = n_2 = 1$ 时，系统简化为各道防线上只有一个火力单元的情况。突防概率为

$$p_{n_1 n_2} = \frac{\lambda^2[\lambda + \mu_2 + \mu_1(1-Q_1)]}{(\lambda+\mu_1)[\mu_1\mu_2 + \lambda\mu_1(1-Q_1) + (\lambda+\mu_2)^2]} \quad (5.46)$$

当 $\mu_1 = \mu_2 = \mu, Q_1 = 1$ 时，系统简化为由同类武器组成且武器对目标毁伤概率为1的两道防线防御系统的情况，此时来袭目标的突防概率为

$$p_{n_1 n_2} = \frac{\dfrac{(\lambda/\mu)^{n_1+n_2}}{(n_1+n_2)!}}{\sum_{k=0}^{n_1+n_2}\dfrac{(\lambda/\mu)^k}{k!}} \quad (5.47)$$

当 $n_1 \neq n_2, \mu_1 \neq \mu_2, Q_1 = 1$ 时，系统简化为由同类武器组成，各道防线上配置火力单元数不同，武器对目标毁伤概率为1的防御系统情况，由式（5.45）~式（5.47）推导出此时来袭目标的突防概率为

$$p_{n_1 n_2} = \frac{\lambda^{n_1+n_2}}{(n_1+n_2)!(\lambda\mu^{n_1+n_2} + \mu^{n_1+n_2+1}) + \dfrac{(n_1+n_2)!}{2}\lambda^2\mu^{n_1+n_2-1} +} \longrightarrow$$

$$\longleftarrow \frac{[\lambda + \mu_2 + \mu_1(1-Q_1)]}{\dfrac{(n_1+n_2)!}{3\times 2}\lambda^3\mu^{n_1+n_2-2} + \cdots + \dfrac{(n_1+n_2)!}{(n_1+n_2-1)!}\lambda^{n_1+n_2-1}\mu^2 + (\lambda+\mu_2)^{n_1+n_2}\mu}$$

(5.48)

设目标突防事件的概率为 p_t，存在以下情况可能造成目标突防：

（1）没有火力单元对目标服务，目标经过第一道、第二道防线时，每道防线上火力单元都在工作，没有空闲火力单元对新目标服务。

（2）目标只受到第一道防线上的火力单元服务，但未被击毁。

（3）目标只受到第二道防线上的火力单元服务，但未被击毁。

（4）目标受到两道防线上的火力单元服务，但未被击毁。

因此，目标突防概率 p_t 由上面4种情况组成：

$$p_t = p_{n_1 n_2} + \left(\sum_{i=1}^{n_1-1} p_{i n_2}\right)(1-Q) + \left(\sum_{j=0}^{n_2-1} p_{n_1 j}\right)(1-Q) + \left(\sum_{j=0}^{n_2-1}\sum_{i=0}^{n_1-1} p_{ij}\right)(1-Q)^2 \tag{5.49}$$

只要由方程组（5.44）解算出 p_{ij}，就可以由式（5.49）得到双线配置末端防御武器系统的突防概率。

5.5.2.3 算例分析

蓝方基本情况：蓝方的空袭兵器主要是 F-16 战斗机和 BGM-109 巡航导弹，采用低空突防、饱和式攻击相结合的战术突袭我导弹要地。F-16 战斗机飞行速度为 400m/s，巡航导弹的速度为 300m/s。敌方目标可能从多个方向对我保卫要地实施空袭。

红方基本情况：接上级情报部门通报，按照第 4 章研究所得的双层防线配置方案，在敌方准备空袭的要地部署末端防御武器系统，武器系统对两类目标的火力拦截空域如表 5.11 所示。

表 5.11 杀伤空域参数表

参数	F-16 战斗机	BGM-109 巡航导弹
速度/(m·s^{-1})	400	300
远界/km	18	10
近界/km	0.3	0.3

（1）各道防线服务率 μ 不同时的作战效能。若来袭目标流强度 $\lambda = 2$ 架/min，来袭目标总数为 $m=6$ 架，各道防线上的火力单元对目标的击毁率为 $Q=1$，但各道防线服务率 μ 不同，评估此时武器系统的作战效能。通过 MATLAB 编程计算出评估武器系统作战效能的各项指标值，如表 5.12 所示。

表 5.12 不同服务率 μ 的武器系统作战效能评估结果

指标	配置方式一 $\mu_1=4; \mu_2=2$	配置方式二 $\mu_1=2; \mu_2=4$
突防概率 p_c	0.127	0.111
突防目标期望数 M_{flee}	0.822	0.666
击毁概率 p_{hited}	0.863	0.889
击毁目标期望数 M_{hited}	5.178	5.334

由表 5.12 可知，各道防线上火力单元的服务率会影响目标的突防概率，第一种配置方式下的目标突防概率大于第二种配置方式，而击毁概率小于第二种配置方式下的击毁概率。因此，采用第一种配置方式时的作战效能比第二种配置方式时要低。对于同型号的防空武器，为了提高作战效能，既要减小来袭目标的突防概率，同时又要增大系统对目标的击毁概率，可以将服务率高的防线部署在后面；此外，还应预判来袭目标的主攻方向，最终形成"外扇内环"的部署形式。

（2）不同目标来袭强度下的武器系统作战效能评估。当目标的来袭强度未知时，末端防御武器系统按照双线配置形式进行要地防御作战，各道防线上的火力单元对目标的击毁率为 $Q = 1$，评估此时武器系统的作战效能，根据式（5.48），通过 MATLAB 编程计算出评估武器系统作战效能的目标突防概率 p_t，如表 5.13 所示。图 5.9 给出了突防概率 p_t 随目标来袭强度 λ 的变化曲线。

由表 5.13 可知，突防概率 p_t 随 μ_1、μ_2 的增大而减小；突防概率 p_t 随 μ_1 的增大而减少的程度大于随 μ_2 的增大而减小的程度，所以对于要地末端防御来说，除了采取优化的部署方案外，还可以考虑使用高效的不同型号的末端防御武器，并将其部署在防线的前沿位置，提高武器系统的作战效能。

表 5.13 不同目标流 λ 下的突防概率 p_t 计算结果

目标流	配置方式一 $\mu_1 = 2;$ $\mu_2 = 2$	配置方式二 $\mu_1 = 2;$ $\mu_2 = 3$	配置方式三 $\mu_1 = 2;$ $\mu_2 = 4$	配置方式四 $\mu_1 = 3;$ $\mu_2 = 4$	配置方式五 $\mu_1 = 3;$ $\mu_2 = 5$
2	0.018	0.006	0.001	4.156e−5	8.202e−7
4	0.111	0.212	0.016	0.000 778	0.000 125
8	0.323	0.446	0.122	0.012	0.002 1
16	0.577	0.514	0.302	0.025	0.064 1
32	0.668	0.652	0.441	0.351	0.131

由图 5.9 可知，对任意一种配置形式而言，来袭目标突防概率 p_t 随目标流的强度 λ 增大而增大，配置方式一和配置方式二下目标突防概率 p_t 增长斜率明显快于其他 3 种形式，所以可以通过适当增加各层防线上火力单元的数量，来提高武器系统作战效能。

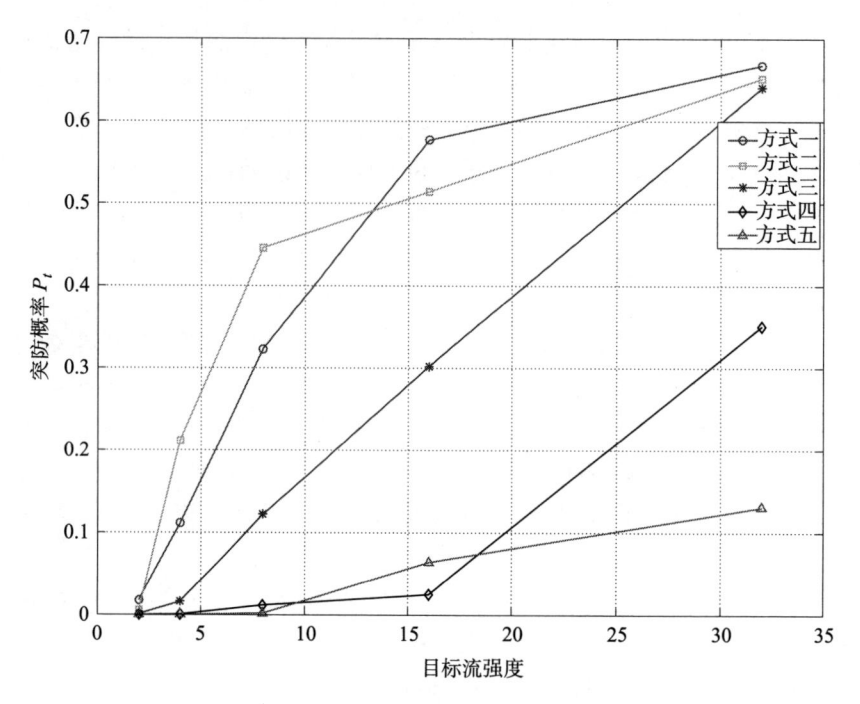

图 5.9　p_t 随 λ 变化曲线图

第6章
末端防御武器系统仿真平台设计与实现

末端防御武器系统作战仿真需完成对整个作战过程的全流程仿真，为了使作战仿真更加贴近实战，在对武器系统建模仿真的基础上进行仿真平台设计，按照自上而下的设计思路构建体系结构，分析仿真节点要求，建立要地末端防御武器系统仿真平台[149]。

6.1 仿真平台体系结构

构建一个完整的末端防御武器系统仿真平台，需要确立其使用任务和工作用途，设计符合要求的体系结构。为了真实反映末端防御武器系统的作战流程和作战性能，仿真平台采用分布式体系结构和面向对象分析与设计的方法，分析各组成部分的结构、组成部分与系统环境之间的关系以及整体的构建原则等，最终确立如图6.1所示的武器系统作战仿真平台体系结构。

仿真平台为武器系统的每个分系统都建立一个仿真节点，除了必要的数据通信外，各节点完全独立运行，保证了仿真过程的同步性和真实性，仿真节点间采用以太网互联，各仿真节点设置如图6.2所示，除了必要的武器系统仿真节点外还预留有足够的节点接口，方便整个平台的后期维护和添加新的仿真节点。此外，还为系统设计了监控分析仿真节点，主要完成对仿真系统动态配置和管理，实时记录仿真过程数据，并提供仿真结果评估报告。仿真平台开发使用微软的

Visual C++6.0，充分利用丰富的 MFC（Microsoft Foundation Classes，MFC）类库来提高开发系统软件的效率，建立友好的图形界面，用户只需在图形界面进行简单的操作就可以完成对整个系统的操作与控制。

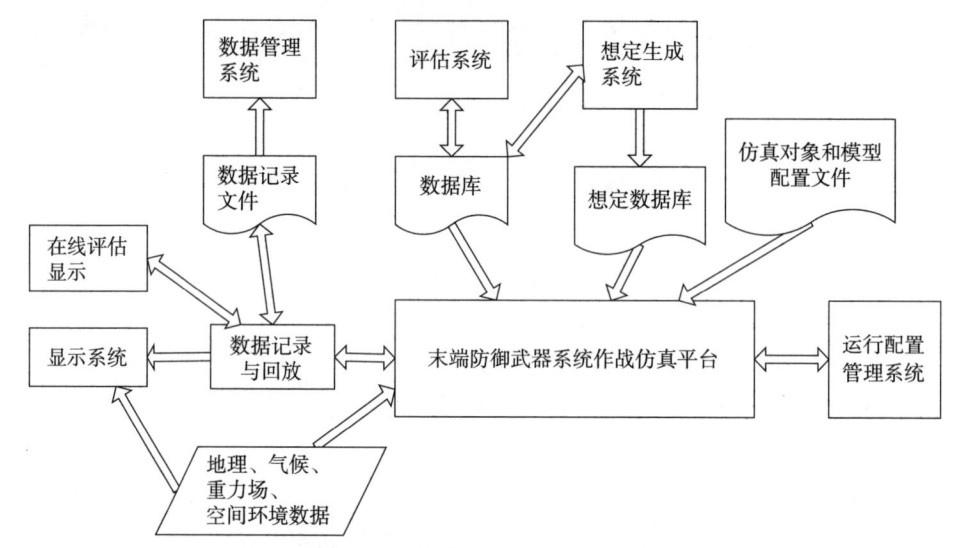

图 6.1　作战仿真平台体系结构框图

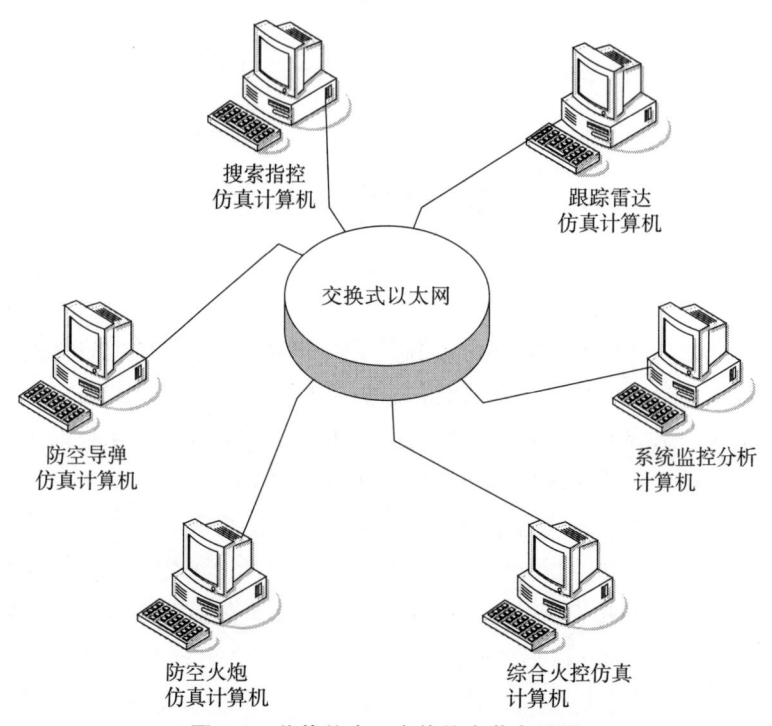

图 6.2　作战仿真平台体仿真节点设置

6.2 仿真节点配置

6.2.1 仿真节点的动态配置

为提高作战仿真平台的灵活性，简化用户操作，作战仿真平台中的仿真节点功能并没有固化，在仿真开始前用户可以在监控分析节点计算机设置每个仿真节点的具体功能。作战仿真平台动态配置流程如图 6.3 所示。

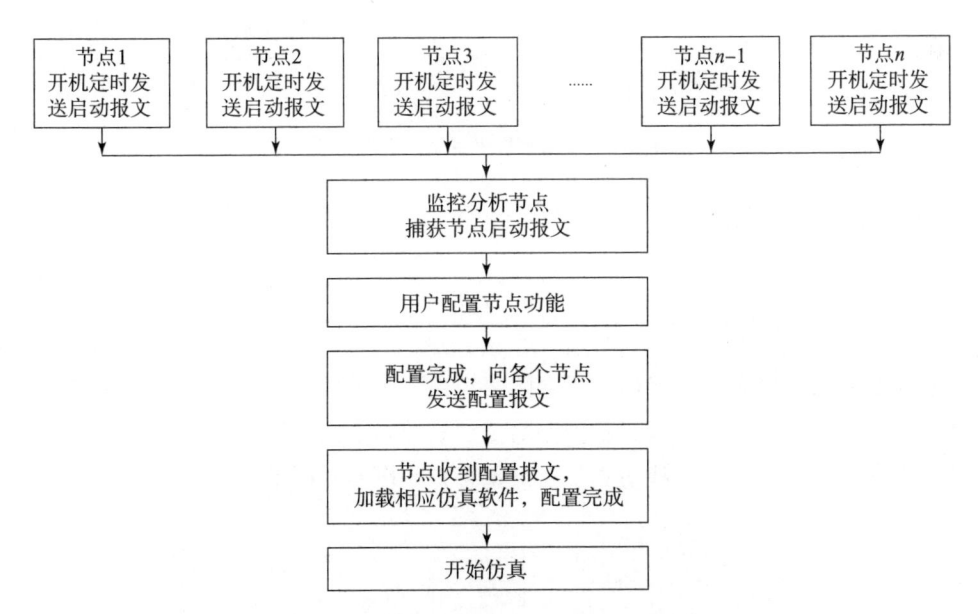

图 6.3 作战仿真平台动态配置流程框图

监控分析软件采用客户机/服务器模式，服务器软件运行于监控分析节点，客户机软件运行于各个仿真节点。仿真平台开机运行之后各仿真节点向监控分析节点发送启动报文，用户通过监控分析节点按照想定的武器配置方案为每个仿真节点配置不同的仿真武器；配置完成后向各个节点发送配置报文，各个节点根据配置报文加载相应的仿真程序；仿真过程中，系统监控分析软件实时捕获各节点发送的数据包；仿真结束后监控分析软件对仿真结果进行统计分析，并生成统计报告，以便用户进行分析，从而完成仿真节点的配置。仿真平台工作流程如图 6.4 所示，动态配置仿真节点的方法可以为作战仿真平台提供较大的灵活性和可扩展性。

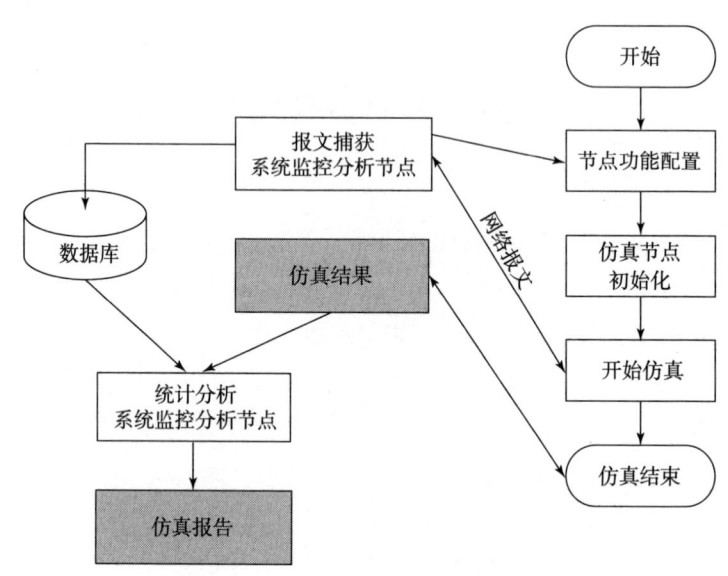

图6.4　作战仿真平台工作流程框图

6.2.2　接口要求

6.2.2.1　外部接口

末端防御武器系统作战仿真平台除了可以作为独立系统运行之外，而且能够接收上层指控系统的目指信息和控制命令，从而与上层系统和同级其他系统组成完整的防御仿真系统。作战仿真平台外部接口如图6.5所示。

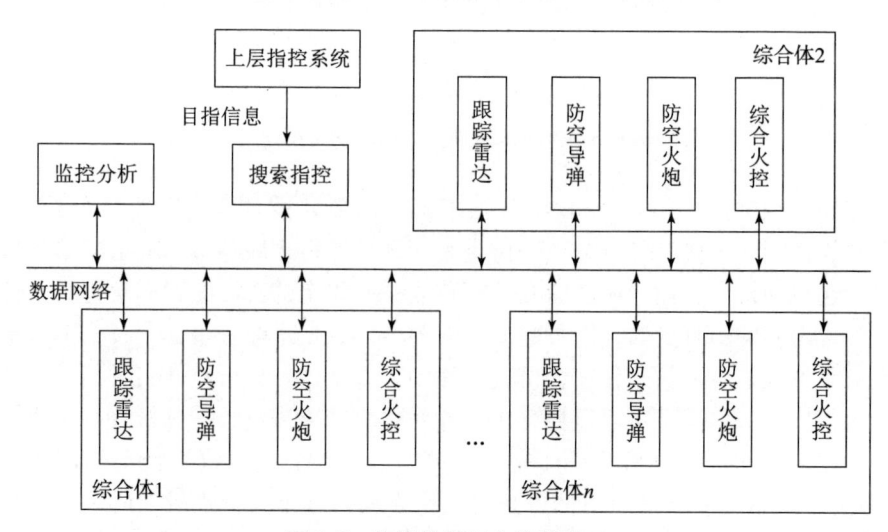

图6.5　作战仿真平台外部接口

当作战仿真平台作为子系统运行时，除搜索/指控仿真节点接收国土防空信息链提供的目标指示外，其工作流程和独立运行时基本相同，从而可以有效简化系统设计，提高作战仿真平台的扩展性和适应性。

6.2.2.2　内部接口

作战仿真平台中的各个仿真节点以及系统监控分析软件都是通过以太网连接起来的，网络通信协议采用 UDP 数据传输协议。如图 6.6 所示，两个节点之间的信息传递由各节点中的报文发送和报文接收线程完成，发送和接收线程相互独立，提高通信的实时性。

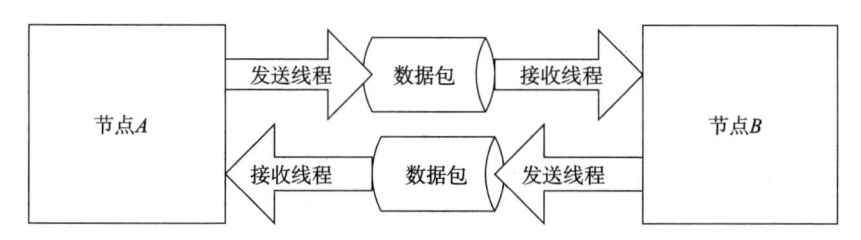

图6.6　节点间信息传递总体结构示意图

各个节点中的报文接收线程在没有报文到达时处于阻塞状态，这样可以有效提高 CPU 利用率，一旦有报文到达，线程开始执行，将报文复制到报文接收缓冲区中，同时向主线程发送消息，通知主线程开始对报文进行处理。

作战仿真平台中各个仿真节点之间接口相对简单，在确定网络报文通信协议之后，各个仿真节点的开发设计相对独立，可以作为子系统进行设计。作战仿真平台内部接口示意图如图 6.7 所示，仿真节点之间通过网络接口进行通信（图 6.7 中各仿真节点之间交互的数据用圆圈表示）。

6.2.3　数据传输技术

仿真平台各个仿真节点之间的数据以报文的形式进行传递，因此这需要对信息传输协议进行相关定义和设计。

6.2.3.1　报文协议

结合本仿真平台的实际情况，各个仿真节点之间的数据传输长度和类型各不相同，为了使得报文协议具有通用性，采用可变报文协议，用户可按需求对协议可变报文进行定制，使之成为当前的标准报文，有效提高了通信效率。报文协议格式如图 6.8 所示，通过报文标识字控制传送报文长度，报文标识字共 32 位，每一位对应一个报文字段，该位为 0 表示不发送该字段。

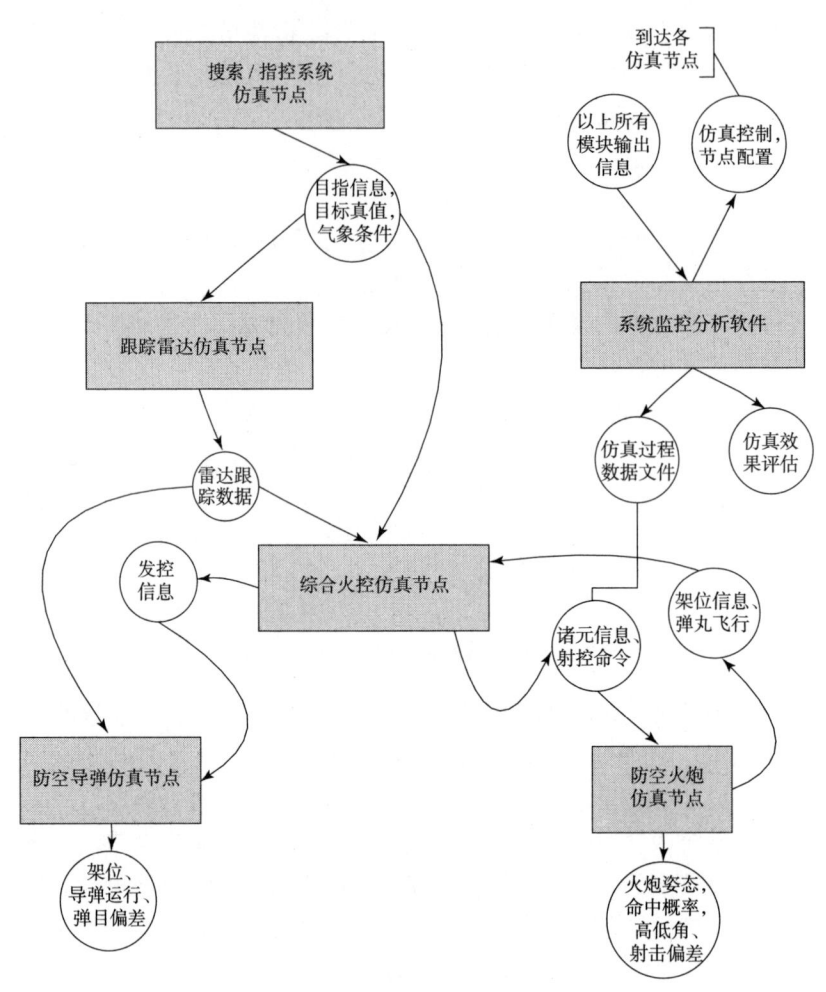

图 6.7　作战仿真平台内部接口示意图

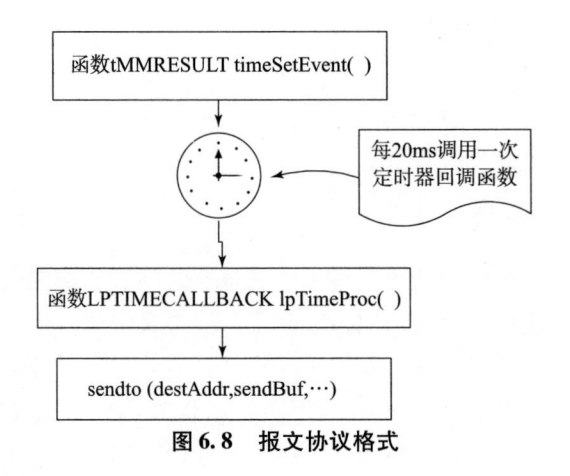

图 6.8　报文协议格式

6.2.3.2 网络通信

仿真节点软件通过网络接口与外界进行信息交换，需要其他节点发来的多种网络数据，因此需要采用多线程的方法。为保证网络报文接收的实时性，以及用户界面响应的及时性，应在子线程中实现对网络报文的接收。子线程平时处于阻塞状态，直到网络报文到达时，该线程开始执行。接收到网络报文后，调用网络报文解析模块，通过消息通知主线程进行处理。由于网络报文发送操作属于非阻塞操作模式，网络报文发送模块可以在主线程中进行设计。

报文发送功能由一个高精度定时器定时调用报文发送函数 sendto() 来实现。由于本系统仿真周期短，要求时间精度较高，所以普通的定时器无法满足要求，故采用 Windows 提供的多媒体定时器来实现高精度定时调用。多媒体定时器可以为应用程序提供系统硬件所能支持的最高时间分辨率。使用多媒体定时器以系统指定的仿真周期 20ms 定时调用，发送函数 sendto() 的流程如图 6.9 所示。

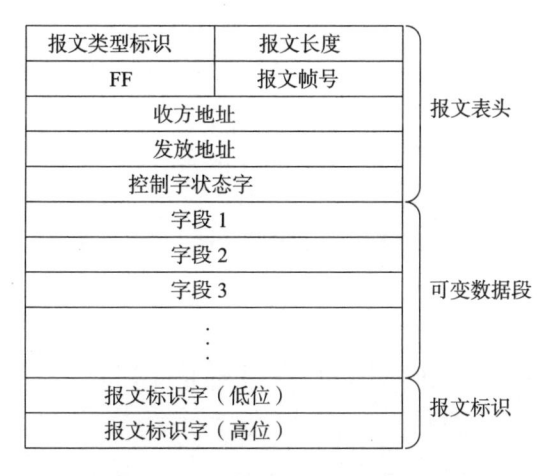

报文类型标识	报文长度	
FF	报文帧号	报文表头
收方地址		
发放地址		
控制字状态字		
字段 1		
字段 2		可变数据段
字段 3		
⋮		
报文标识字（低位）		报文标识
报文标识字（高位）		

图 6.9　多媒体定时器工作流程图

报文接收功能由一个独立的线程实现，在此线程中使用报文接收函数 recvfrom() 来接收报文并保存到缓存中。

网络报文收发函数的具体实现采用 Windows Sockets 网络套接字编程。Windows Sockets 网络编程是一组简单高效的 Windows 程序网络编程方法，支持 TCP 和 UDP 两个传输协议。本研究采用 UDP 报文协议实现网络通信。

由于仿真节点软件需要接收多个节点发来的信息，所以需要建立多个数据报格式套接字（SOCK_DGRAM）与外部系统进行通信。在配置套接字时，不仅需要知道外部通信节点的 IP 地址和接收端口，还需要为该套接字在本地接收分别绑定不同的端口。需要配置的 IP 地址和端口号均在配置文件中进行初始化配置。

使用 UDP 报文协议通信工作流程如图 6.10 所示。在软件设计时可将报文协议、报文封装协议和报文解析协议使用 DLL（动态链接库）进行封装，根据需求修改时只需修改相应的 DLL 文件即可。

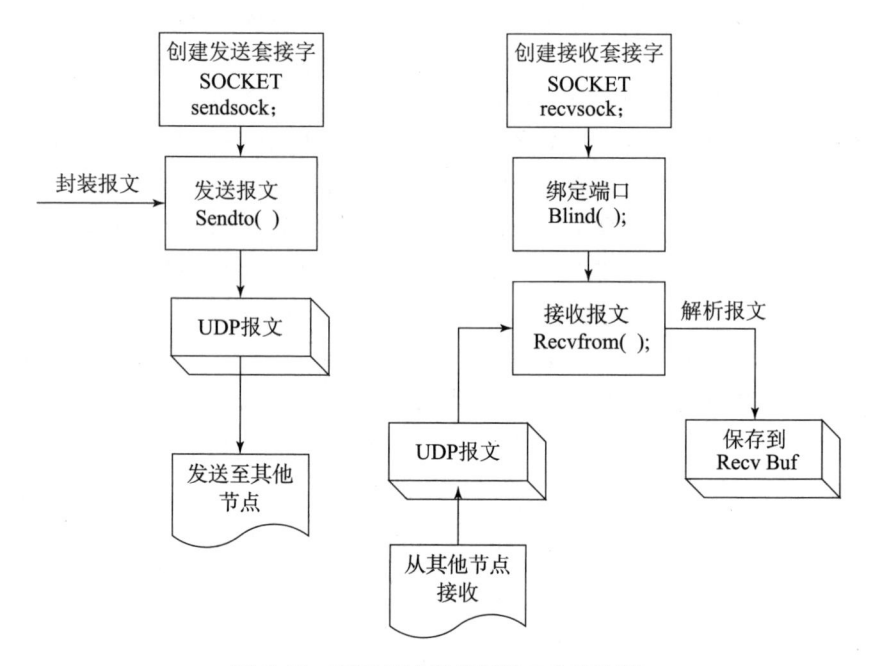

图 6.10　UDP 报文协议通信工作流程图

6.3　仿真节点界面设计

各仿真节点软件必须便于操作，界面友好，一般最终的软件都以图形界面的形式出现在用户面前，用户只需根据图形界面上的提示进行操作就可以完成指定的任务。仿真软件的开发工具选用 Visual C++，充分发挥其 MFC 库类功能以提高软件开发效率。

6.3.1　搜索指控仿真节点设计

搜索指控仿真节点主要功能是模拟搜索发现目标和采集目指信息，包括数据处理模块、网络报文解析模块、网络报文封装模块、网络通信模块、搜索雷达态势图显示模块、上级目指接收模块、用户界面模块和射控指挥模块。接收到仿真开始命令后,首先读取用户设置的目标航路参数计算目指信息,然后通过报文封装模块将目指信息等按协议封装成网络数据包进行发送,如图 6.11 所示。

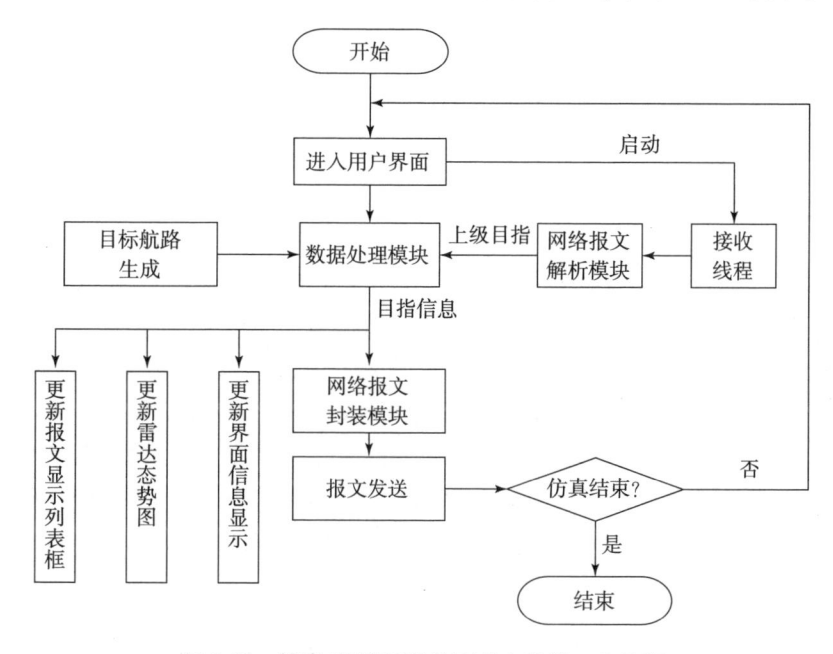

图 6.11 搜索/指控系统仿真节点软件工作流程

构建如图 6.12 所示搜索指控仿真节点操作界面,图 6.12 中左上角为雷达显

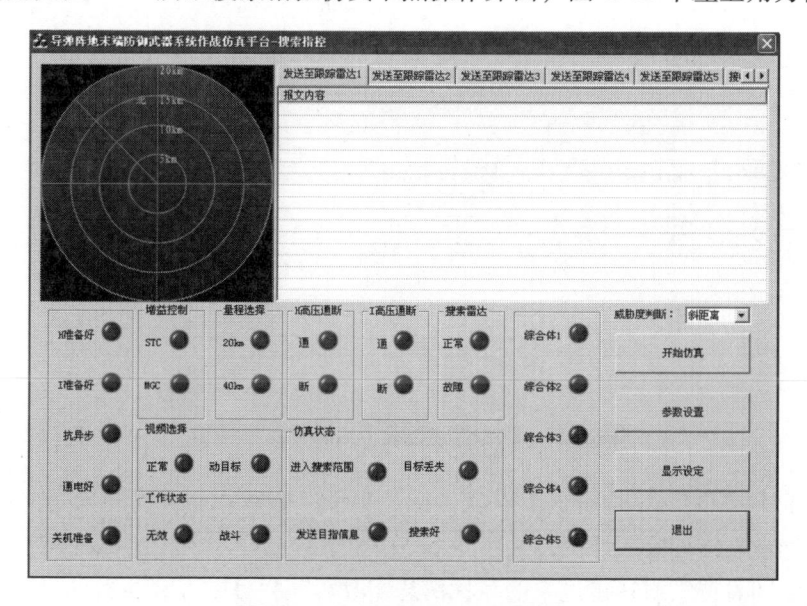

图 6.12 搜索指控雷达仿真界面

示仿真图，上面可以显示出搜索到的目标数目以及目标运动轨迹。雷达界面右侧为报文显示区，可以实时显示收发的报文。有6个列表，发送至跟踪雷达1~5，即向各个综合体的跟踪雷达发送报文。右下角为用户操作区，通过"参数设置"完成搜索雷达的初始化参数设置，根据作战任务选择斜距离或灰度威胁判断，单击"开始仿真"运行仿真节点软件。

6.3.2 跟踪雷达仿真节点设计

跟踪雷达仿真节点主要功能是对搜索/指控发来的目指信息进行加扰滤波，包括目标加噪模块、滤波模块、网络报文解析模块、网络报文封装模块、网络通信模块、3D模型运动模块、上级目指接收模块和用户界面模块。跟踪雷达仿真节点接收来自搜索/指控仿真节点捕捉到的目指信息，并根据设置的传感器参数，加入相应跟踪雷达误差；然后对目指信息进行滤波，滤出目标的坐标、速度及其方位角、高低角信息；最后，将滤波生成的信息以及传感器参数通过网络接口发送至火控设备仿真节点，如图6.13所示。

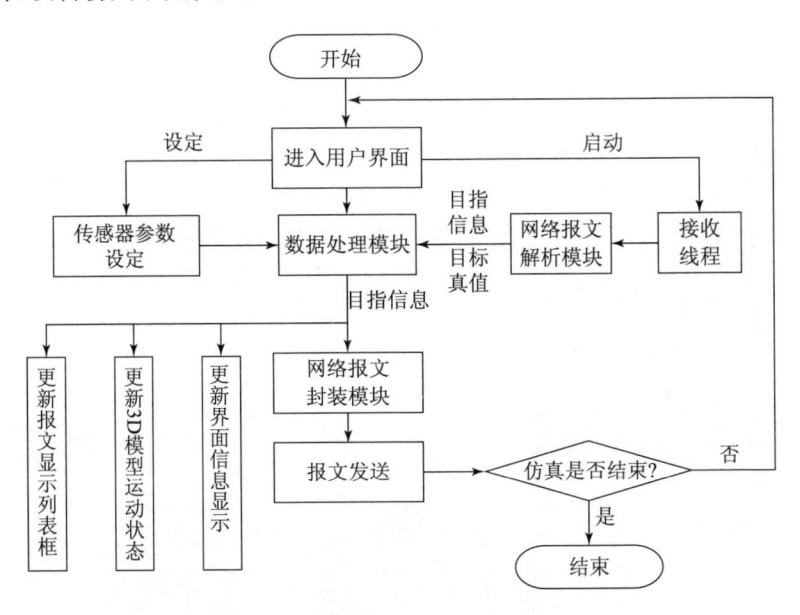

图6.13 跟踪雷达仿真节点软件工作流程

图6.14为跟踪雷达仿真节点软件操作界面。跟踪雷达仿真节点软件整体界面布局和搜索雷达是一样的。左上角是3D模型运动显示，模拟跟踪雷达的实时运动，会随着搜索雷达传过来的目标信息实时转动，可以直观地看到目标的运动方向。右上角是报文显示区，可以显示发送至火控设备、接收自火控设备、接收

自搜索/指控的报文内容。左下角面板是状态显示区，显示跟踪雷达的工作状态、设备状态等信息。右侧"跟踪信息"显示跟踪雷达对接收到的目标真值加噪后的目指信息，跟踪状态显示目标是否在跟踪雷达的跟踪范围内。右下角是用户操作区，用来控制和设定跟踪雷达相关参数，其中"参数设置"是用来设置跟踪雷达的传感器参数，这些参数影响跟踪雷达对目标信息加噪，并在右侧"传感器参数"中显示出来。

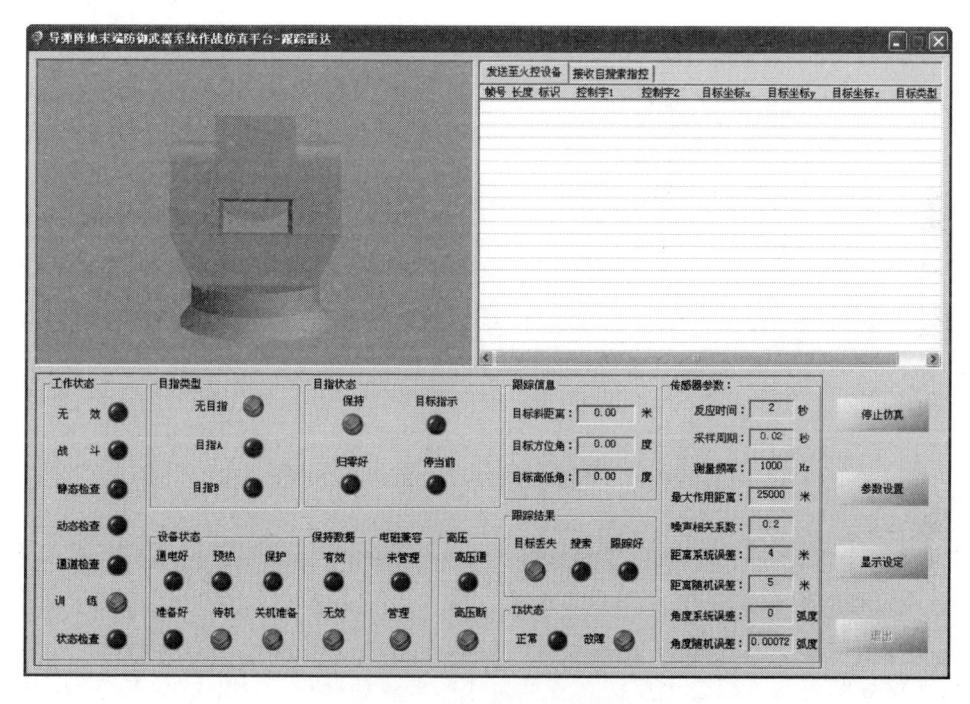

图 6.14　跟踪雷达仿真界面

6.3.3　综合火控仿真节点设计

综合火控仿真节点是整个仿真平台的核心，通过网络接口接收跟踪雷达仿真节点的跟踪信息、目标真值，并由用户设置武器系统信息、气象信息，利用火控算法实时计算射击诸元信息，将控制信息通过网络发送给防空导弹仿真节点和防空火炮仿真节点。其功能模块可以分为火控计算模块、网络报文解析模块、网络报文封装模块、网络通信模块、3D 模型运动模块、弹目显示模块和用户界面模块。综合火控仿真节点接收到来自跟踪雷达仿真节点滤波后的目指信息，根据用户设置的火控参数以及气象信息，进行提前点计算、解算诸元信息、向防空导弹仿真节点和防空火炮仿真节点发送诸元并且控制其射击，软件工作流程如图 6.15 所示。

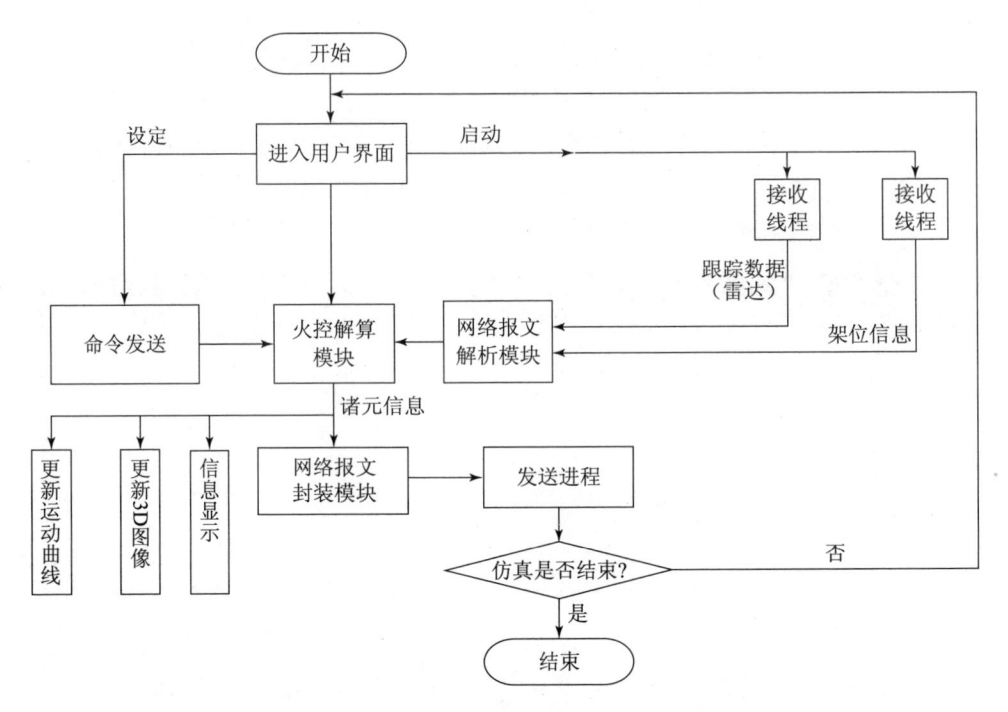

图 6.15　综合火控仿真节点软件工作流程

在一次攻防对抗结束后，综合火控仿真节点还会判断蒙特卡洛次数，若不为 0，则自动向搜索/指控仿真节点发送重启命令，搜索雷达会重新开始发送之前设定好的目标信息，整个系统进行下一次仿真，直到蒙特卡洛次数为 0 后结束。仿真结束后，综合火控仿真节点会计算出毁伤概率、命中数、方位角、高低角、一次/二次均值等信息，并发送至系统监控分析节点供其生成仿真统计报表。

综合火控仿真节点软件操作界面如图 6.16 所示，左上角为模拟火炮 3D 模型，根据发送的目指信息来控制其运动，在开始射击后也会有射击动态效果，可以直观地看到射击过程中火炮转动情况。右上角是报文显示区，由于综合火控仿真节点是整个系统的核心，所以它要和搜索指控、跟踪雷达、防空导弹、防空火炮等仿真节点都进行通信。左下角有 6 个面板，前 4 个分别显示跟踪雷达、搜索指控、防空导弹和防空火炮仿真节点的实时状态。显示结果面板用来显示在仿真结束后综合火控仿真节点给系统监控分析节点发送的仿真结果。在仿真结束后，此面板会自动显示出来，用来显示本次仿真的各项射击参数；在面板右边中间位置的黄色区域是火炮射击的弹丸显示区域，在射击的过程中会不断显示出弹丸的实际命中位置以及是否命中目标。

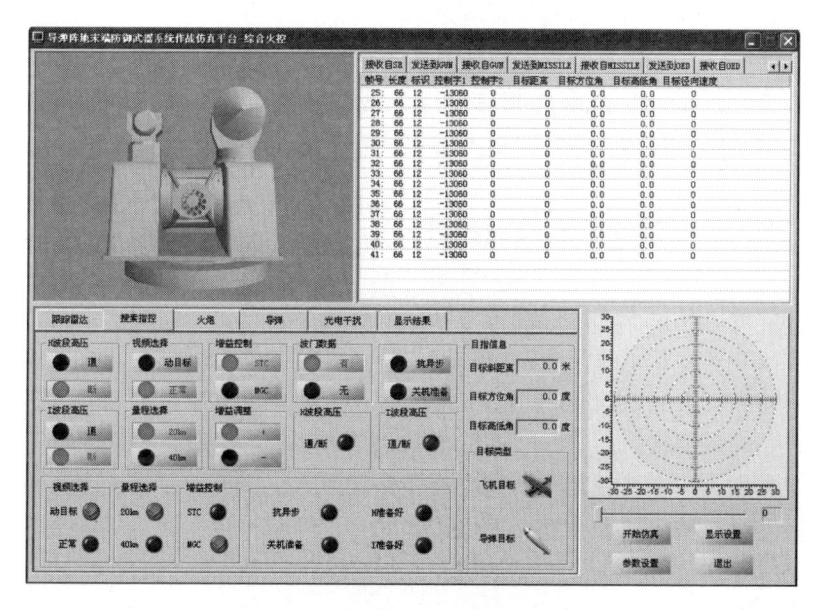

第 6 章 末端防御武器系统仿真平台设计与实现

图 6.16 综合火控仿真节点界面

"参数设置"用来设置与火控相关的各项武器参数,界面如图 6.17 所示,可以完成导弹和火炮相关设置。界面右上角为蒙特卡洛仿真次数设置,仿真中直到蒙特卡洛次数变成 0,火控设备才会给监控分析发送最终仿真结果。最大仿真时

图 6.17 火控设备参数设置

间是系统总的反应时间,若是仿真超过这个时间还未进行射击,则默认一次射击完成,自动进行下次仿真或者停止仿真。观炮间隔指的是,武器架位位置和坐标原点(搜索指控系统)之间的相对坐标,通过选择不同的武器设置各自的观炮间隔,可以实现导弹和火炮在要地上的不同布置方式。

6.3.4　防空导弹仿真节点设计

防空导弹仿真节点主要功能是对综合火控仿真节点发来的诸元信息加入随动误差,生成导弹架位信息并反馈给火控设备,包括数据处理模块、网络报文解析模块、网络报文封装模块、网络通信模块、3D 模型运动模块、上级指控信息接收模块和用户界面模块。

节点工作时,在接收到来自综合火控仿真节点的指控信息报文后,从导弹指控信息报文中解析出诸元数据,根据设置的仿真参数,加入相应的随动误差,生成当前防空导弹节点的架位数据,然后通过网络接口发送回综合火控仿真节点,具体流程如图 6.18 所示。

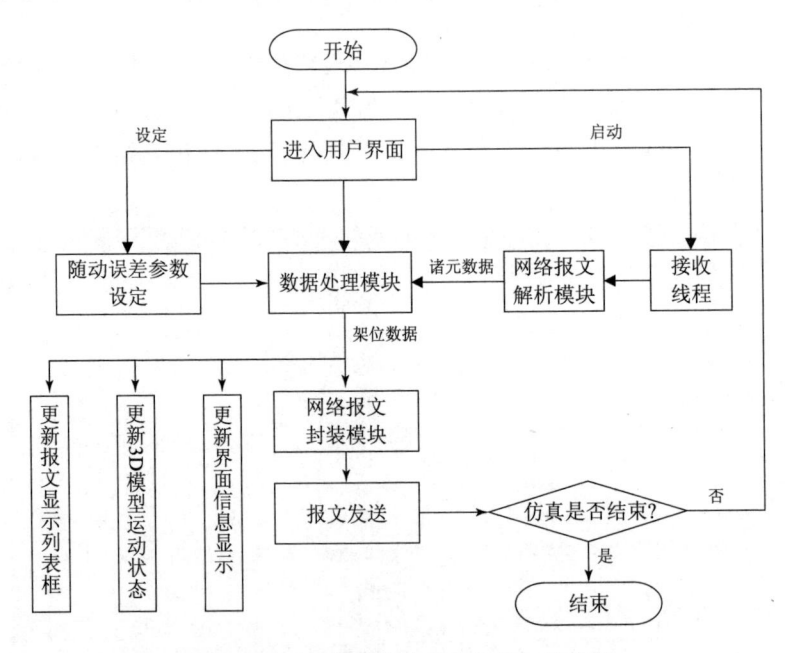

图 6.18　防空导弹仿真节点软件工作流程

防空导弹仿真节点软件操作界面如图 6.19 所示,与防空火炮仿真节点软件界面类似,左上角是防空导弹 3D 运动模型,右上方是报文显示区,显示节点与综合火控仿真节点报文之间的报文数据。左下方是节点的实时状态框图,在这里可是看到节点的实时工作状态，框图右侧的随动误差设定信息可以在"参数设置"进行设置，并实时显示火控诸元的参数和自身的武器架位信息。界面右下方为用户操作界面。

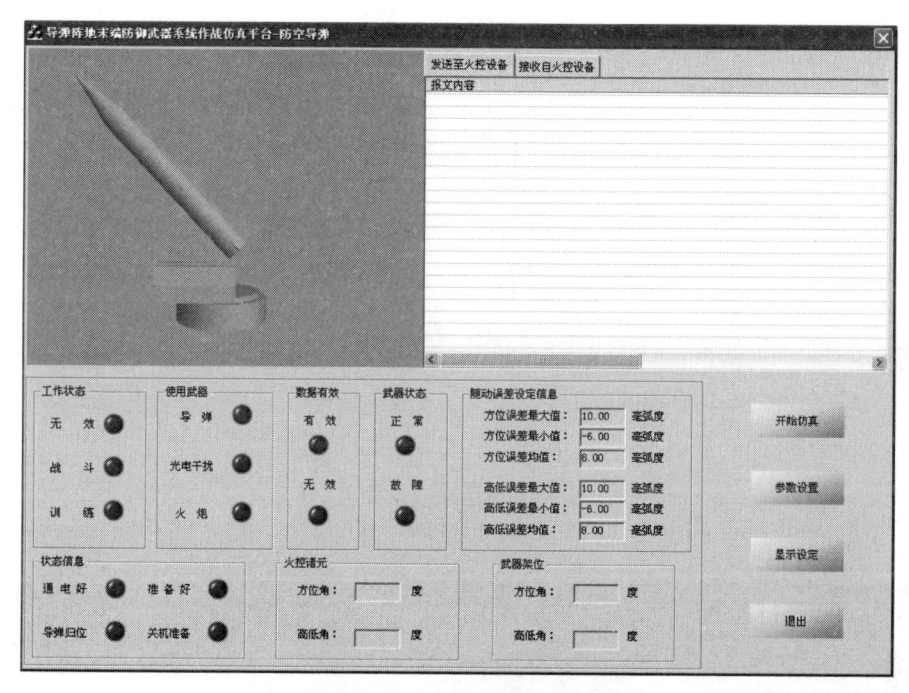

图 6.19　防空导弹仿真节点界面

6.3.5　防空火炮仿真节点设计

防空火炮仿真节点主要功能是防空火炮对目标动态射击过程的仿真，包括数据处理模块、网络报文解析模块、网络报文封装模块、网络通信模块、3D 模型运动模块、上级指控信息接收模块和用户界面模块。仿真时从火炮指控信息报文中解析出诸元数据，根据设置的仿真参数，加入相应的随动误差，生成当前火炮节点的架位数据，然后通过网络接口发送回火控设备，具体流程如图 6.20 所示。

防空火炮仿真节点软件操作界面如图 6.21 所示，左上角是火炮 3D 运动模型，会根据火炮自身产生的架位信息实时运动，加入的随动误差也会反映在火炮的运动中。右上角是报文显示区，显示火炮接收的火控诸元信息和发送到火控的架位信息，默认也是十进制浮点型。面板下方是状态显示区，显示火炮的工作状态和武器状态等参数，随动误差设定信息显示本次仿真中所设定的信息，可以在"参数设置"中进行设置。下方右侧是用户操作区，用来加入随动的方位误差和高低角误差。

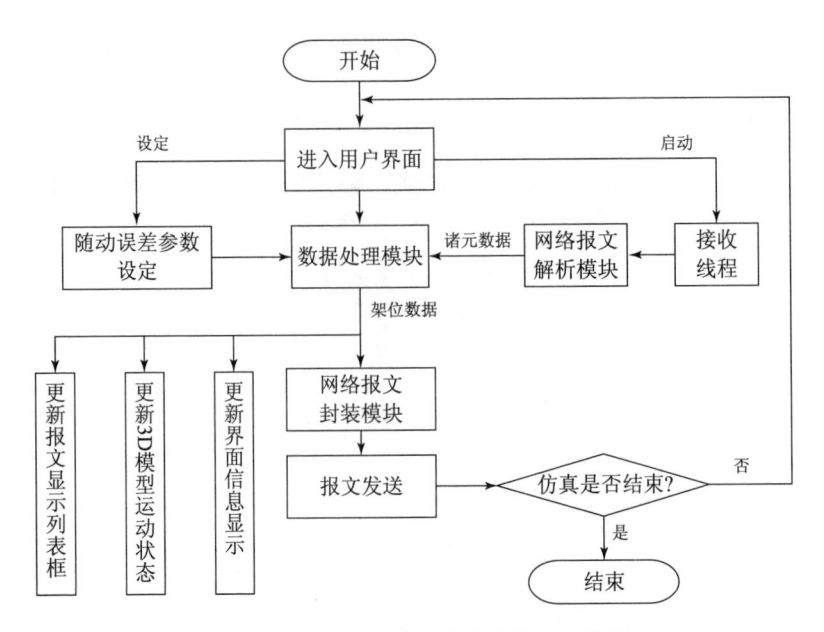

图 6.20　防空火炮仿真节点软件工作流程

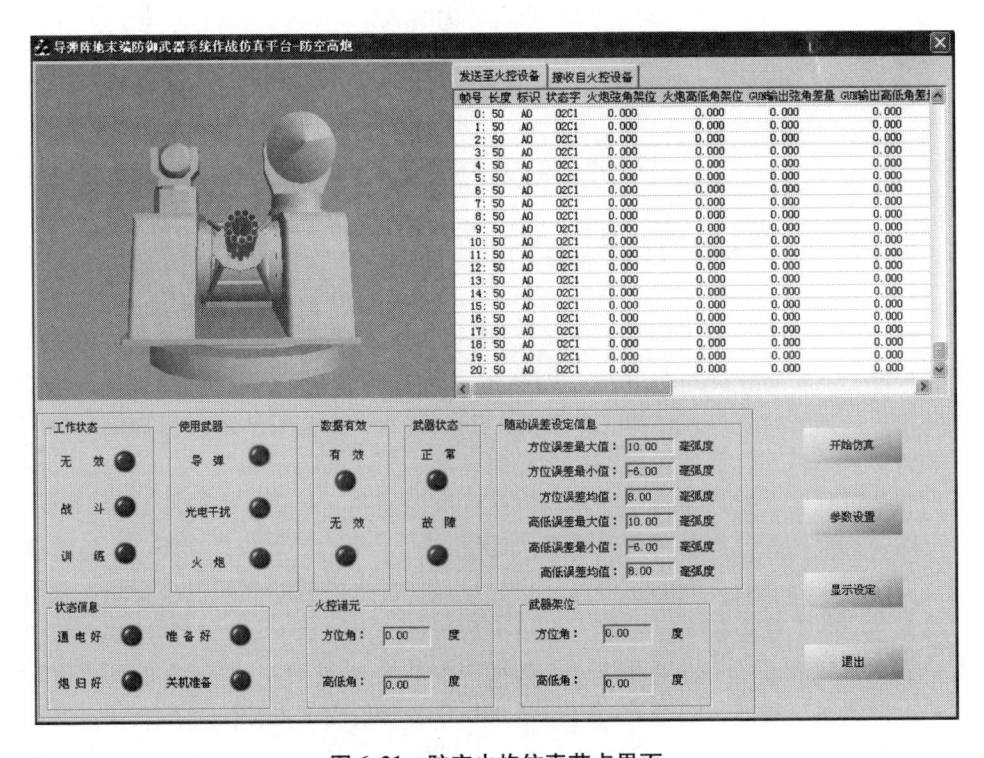

图 6.21　防空火炮仿真节点界面

6.3.6 系统监控分析节点设计

系统监控分析节点主要功能是发布节点配置命令，生成仿真节点；对整个系统协同打击过程进行运算分析，捕获并保存系统通信过程数据包，生成分析报告，并提供保存和打印功能。功能模块可分为仿真节点组织模块、评估报表生成模块、网络报文封装模块、网络报文解析模块、网络通信模块、数据处理模块、仿真数据捕捉模块、用户界面模块。

为实现软件对仿真环境的动态配置，软件需要获得网络中已启动计算机的信息，才能对计算机进行配置。所以监控分析仿真节点采用客户端/服务器（C/S）结构，服务器软件运行于监控分析节点，客户机软件运行于各个仿真节点，各仿真节点开机后自动运行监控分析客户端软件。该软件启动后定时向外广播节点启动报文，监控分析节点收到该报文后在配置类表中显示该节点信息。待所有节点都启动完成后，用户可在监控分析节点配置各个节点的功能。系统监控分析节点工作流程如图 6.22 所示。

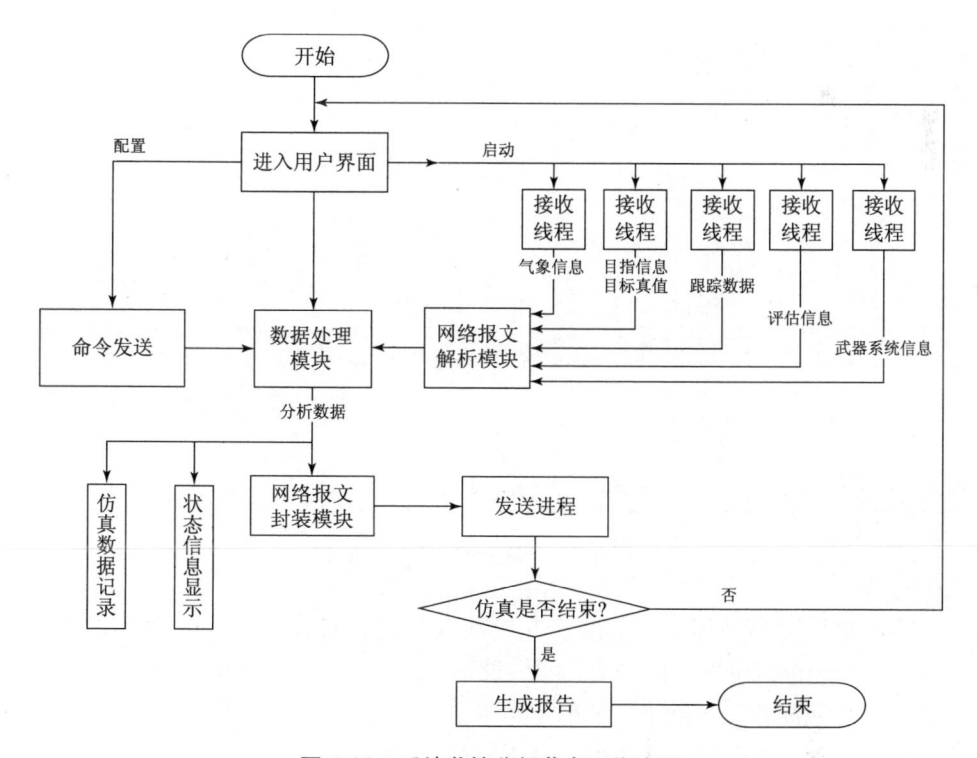

图 6.22 系统监控分析节点工作流程

系统监控分析节点作为整个系统的总控首可以给局域网内每个IP计算机配置仿真节点设备,控制其开始工作;仿真开始后各个节点会将各自的参数全部发送到监控分析中;在仿真过程中,监控分析可以实时抓包,所有节点间相互发送的报文都会显示在监控分析窗口中;仿真结束后,火控设备会将仿真结果发送至监控分析节点,监控分析节点据此生成报表,显示出各个节点的参数配置,以及最终的仿真结果。

监控分析仿真平台如图6.23所示,平台上方是报文显示区,可以实时更新所捕捉的各个节点间相互通信的报文,通过右侧的列表框选择来抓取在报文显示区显示的对应设备的报文数据。左下角是设备显示区,可以显示出在同一局域网上捕获到的所有节点的IP和设备名称。

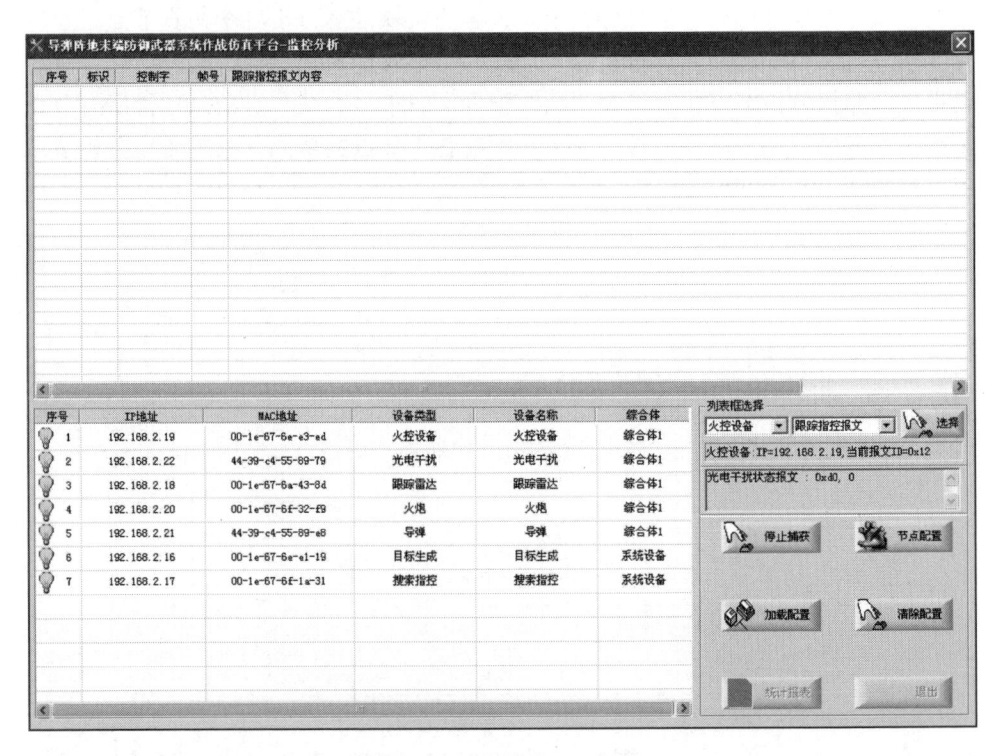

图6.23 监控分析仿真节点

右下角是用户操作区,单击"开始捕获"可捕捉交换机上可分配的节点;并可以为每个节点分配不同的仿真实体设备;若已为各个节点配置过设备,则可以通过"加载配置"加载上次的配置;单击"节点配置",火控节点的蒙特卡洛次数为0即仿真结束后,可选择"停止捕获",通过"统计报表"生成本次仿真的测试报告,如图6.24所示。

图 6.24　生成统计报表

6.4　运行测试

末端防御武器系统作战仿真软件组网运行后，可完成对武器系统的全流程仿真，生成测试报告。

6.4.1　仿真软件初始化配置

末端防御武器系统作战仿真软件的组网运行步骤如下：

（1）计算机组网及软件安装。根据武器系统组成和仿真节点设置，仿真软件组网运行至少需要 7 台计算机处于同一局域网内，并为每台计算机安装所设计的仿真软件。

（2）仿真节点的初始化配置。根据仿真节点所要仿真的分系统武器参数完成仿真软件的初始化参数设置。

（3）运行系统监控分析节点软件。通过 开始捕获 完成对局域网内所有计算机的捕捉，完成捕捉界面如图 6.25 所示。

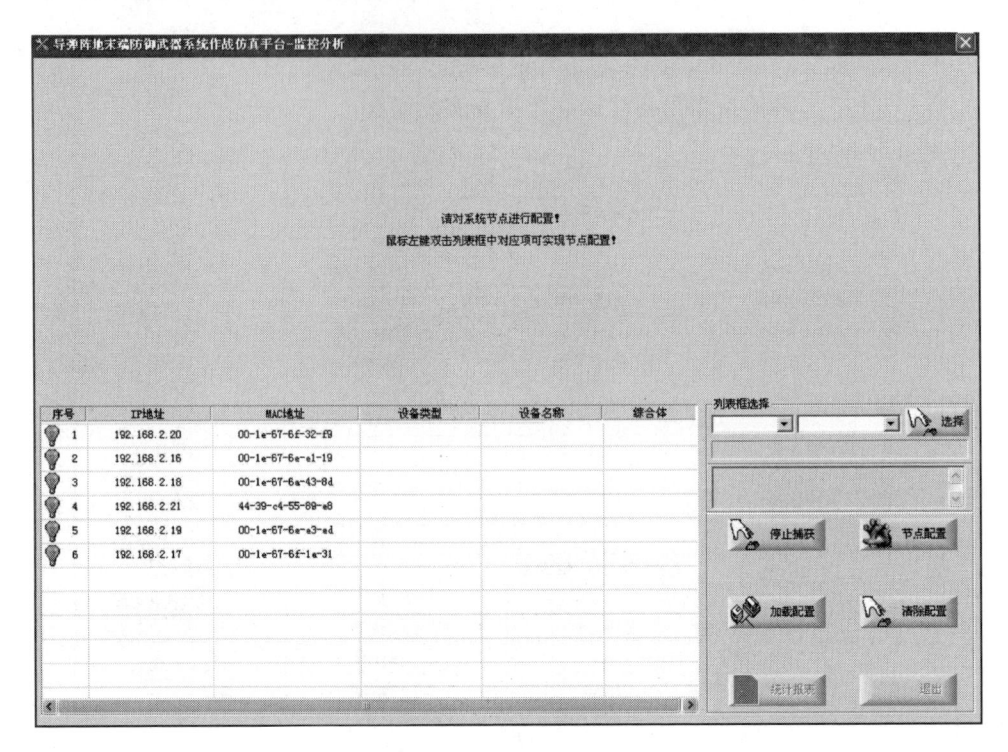

图 6.25　仿真节点捕捉

(4) 节点计算机的仿真设备配置。通过单击"设备类型"对局域网内每个 IP 地址的计算机进行设备的分配，如图 6.26 所示，通过选择"综合体"完成对武器系统作战形式的配置，其中搜索指控和目标生成仿真节点为系统设备，不需要对其进行综合体选择，通过这两项设置可根据实战要求灵活部署火力单元，完成对不同火力部署方案的作战效能评估。本次仿真火力配置如下：跟踪雷达、火控设备、防空导弹、防空火炮各一套，配置结果如图 6.27 所示。

图 6.26　仿真节点设备类型配置

(5) 仿真节点联网运行。通过 节点配置 ，所有完成配置的仿真计算机自动运行所配置的仿真节点软件，仿真中可根据要求对各个仿真节点进行详细设置。

序号	IP地址	MAC地址	设备类型	设备名称	综合体
1	192.168.2.20	00-1e-67-6f-32-f9	火炮	火炮	综合体1
2	192.168.2.16	00-1e-67-6e-e1-19	目标生成	目标生成	系统设备
3	192.168.2.18	00-1e-67-6a-43-8d	跟踪雷达	跟踪雷达	综合体1
4	192.168.2.21	44-39-c4-55-89-e8	导弹	导弹	综合体1
5	192.168.2.19	00-1e-67-6e-e3-ed	火控设备	火控设备	综合体1
6	192.168.2.17	00-1e-67-6f-1a-31	搜索指控	搜索指控	系统设备

图 6.27　仿真节点配置结果

6.4.2　生成测试报告

根据武器系统的战术技术指标完成各仿真节点的详细设置之后，系统会加载设置并开始仿真，通过蒙特卡洛仿真完成对此配置的多次仿真。本次设置仿真次数为 10 次，每次仿真结束后，综合火控仿真节点会统计防空导弹和防空火炮的射击结果，并实时显示在综合火控仿真界面的右下方区域，如图 6.28 所示。

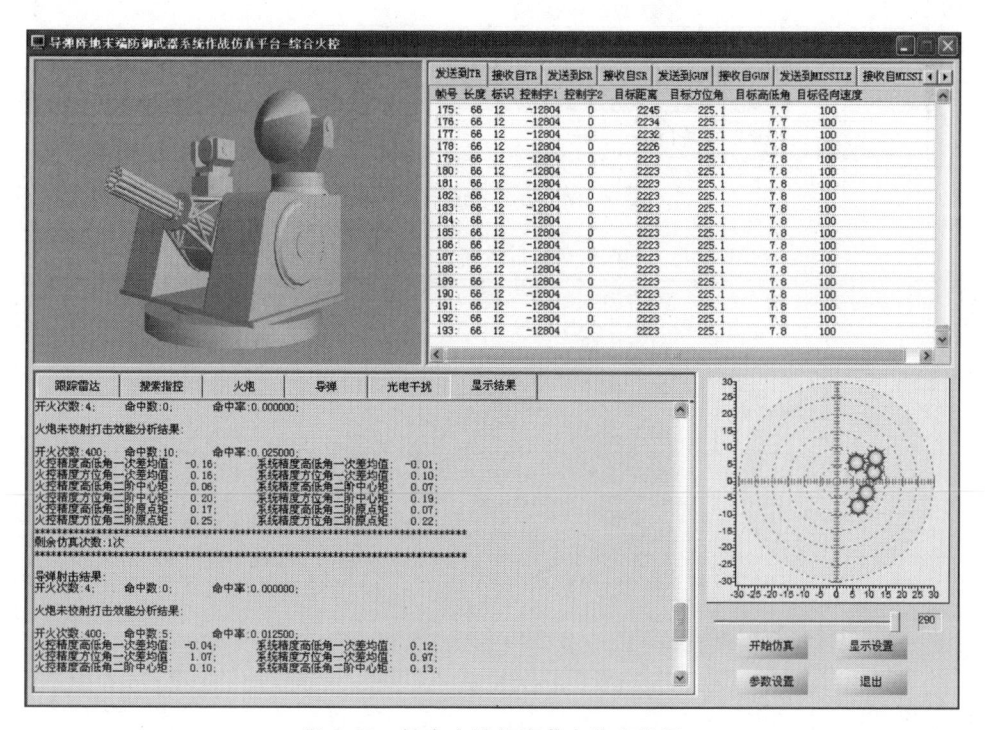

图 6.28　综合火控仿真节点仿真结果

10次仿真结束后，可通过监控分析节点的 统计报表 工具对这10次仿真结果进行处理，生成测试报告，如图6.29所示。此外，可对测试报告进行保存，仿真测试报告仿真参数记录如表6.1～表6.10所示。

图6.29 仿真测试报告界面

表6-1 综合体设备组成

序号	设备类型	IP 地址
1	目标生成	192.168.2.16
2	搜索指控	192.168.2.17
3	跟踪雷达	192.168.2.18
4	火控设备	192.168.2.19
5	火炮	192.168.2.20
6	导弹	192.168.2.21
7		
8		
9		
10		

表6-2 有校射综合体测试结果

序号	测试内容	测试结果/mrad
1	系统精度误差方位角一次差均值	0.10
2	系统精度误差高低角一次差均值	-0.01
3	系统精度方位角二阶中心矩根值	0.19
4	系统精度高低角二阶中心矩根值	0.07
5	系统精度方位角二阶原点矩根值	0.22
6	系统精度高低角二阶原点矩根值	0.07
7	火控精度误差方位角一次差均值	0.16
8	火控精度误差高低角一次差均值	-0.16
9	火控精度方位角二阶中心矩根值	0.17
10	火控精度高低角二阶中心矩根值	0.20
11	火控精度方位角二阶原点矩根值	0.25
12	火控精度高低角二阶原点矩根值	0.17

表6-3 火力射击结果

序号	测试内容	测试结果
1	火炮射弹总数	4 000 发
2	火炮命中总数	124 发
3	火炮对目标毁伤概率	0.724
4	至少命中一次概率	0.80
5	单发命中概率	0.031
6	导弹发射总数	40 发
7	导弹命中总数	36 发
8	导弹对目标毁伤概率	0.90

表6-4 搜索传感器参数

序号	仿真参数	数值
1	水平扰动幅度	20.00m
2	水平扰动周期	50.000 0s
3	水平扰动初相	0.000 0rad

续表

序号	仿真参数	数值
4	垂直扰动幅度	0.20m
5	垂直扰动周期	50.000 0s
6	垂直扰动初相	10.000 0rad
7	作用距离	20 000m

表 6-5 跟踪传感器参数

序号	仿真参数	数值
1	传感器反应时间	2.0s
2	作用距离	20 000m
3	距离系统误差	4.0m
4	距离随机误差	5m
5	高低角度系统误差	0.000 72rad
6	方位角度系统误差	0.000 36rad
7	高低角度系统误差（0.3~2.5km）	0.000 8rad
8	高低角度随机误差（0.3~2.5km）	0.001 2rad
9	方位角度系统误差（2.5~10km）	0.000rad
10	方位角度随机误差（2.5~10km）	0.000 6rad

表 6-6 火控参数

序号	仿真参数	数值
1	火控解算时间	0.30s
2	最大仿真时间	180.00s
3	引信有效率	0.80
4	引信作用距离	0.00m
5	弹药类型	脱壳弹
6	装弹数	400 发

表 6-7　火炮参数

序号	仿真参数	数值
1	开火远界	3 000m
2	开火近界	300m
3	开火瞬间方位误差	0.003 0rad
4	开火瞬间高低误差	0.003 0rad
5	对空射击方位散布	0.001 9rad
6	对空射击高低散布	0.001 9rad
7	弹丸直径	30mm
8	弹丸质量	150g
9	校射发数	5 发
10	校射方式	有校射
11	射速	4 200 发/min

表 6-8　导弹参数

序号	仿真参数	数值
1	拦截远界	8 000m
2	拦截近界	1 500m
3	巡航速度	300m/s
4	弹药温度	15℃
5	杀伤半径	5m
6	过载能力	25g

表 6-9　气象参数

序号	仿真参数	数值
1	风速	0.00m/s
2	风向	0.00°
3	风速测量均方差	2.20
4	空气密度测量均方差	1.30
5	初速测量均方差	0.00
6	初速变化均方差	0.00

表 6 – 10　系统误差

序号	仿真参数	数值
1	方位误差最大值	4.00°
2	高低误差最大值	3.00mrad
3	方位误差最小值	-2.00°
4	高低误差最小值	-2.00mrad
5	方位误差均值	1.00°
6	高低误差均值	0.50mrad

第 7 章

末端防御武器系统视景仿真软件设计与实现

视景仿真技术在缩短新型武器战斗力生成周期、提高训练质量和节省经费方面具有独特的优势[150]。对末端防御武器系统在特定战场环境下的攻防对抗过程进行视景仿真，可为武器系统仿真平台构建提供沉浸感、交互性强的可视化仿真环境支撑。末端防御武器系统视景仿真主要包括视景仿真模型和场景驱动设计两大部分。

7.1 视景仿真软件总体设计

7.1.1 开发技术路线

末端防御武器系统视景仿真软件采用 Creator 建模工具、Vega Prime 视景仿真平台和高级语言 Visual C++8.0 三者相结合的技术路线进行开发[151]，如图 7.1 所示。

首先使用建模工具 Creator3.0 构建防御要地的地形和武器装备模型；然后在视景仿真软件 Vega Prime2.2 中对场景驱动进行设计，生成虚拟场景并对场景进行控制；最后利用 Visual C++8.0 生成软件运行界面。

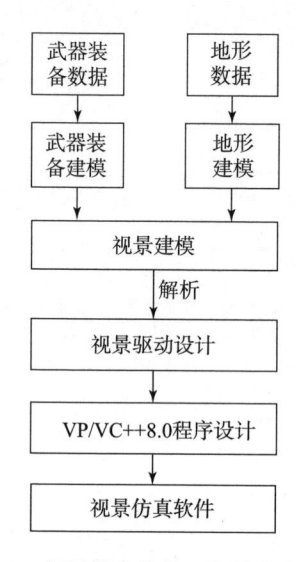

图 7.1　视景仿真软件开发技术路线图

7.1.2　软件功能框架设计

7.1.2.1　软件功能分析

结合末端防御武器系统的作战流程和 Vega Prime 的通用开发流程，视景仿真软件主要包括以下功能模块，如图 7.2 所示。

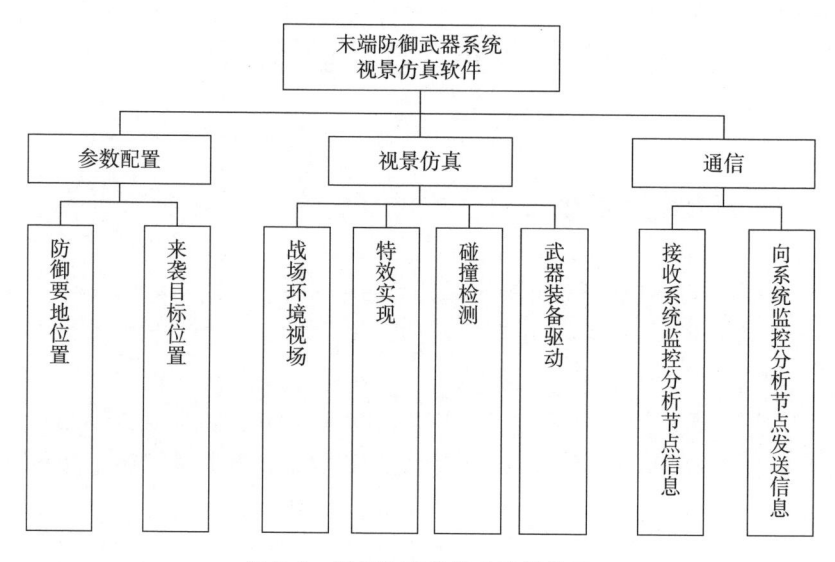

图 7.2　视景仿真软件功能模块图

按照功能模块划分，末端防御武器系统视景仿真软件分为参数配置、视景仿真、通信三个主要模块。

（1）参数配置。主要是对防御要地位置和来袭目标初始位置进行配置，将配置好的参数发送给系统监控分析节点，并交由综合火控仿真节点进行弹道计算，得到视景仿真模块所需的弹道数据。

（2）视景仿真。用于构建虚拟场景，完成视景仿真所需要的各种效果，包括战场环境视场、特效的实现，碰撞检测和武器装备的驱动。

（3）通信。主要包括视景仿真节点向系统监控分析节点发送防御要地和来袭目标的位置参数，视景仿真节点接收系统监控分析节点发送的弹道数据。

7.1.2.2　软件总体框架

结合视景仿真软件功能分析和 Vega Prime 开发流程，设计末端防御武器系统视景仿真软件总体框架，如图 7.3 所示。

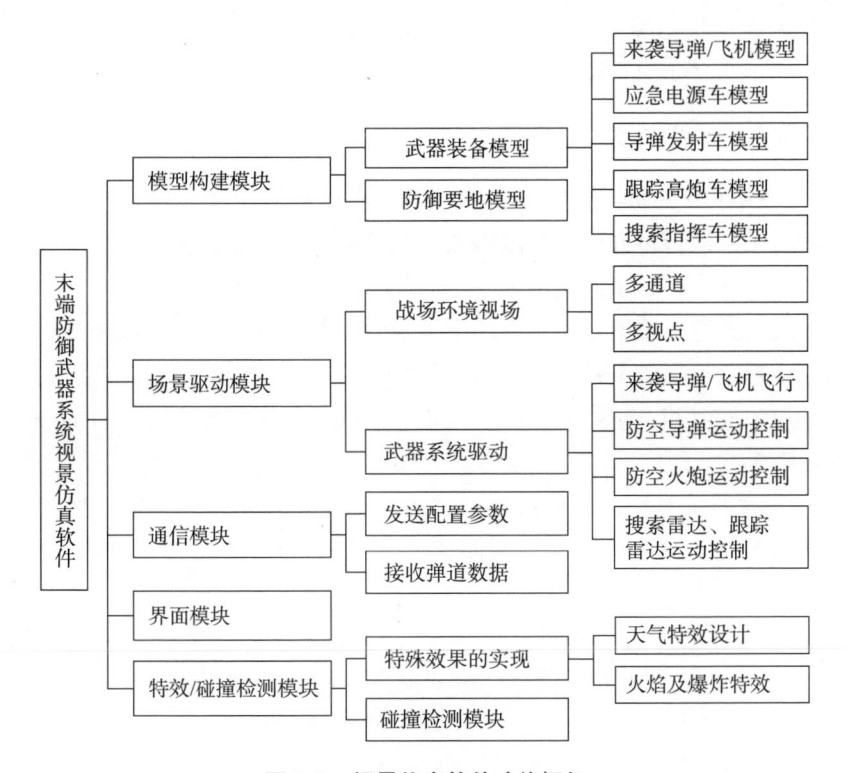

图 7.3　视景仿真软件功能框架

7.1.3 视景仿真功能模块设计

7.1.3.1 模型构造模块设计

模型构造模块主要包括武器装备模型和防御要地模型的建立。

(1) 武器装备模型。武器装备模型主要包括来袭导弹模型、来袭飞机模型、搜索指挥车模型、导弹发射车模型、跟踪高炮车模型和应急电源车模型。按照模型运动状态，模型建立可以分为静态实体建模和运动实体建模。运动实体建模又可分为实时控制模型建立、非实时控制模型建立和特殊运动模型建立。静态实体模型包括防御要地中的营房、应急电源车等模型；非实时控制模型包括来袭导弹模型和来袭飞机模型；特殊运动模型包括搜索指挥车模型、导弹发射车模型、跟踪高炮车模型，主要通过 DOF 技术实现特殊运动的控制。

(2) 防御要地模型。末端防御武器系统的作战环境比较复杂，为了真实模拟战场环境，建立了包含山谷、平原、森林等自然地貌特征的要地地形。

7.1.3.2 场景驱动模块设计

(1) 战场环境视场。战场环境视场即观察武器系统作战的视场，可以满足用户对作战场景进行多方位观察的需求。环境视场的设置包括多视点和多通道的实现。多视点是指在一个通道内进行不同位置的观察，多通道是指通过不同通道对同一作战场景进行观察。在本系统中，设置多个通道观察武器系统从执行发射命令到拦截摧毁目标的全过程。视点方式的选择分为定点模式和跟随模式两种：对来袭导弹的发射和飞机的起飞设置为定点模式，对来袭导弹和飞机的飞行观察设置为跟随模式。

(2) 武器系统驱动。武器系统的驱动设计包括导弹发射车发射架的旋转与俯仰、跟踪高炮车炮台的旋转与俯仰、搜索雷达和跟踪雷达的天线旋转、来袭导弹和飞机的飞行等运动效果的实现。防空导弹发射架、防空高炮炮台和雷达的驱动是一种特殊的运动控制，需要通过 DOF 节点技术实现。在连续的帧循环内，来袭导弹和飞机的飞行运动可以理解为每一帧都增加一个变量，即在上一帧的位置与姿态基础上，获取新的参数信息从而设置新的位置与姿态。

(3) 碰撞检测模块设计。碰撞检测模块的主要作用是检测系统场景中的物体碰撞并对发生的碰撞做出反应。来袭导弹和飞机在飞行时是否与场景中物体发生碰撞，来袭导弹和飞机之间是否发生碰撞，碰撞后会发生什么反应，这些都是碰撞检测的功能体现。

来袭导弹和飞机的运动范围广且运动速度快,Vega Prime 所提供的碰撞检测算法不能满足导弹和飞机的碰撞检测需求。基于视景仿真需求,采用一种基于 Sphere-OBB 的混合包围盒碰撞检测算法。该算法既拥有 Sphere 包围球构造与检测快速的优点,又具有 OBB 包围盒紧密性高的优点,在碰撞检测的精确性和实时性方面表现更好。

7.1.3.3 特效模块设计

视景仿真中特效制作的好坏直接影响到软件的沉浸感和真实性,特效模块主要包括天气特效和火焰爆炸特效设计。天气特效主要包括战场环境中的雨雪、云雾等效果。火焰爆炸特效主要包括导弹尾部火焰、火炮发射火焰、导弹击毁飞机的爆炸效果。特殊效果都是基于粒子系统实现的,粒子系统中粒子的运动始终处于变化状态的这一特性是构建虚拟战场环境的雨雪、云雾效果和火焰、爆炸效果的基础。

7.1.3.4 通信模块设计

(1) 数据包结构。根据末端防御武器系统作战流程,通信模块的功能包括向系统监控分析节点发送参数配置信息和接收来自系统监控分析节点的弹道数据。传输数据包的结构如下:

```
typedef struct tagTRANSDATA
{int nCmd;
union
{INITPACKAGEINFO ip;
TARGETINFO ti;
DATAPACKAGEINFO dp;
int tag;
}data;
}TRANSDATA.
```

INITPACKAGEINFO 为初始化数据;TARGETINFO 为目标信息;DATAPACKAGEINFO 为弹道计算信息;nCmd 为传输控制命令。其中目标信息 TARGETINFO 型数据结构如下:

```
typedef struct tagTARGETINFO
{double X;
double Y;
```

```
    double Z;
    double H;
    double P;
    double R;
}TARGETINFO;
```

其中，X，Y，Z 为位置坐标，H，P，R 为姿态信息。

弹道信息 DATAPACKAGEINFO 型数据结构如下：

```
typedef struct tagDATAPACKAGEINFO
{double M_X;              //导弹 X 轴坐标
 double M_Y;              //导弹 Y 轴坐标
 double M_Z;              //导弹 Z 轴坐标
 double M_H;              //导弹方位角
 double M_P;              //导弹俯仰角
 double M_R;              //导弹滚动角
}TARGETINFO;
```

(2) 网络协议。视景仿真节点与系统监控分析节点通过网络进行连接。目前网络传输层协议主要有 TCP 和 UDP 两种，其中 TCP 注重传输的安全性与完整性，而 UDP 更注重数据传输速度。根据视景仿真实时性的需求，网络通信协议采用 UDP 数据传输协议，UDP 数据包格式如表 7.1 所示。

表 7.1　UDP 数据包格式

源端端口	目的端端口
报文长度	校验和
数据	

两个节点之间的信息传递由各节点中的报文发送和报文接收线程完成，发送和接收线程相互独立，从而提高了通信的实时性，如图 7.4 所示。

7.1.3.5　界面模块设计

界面模块主要完成参数配置、视点切换、天气特效选择和信息显示等功能。用户界面采用基于 MFC 对话框设计，分为视景仿真窗口和控制窗口两部分：视景仿真窗口显示武器系统的视景场景，控制窗口用来设置参数信息和控制虚拟场景。

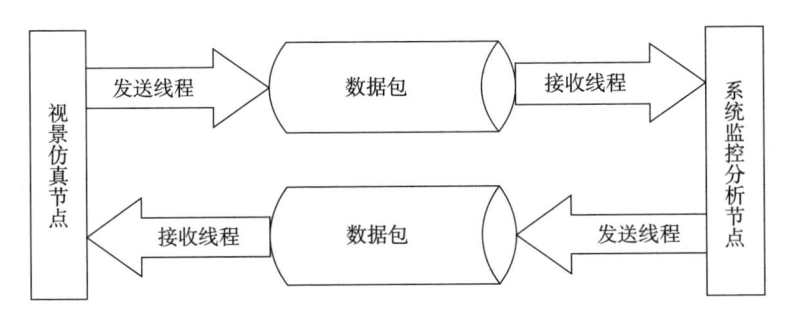

图 7.4　节点间信息传递总体结构示意图

7.2　武器系统视景仿真建模

7.2.1　防御要地地形的生成与仿真

建立防御要地地形模型，就是将作战区域内的地表取样并得到由一系列空间坐标 X、Y、Z 组成的数据集合，由此来描述地形的地貌信息。防御要地地形是视景仿真系统的重要组成部分，地形的逼真与否直接决定了系统沉浸感的强弱。

末端防御武器系统的作战半径可达几十千米，防御要地地形建模属于广域地形建模。广域地形建模的流程由以下几部分组成：获取地形数据；根据地形数据创建测试地形；应用地形纹理，检验完善地形模型。防御要地地形的生成与仿真流程如图 7.5 所示。

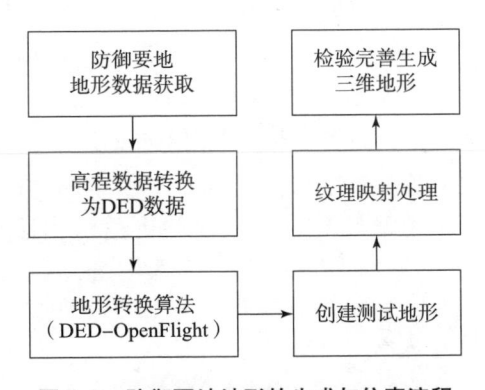

图 7.5　防御要地地形的生成与仿真流程

7.2.1.1 要地地形数据源获取

对地形轮廓建模的主要方法有高程数据转换法、随机生成法和等高线法。高程数据转换法是一种对采样点进行插值从而生成地表轮廓的方法；随机生成法是采用随机函数或者分形算法生成随机的高低起伏地形的方法；等高线法是利用等高线插值从而生成地形轮廓。对比随机生成法和等高线法，高程数据转换法直接采用真实大地数据，真实度比较好，仿真效果明显。其中获取高程信息和转换高程数据是实现该方法的基本步骤。

可以通过多种途径获取所需高程信息，一般是对实地探测数据或灰度卫星图片数据采样而来，但高程信息的测量需要花费大量人力物力和时间。由于末端防御武器系统视景仿真不需要特别高的精度，因此可通以过互联网开放资源来获得所需要的高程数据源。开放的地形高程数据格式有很多种，常见的有 DEM（Digital Elevation Model）数字高程模型、DTM（Digital Terrain Model）数字地图模型和 DRG（Digital Raster Graphic）数字栅格地图。其中 DEM 是一种描述地形表面的离散数学表达，它的规则网格数据结构简单易于组织计算，可以较为快捷地实现 LOD 技术，从而达到快速构建导弹要地地形模型的目的。DEM 地形高程数据中最具代表性的当属由美国太空总署和国防部国家测绘局联合测量的数字高程模型 SRTM。通过 SRTM 用户可以获取我国境内的最新地形数据。

Creator 软件目前只支持高程数据格式为 DED 的文件，所以需要将下载的高程数据 DEM 文件转换为 DED 文件，即提取 DEM 文件中坐标点对应的高度信息，并对其加上格式信息。可以使用 Creator 软件自带工具 DED Builder 进行文件格式转换。

7.2.1.2 地形转换算法

将数字高程原始数据 DEM 转换成 DED 格式后，可以采用多种地形转换算法将高程数据 DED 转换为 flt 格式地形模型数据库。常用的方法有 Polymesh、Delaunay、TCT（Terrain Culture Triangulation）、CAT（Continuous Adaptive Terrain）四种地形转换算法。在仿真时，采用不同的转换方法生成的模型结构和效果也不尽相同。经过对比分析可知，Polymesh 地形转换算法地形生成速度快，无 LOD 数量限制，易于地形纹理贴图，因此更适于本系统中防御要地地形建模。

7.2.1.3 测试地形生成

利用 Creator 软件生成测试地形，基本步骤如下：

（1）创建新的地形数据库工程并导入 DED 格式文件。

（2）设置生成地形模型参数。主要包括属性参数、经纬度坐标、投影方式和地形转换算法的设置。

（3）设置 LOD。根据系统要求设定 LOD 的层级数，本系统中当飞机和导弹飞行高度低于 2 000m 时使用高精度层次模型，当飞行高度高于 2 000m 时使用低精度层次模型。

（4）生成地形模型。在完成所有参数设置后，对 DED 数据进行计算并转换生成 FLT 格式的模型文件，该地形模型格式文件可被 Creator 直接使用和管理。

7.2.1.4　地形纹理应用

由 Creator 软件加载高程数据生成的地形模型只能反映地表的大体轮廓，无法描述地表形态各微小细节。为了提高模型的真实度以及仿真的沉浸感，需要在测试地形上添加地形纹理。制作地形纹理的方法主要有分形技术和利用航拍或卫星图片两种。利用航拍或卫星图片的地形纹理制作方法可以达到与真实世界相同的地形纹理效果，且不同位置地形纹理过渡自然。由于本系统所需地形半径为几十千米，其纹理图片数据量并不是很大，因此采用航拍或卫星图片进行纹理处理的方法不会影响系统的实时性。

利用航拍或卫星图片对测试地形进行纹理处理主要分为获取航拍或卫星图片、图片与地形轮廓的匹配和贴图精度的合理控制三个步骤。在获取航拍或卫星图片时，谷歌地图可以为用户提供全球任意位置的地表图像，可以通过屏幕截图获得效果类似于航拍或者卫星拍摄的图片；照片与地形轮廓的匹配过程是将照片定位并覆盖到地表轮廓上；合理控制贴图精度就是利用 LOD 技术，将地表轮廓模型分别贴上两层不同分辨率的卫星照片，在利用纹理增加真实感的同时提高系统图形渲染速度。图 7.6 给出了地形模型在 Vega Prime 中的效果图。

7.2.1.5　模型打包发布

在系统发布时，需要将模型及其所使用的纹理一起打包发布，但是部分纹理图片不能随包拷贝一起发布。为了解决这一问题，Vega Prime 软件提供了静态打包技术，即通过 VSG 工具对模型及其纹理文件打包，将 flt 格式转换为另一种格式——VSGB（Vega Scene Graph Binary）。转换为 VSGB 格式的意义在于：

（1）可以提高视景仿真系统加载模型数据库的速度。

（2）VSB 格式文件将纹理数据与模型数据集于一体，方便系统模型发布。

（3）VSB 格式模型不能被其他软件打开和修改，很好地保护了模型作者的版权。

图 7.6　Vega Prime 中显示的地形

7.2.2　武器装备实体模型的建立

7.2.2.1　实体建模技术概述

在末端防御武器系统视景仿真中，为了形象逼真地描述各武器装备的运转情况，需要对导弹发射车、跟踪高炮车等装备进行建模，这些装备称为实体。按照实体的运动状态，可以分为静态实体建模和动态实体建模两部分。实体建模的步骤如下：

（1）获取实体模型数据。通过实体图片和设计图纸等数据源获取实体的几何尺寸、外观形状、运动参数和纹理图片等数据。

（2）确定模型组织结构。按照实体真实结构，在建模时采用树状层次结构进行层次分解。一般步骤是先将实体分解为各分系统，然后将分系统分解为模块，最后将模块分解为最基本的点、线、面。

（3）可视化建模。利用 Creator 软件中的建模工具箱对系统中各实体进行建模，建模中应减少多边形的使用数量，尽量做到使用较少的多边形获得相同的逼真度。

7.2.2.2　静态实体建模

静态实体是指在模型驱动过程中始终保持静止的实体。静态实体建模就是对其进行几何建模，即用三角形和多边形构建实体几何形状，模拟静止实体的形状与外观。本系统中静态实体主要包括防御要地的营房、树木、应急电源车等。以应急电源车为例对其进行静态实体建模，具体步骤如下：

（1）获取应急电源车模型数据。分别从不同的正向角度拍摄应急电源车图片，获取纹理数据；从设计图纸中获取电源车的几何形状和尺寸。

（2）构建应急电源车层次结构。构建的层次结构合理与否直接影响应急电源车建模的逼真度和效率，图 7.7 为应急电源车实体模型层次结构图。其中 db 为模型数据库，car 节点为总组节点，包括车身（body）、车头（head）、车轮（wheel）三个组节点。每个组节点下又分为各个更小的模块，各最小模块由最基本的点线面构成。

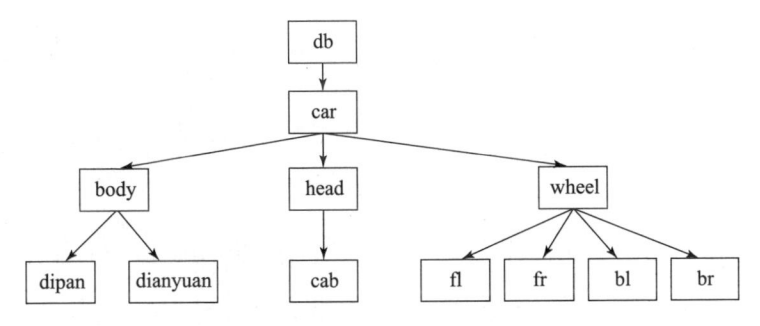

图 7.7　应急电源车模型层次结构图

（3）建立电源车模型。根据应急电源车模型数据和层次结构图，在 Creator 中利用建模工具箱按尺寸比例建立三维模型，着重解决模型优化和实时性的问题。

（4）纹理映射处理。在保证系统实时性的前提下，为了提高模型的逼真度，需要对模型进行纹理映射处理。图 7.8（a）和图 7.8（b）分别为采用纹理映射前后的应急电源车模型，从对比效果来看，纹理映射后的实体更加形象逼真。

（a）

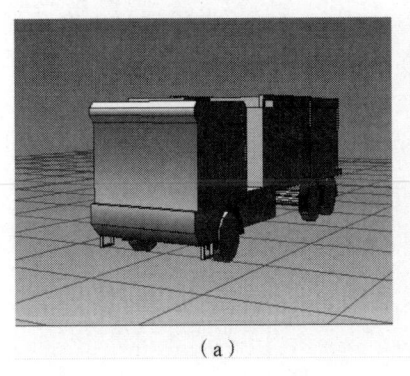

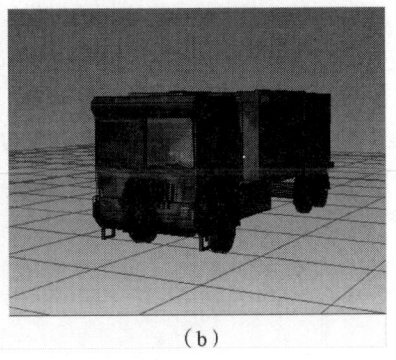

（b）

图 7.8　应急电源车三维模型
（a）未采用纹理的模型；（b）采用纹理的模型

7.2.2.3 动态实体建模

动态实体是指在模型驱动过程中需要控制其某些部位按特定轨迹运动的实体，即模型的某些部位是可动的。动态实体建模就是运用建模工具建立能够描述动态实体的三维模型。末端防御武器系统视景仿真中，除了静态实体外，还存在很多动态实体，如导弹发射车、跟踪高炮车、搜索指挥车、来袭导弹和飞机等。在动态实体建模时，不仅要满足系统实时性的要求，更要逼真地描述动态实体的运动特性。动态实体建模的一般做法是利用现实中实体二维图像作为背景制作 3D 模型。以导弹发射车为例对其进行动态实体建模，具体步骤如下：

（1）确定导弹发射车建模基本方法。导弹发射车建模是以二维扫描图像为基础，利用 Creator 软件提供的建模工具制作三维模型。利用背景图像制作模型的方法一般分为柱面工具法和截图法。对比分析这两种方法的特点，选用柱面工具法建立导弹发射车模型，选用截图法建立来袭飞机机身和导弹弹体模型。

（2）建立导弹发射车几何模型。首先确定导弹发射车的层次结构，发射车由车头、底盘、车轮、发射架构成。然后根据导弹发射车模型数据和层次结构图，在 Creator 中利用柱面建模法按照尺寸比例建立三维模型。

（3）创建 DOF 节点并定位。建立的几何模型只能描述导弹发射车的基本外形和轮廓，不能反映模型的运动特性。动态模型的运动必须与现实世界中的对象运动相一致，为了达到这个目的，需要对实体可动的部分进行自由度的定义和约束。自由度在 Creator 模型结构视图中由 DOF 节点来定义，在 Creator 中设置模型对象自由度的步骤为：

①首先创建 DOF 节点，并将 DOF 节点的子节点设置为模型对象的对应节点。
②然后定位 DOF 节点，即在对象上添加局部坐标系并设置自由度范围。
③最后检验模型对象，检测是否在自由度范围内运动，自由度的应用是否达到预期效果。

（4）纹理映射处理。未进行纹理映射处理的发射车模型，其外观真实度和真实发射车相比还有很大的差距。为提高模型的逼真度，我们将获取的发射车纹理图片在其对应的位置上进行纹理映射，代替大量多边形，达到降低建模复杂度和增加模型逼真度的效果。图 7.9 为建立的导弹发射车模型在 Vega Prime 中的效果图。

图 7.9　Vega Prime 中的导弹发射车模型效果图

7.3　武器系统视景场景驱动设计

7.3.1　坐标系统的创建和转换

末端防御武器系统攻防对抗过程视景仿真涉及多个坐标系模型。系统场景驱动设计的前提和基础是确定虚拟场景中各实体模型的空间坐标和姿态信息,因此掌握系统的相关坐标系及各坐标系之间的数据转换是进行场景驱动设计的重要部分[152]。

7.3.1.1　视景仿真常用坐标系

(1) 当地坐标系:以地形的中心点作为原点,XY 平面为海平面,X 轴为地理东西方向,Y 轴为地理南北方向,竖直方向为 Z 轴。当地坐标系是最简单的直角坐标系,当不考虑投影方式或者地球模型时可以使用。

(2) 发射坐标系:是以发射点为坐标原点的坐标系。它的 x 轴在发射点平面上，指向目标点；y 轴指向发射点铅垂线；根据右手法则可以确定 z 轴。发射坐标系适用于绝大多数的导弹、火炮等武器发射拦截仿真。

（3）大地坐标系：是基于经纬度和高程的坐标系。它的 x 轴为经度，指向东；y 轴为纬度，指向北；z 轴为高程，垂直于当地水平面指向上。大地坐标系适用于绕地球表面飞行的飞行器。

（4）地心坐标系：顾名思义，是以地心为原点，与地球固连的坐标系，又称地球坐标系。它的 x，y 轴在赤道平面内，x 轴指向赤道平面与格林尼治子午面的相交线；z 轴垂直于赤道平面，指向北极；可以按照右手法则确定 y 轴。地心坐标系适用于对远离地球表面飞行的飞行器定位。

（5）投影坐标系：即按一定规则将地球模型投影到二维平面后形成的坐标系。投影坐标系的 x 轴为经度，指向东；y 轴为纬度，指向北；z 轴为高程，垂直于投影后的平面指向上。投影坐标系适用于观察飞行器飞行轨迹。

7.3.1.2　VP 仿真坐标系统

Vega Prime 软件提供了当地坐标系、大地坐标系、地心坐标系和投影坐标系四种坐标系。在 VP 仿真坐标系统中，大地坐标系、地心坐标系和投影坐标系在创建和使用时都必须与地球模型相关联，都需要一个参考地球模型。由于本系统选用的当地坐标系不考虑地球模型，因此在 Vega Prime 中创建完坐标系统后，还须将坐标系统和坐标转换系统配合使用，只有这样才能定位对象的坐标和姿态值。

7.3.1.3　发射坐标系下的弹道解算

本系统的弹道数据都是在发射坐标系下进行解算的，以发射点为坐标原点，建立地面直角坐标系，Ox 轴与地面相切，指向来袭目标；Oy 轴垂直于地面，向上为正；Oz 轴垂直于 xOy 平面，组成右手直角坐标系，显然 xOy 平面为发射平面。敌方飞机在飞行末段，接近目标时以匀速直线运动，我近程导弹可以旋转发射，故可假设来袭飞机与防空导弹在 xOy 平面内。

防空导弹采取比例导引，即导弹速度矢量的转动角速度 $\dot{\theta}$ 和视线角速度 $\dot{q}$ 成比例。即

$$\dot{\theta} = K\dot{q} \tag{7.1}$$

其中，K 为比例系数。

对上式两边积分，得

$$\theta - \theta_0 = K(q - q_0) \tag{7.2}$$

防空导弹与目标相对运动关系如图 7.10 所示。

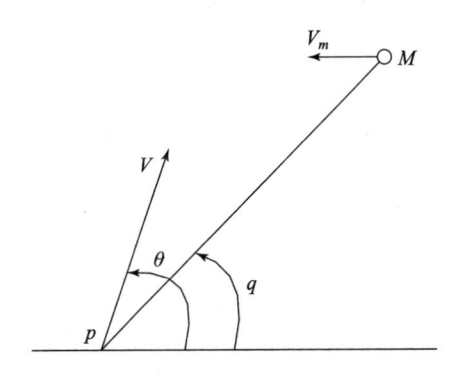

图 7.10 防空导弹与目标相对运动关系图

图 7.10 中，P 点和 M 点及其连线的变化可用方程表示：

$$\dot{R} = -V_m \cos q - V\cos(\theta - q) \quad (7.3)$$

$$R\dot{q} = V_m \sin q - V\sin(\theta - q) \quad (7.4)$$

式中，R 为弹目距离。将式（7.2）代入式（7.3）、式（7.4），得

$$\dot{R} = -V_m \cos q - V\cos((K-1)q + \theta_0 - Kq_0) \quad (7.5)$$

$$R\dot{q} = V_m \sin q - V\sin((K-1)q + \theta_0 - Kq_0) \quad (7.6)$$

令 $\tau_0 = \theta_0 - q_0$，即为制导开始时刻的前置角，可得

$$\dot{R} = -V_m \cos q - V\cos((K-1)(q - q_0) + \tau_0) \quad (7.7)$$

$$\dot{q} = V_m \sin q - V\sin((K-1)(q - q_0) + \tau_0)/R \quad (7.8)$$

7.3.1.4 坐标系间的数据转换

本系统所需的弹道数据是建立在发射坐标系下的，而在视景仿真中 Vega Prime 仿真坐标系统提供的是当地坐标系，所以需要对两者进行一定的转换。发射坐标系与当地坐标系的转换关系如图 7.11 所示。

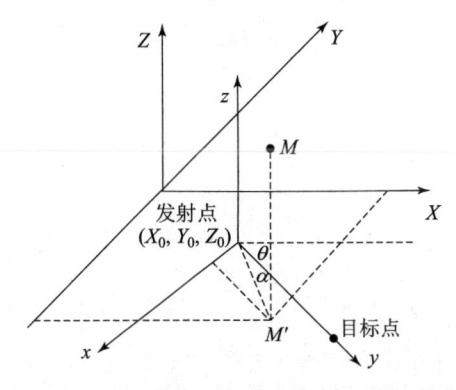

图 7.11 发射坐标系与当地坐标系转换关系

发射坐标系与当地坐标系的转换方法如下：

（1）发射坐标系转换为当地坐标系。图 7.11 中，(x,y,z) 代表的是发射坐标系，(X,Y,Z) 代表的是当地坐标系。可以得到转换公式：

$$\begin{cases} X = X_0 + \sqrt{x^2 + y^2}\cos(\alpha + \theta) \\ Y = Y_0 - \sqrt{x^2 + y^2}\sin(\alpha + \theta) \\ Z = Z_0 + z \end{cases} \quad (7.9)$$

其中，X_0，Y_0，Z_0 为发射点在当地坐标系下的坐标值；M 点在发射坐标系下的坐标为 x,y,z，在当地坐标系下的坐标为 X,Y,Z；θ 为 Y 轴正方向与 X 轴正方向的夹角；$\alpha = \arctan(x/y)$。

（2）当地坐标系转换为发射坐标系。由图 7.11，同理可得当地坐标系转换为发射坐标系的方程为

$$\begin{cases} x = \sqrt{(X-X_0)^2 + (Y-Y_0)^2}\sin\alpha \\ y = \sqrt{(X-X_0)^2 + (Y-Y_0)^2}\cos\alpha \\ z = Z - Z_0 \end{cases} \quad (7.10)$$

7.3.2　Vega Prime 驱动程序

7.3.2.1　Vega Prime 应用程序结构

Vega Prime 应用程序结构主要由五个部分组成，分别为初始化 Vega Prime、定义应用、配置应用、执行循环、关闭 Vega Prime。其流程如图 7.12 所示。

初始化 → 定义应用 → 配置应用 → 循环 → 关闭

图 7.12　Vega Prime 主程序流程

7.3.2.2　配置 Vega Prime 应用程序

Vega Prime 有多种版本，不同的版本对应着不同的 VC 开发环境。本系统选用成熟的 Vega Prime 2.2 版本，其开发环境为 VC++8.0，应用程序的生成分为创建工程并配置、加载 C++ 程序代码、编写生成 exe 文件三个步骤。要编译运行 Vega Prime 应用程序，就必须对其编译环境做相应的配置，步骤如下：

（1）配置 ACF 文件路径，在程序参数中输入文件路径。

（2）配置附加包含目录，在项目属性菜单中选择"C/C++"，常规。在附

加包含目录里输入

　　$(MPI_LOCATE_VFGA_PRIME)\include\vsg,$(MPI_LOCATE_VFGA_PRIME)\include\vega prime

（3）配置附加库目录，在连接器/常规菜单下添加附加库目录

　　　　　　　$(MPI_LOCATE_VFGA_PRIME_LIB)

（4）配置运行时库，选择C/C++/代码生成，在运行时库里选择多线程DLL/MDd。

以上4个步骤至关重要，确认配置正确后，才可以进行Vega Prime应用程序的编译工作。

7.3.3　系统初始化配置

系统初始化配置主要包括场景初始化配置、模型初始化配置、系统运行参数设置等。所有的系统初始化配置都是在VP中的LynX Prime用户界面中完成的，通过LynX Prime，开发者可以添加需要的类的实例对象，对实例对象设定参数并将其存储配置为ACF文件。

场景初始化是在LynX Prime中为场景类赋一个地形Open Flight文件值，赋值后用户就可以在Active Preview实时应用中浏览观察场景。模型的初始化是在LynX Prime中读取各模型文件，并对各模型的初始参数进行设置。系统运行参数的设置包括设置窗口参数、创建通道或者调节通道参数等。对导弹发射车模型进行配置后的场景如图7.13所示。

图7.13　导弹发射车模型配置图

7.3.4 系统场景的驱动实现

7.3.4.1 武器系统驱动模块

在末端防御武器系统中，涉及运动控制的装备主要有导弹发射车、跟踪高炮车、搜索指挥车、导弹以及飞机。在视景仿真系统中运动控制分为两种：实时控制的运动和不需要实时控制的运动。不需要实时运动控制的运动如发射后的导弹，当发射后只需按照读取的飞行坐标运动；实时控制的运动如车辆的运动，需要用户通过控制器控制其运动。本系统中各作战车辆的运动不需要实时控制，因此不再讨论实时控制的运动。除上述两种运动控制方式以外，在 Vega Prime 的仿真中还存在一种特殊的运动控制，即 DOF 节点控制。本系统中的防空导弹发射架以及防空高炮炮塔的运动就属于 DOF 节点运动控制。

在 Vega Prime 坐标系统中，用来描述物体运动的相关参数有 6 个，分别为描述对象位置的 x、y、z 和决定对象姿态的 h、p、r。x、y、z 表示对象在坐标系中的位置坐标，欧拉角 h、p、r 则分别代表航向角、俯仰角、滚动角。对物体进行运动控制时不仅要考虑建模时的坐标系，还要考虑视景场景中的坐标系，将 6 个参数都设置为 0 时，两个坐标系是重合的。

(1) 不需要实时控制的运动。对无须实时控制的物体进行运动控制，就是在该对象原有位置坐标的基础上增加一个变量。在连续的帧循环内，物体的运动可以理解为每一帧都增加一个变量。假如，当前的导弹位置坐标参数 x_n，y_n，z_n，姿态参数 h_n，p_n，r_n，建模时弹头方向为坐标系正 Y 轴方向，导弹运动速度为 v（m/帧）。求解导弹下一帧的位置参数 x_{n+1}，y_{n+1}，z_{n+1} 的计算方程如下：

$$\begin{cases} x_{n+1} = x_n - v \times \cos p_n \times \sin h_n \\ y_{n+1} = y_n + v \times \cos p_n \times \cos h_n \\ z_{n+1} = z_n + v \times \sin p_n \end{cases} \quad (7.11)$$

本系统中，导弹、飞机的运动是不需要实时控制的。

(2) DOF 节点控制。DOF 节点控制就是对对象局部运动部分的控制。本系统中的导弹车发射架的起落与旋转，搜索指挥车中搜索雷达的旋转，跟踪高炮车中火炮炮塔的旋转、炮管的起落都需要用到这种特殊的运动控制。

DOF 节点控制中对象运动参数 x、y、z、h、p、r 的含义与在非实时控制中的不同，其中 x,y,z 表示在 DOF 节点坐标系下的位置信息，h,p,r 为绕局部坐标系的姿态参数。实现 DOF 节点控制的前提条件就是在建模时设置好 DOF 节点并对节点进行配置。对 DOF 节点配置后，就可以对物体局部部分的运动进行控制了。需要注意的是，炮台或者炮管在建模时其 DOF 是有运动限制的。在运动限制时，可以使用 setConstraint( ) 函数达到这一目的。

7.3.4.2 环境视场模块

在完成系统中物体运动驱动的设计后，还需要获得物体运动的场景，特别是防空导弹作战过程的场景。环境视场即观察武器系统作战的视场，可以实现对作战场景的多方位观察，是系统场景驱动的重要组成部分。环境视场的设置包括视点的定点与跟随以及多通道的实现。

在 Vega Prime 仿真程序中可以允许用户设置多个窗口，考虑到本系统的实际需求，只设置一个窗口，在窗口下设置两个通道，每个通道绑定一个视点。窗口、视点、通道的关系如图 7.14 所示。

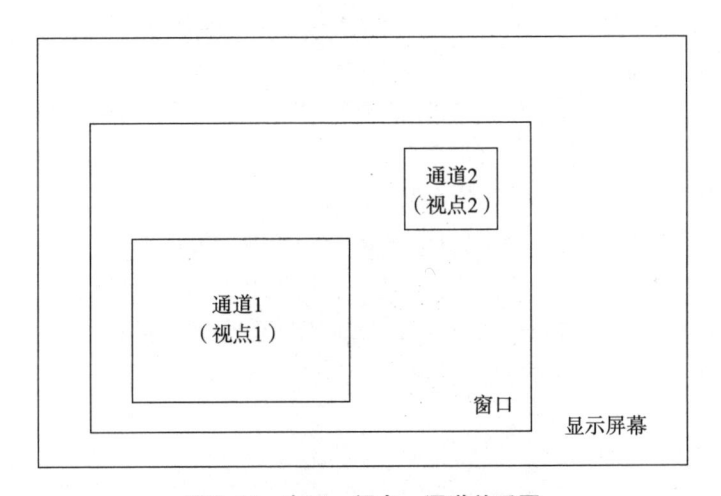

图 7.14　窗口、视点、通道关系图

1. 视点的定点与跟随

视点的变换与控制是实现视景仿真的重要组成部分，良好的视点设置能够增加系统的沉浸感和逼真度。本系统中，防空导弹和来袭目标的运动速度比较快，且作战半径比较大。为了更好地观察导弹、飞机等物体的运动场景，特别是防空导弹从发射、飞行到击毁敌方目标的全过程，需要在系统中对视点进行相关的设置。Vega Prime 为用户提供了 6 种视点设计方式，结合本系统需求，视点方式选择定点模式和跟随模式。

（1）定点模式。定点模式的视点在设置后其位置和姿态信息保持不变，主要用于从固定的角度观察场景。本系统中，为清晰观察导弹发射、飞机起飞的场景，其场景视点选择定点模式，定点视点的设置在 Lynx Prime 中配置完成。

(2) 跟随模式。跟随模式是将视点设置在运动物体的相对位置，保持视点与物体相对坐标不变或按照一定规律绕物体旋转，并跟随物体一起运动。在观察导弹或飞机的飞行运动时，需要设置跟随视点。

跟随视点的设置方法有两种，即使用 VP Transform 和程序代码设计。VP Transform 是一个动态坐标系统，是一种关系，转换的值与父系统有关。在本系统中，通过 VP Transform 可以将视点与所需观察的对象（如导弹、飞机）之间的位置绑定，从而完成跟随视点的设置。由于利用程序代码设计比利用 VP Transform 转换的方法更加灵活，因此采用程序代码设计完成对导弹和飞机飞行运动的场景跟随。

2. 多通道的实现

在系统视景场景设计中，需要在同一时刻跟踪观察导弹与敌方来袭目标的飞行姿态，这就需要在多个通道绑定不同的视点，即多通道技术的实现。本系统主要设计了三个显示通道：

(1) 发射观察通道，设定于防御要地侧前方，用于观察防空导弹、火炮发射。

(2) 导弹跟踪通道，用于观察防空导弹的爬升、飞行以及攻击拦截目标的全过程。观察方式可由固定跟随观察转换为绕导弹的旋转观察。

(3) 目标跟踪通道，用于观察来袭飞机的飞行及被击毁的过程。

本系统利用 Vega Prime 中的 Lynx Prime 界面配置和代码设计完成所需的多通道显示，Lynx Prime 界面配置主要完成通道的绘制区域，代码设计完成通道的删减与增加。

7.4 碰撞检测和特效实现

7.4.1 碰撞检测模块

7.4.1.1 碰撞检测概述

在视景仿真中，检测运动实体之间或者运动实体与静止实体之间是否发生碰撞并对碰撞做出反应的过程称为碰撞检测[153]。碰撞检测的完整功能包括检测碰撞发生和对发生的碰撞做出反应。碰撞检测是视景仿真系统的重要组成部分，能否快速精准地对碰撞进行检测和反应将直接影响到系统的真实性。同时，满足检测的实时性和精确性是对一个碰撞检测过程的基本要求。在视景仿真系统中，碰撞检测速度达到 24Hz 才能满足实时性要求，而精确度则取决于具体应用。

实现碰撞检测最基本的方法是计算实体与实体间的相对位置，这种方法适用于较简单的模型检测，但对于模型较多且比较复杂的仿真系统来说，这种检测方法计算量大，不容易实现。包围盒法是一种优化的碰撞检测方法，它将复杂的模型用"盒子"包装起来，在进行碰撞检测时首先对实体包围盒是否相交做出检测，如果不相交则判定实体不碰撞；如果相交，则对实体是否相交做进一步判断。包围盒法的优点在于能够快速排除不可能相交的实体，起到加快碰撞检测速度的作用。

Vega Prime 为用户提供了 7 种碰撞检测算法，每种算法的应用方向各不相同。需要说明的是，Vega Prime 提供的碰撞检测功能与物理引擎不同，它只能提供是否发生了碰撞，至于碰撞后发生的事件只能由用户通过编写 Api 函数进行控制。通过 Vega Prime 模块的碰撞检测机制可以看出，在对简单、精度要求低的模型进行碰撞检测时非常有效，而对运动范围广且快速运动的物体进行碰撞检测时，Vega Prime 碰撞检测算法远远达不到要求。

7.4.1.2 基于包围盒的碰撞检测算法

由于 Vega Prime 的碰撞检测算法不能满足快速飞行的导弹和飞机的碰撞检测需求，所以本系统采用更适合此类碰撞检测的包围盒法。常用的包围盒类型有 AABB（Aligned Axis Bounding Box）包围盒、OBB（Oriented Bounding Box）包围盒、Sphere 包围球。通过对常用包围盒法的优缺点进行分析可知，任何一个单独算法都不能满足末端防御武器系统视景仿真的需求。因此，本系统提出了一种基于 Sphere 和 OBB 的混合包围盒碰撞检测算法[154]：上层选择 Sphere 包围球快速排除对象不相交的情况；下层选择 OBB 包围盒，对于表面特征复杂、形状不规则，具有较突出可活动组件的对象，根据其几何特点进行紧密的包围，减少相交测试的包围盒数目。

基于 Sphere 和 OBB 包围盒的碰撞检测算法，首先对不会发生碰撞的物体进行快速排除，然后对可能碰撞的物体进行进一步检测，即首先用上层 Sphere 包围球进行相交测试，快速排除不可能发生碰撞的物体，若包围球相交再进行 Sphere 与 OBB 包围盒和 OBB 包围盒之间的相交测试。图 7.15 为相交测试的流程图。

相交测试的具体步骤如下：

(1) 包围球相交次测试。判定两个包围球 (d_1, r_1)、(d_2, r_2) 是否相交，只需判断两球心距离是否小于两球半径之和。若 $d_1 - d_2 < r_1 + r_2$，则两个包围球相交。为计算简便，公式简化为[155-157]

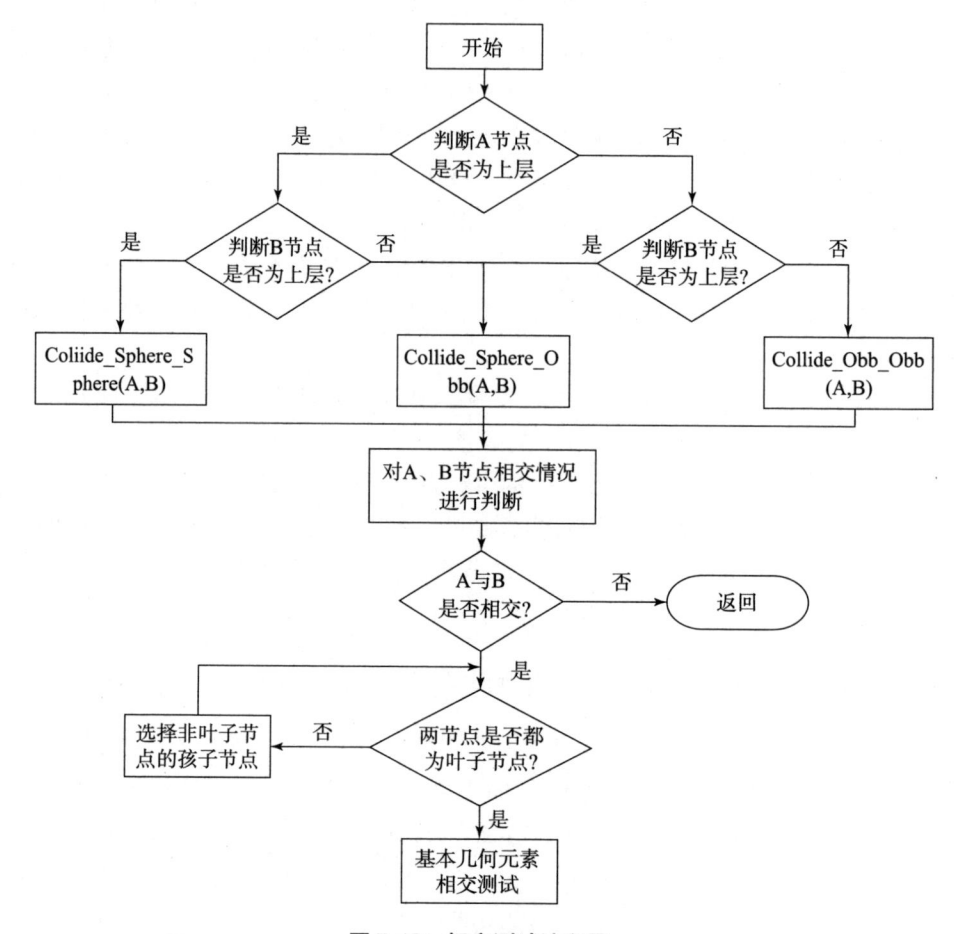

图 7.15 相交测试流程图

$$(d_1 - d_2)^2 < (r_1 + r_2)^2 \tag{7.12}$$

(2) Sphere – OBB 相交测试。两个包围盒分别位于包围盒树的不同层次时进行 Sphere – OBB 相交测试,测试算法如下:采用分离轴理论进行相交测试,共有 3 个分离轴,S 为 OBB 中心到 Sphere 圆心的距离,Z 为一个分离轴,r_x 为包围盒 X 在 Z 上的投影半径,r_y 为 S 在球内的部分在 Z 上的投影,公式如下[158,159]:

$$|S \cdot Z| > r_x + r_y \tag{7.13}$$

若公式成立,则不相交,否则继续判断;若三个投影公式都不成立,则两个包围盒相交。

(3) OBB 包围盒之间的相交测试。两个包围盒都位于包围盒树的下层时进行 OBB 包围盒之间的相交测试。OBB 包围盒基于分离轴理论进行相交测试,两个 OBB 包围盒共有 15 个分离轴,当且仅当一个方向上分离轴投影不重叠,包围盒就不相交。T 为 A 包围盒中心到 B 包围盒中心的距离，L 是一个分离轴，r_a、r_b 分别是 A、B 在 L 上的投影半径，公式如下[160]：

$$|T \cdot L| > r_a + r_b \qquad (7.14)$$

若公式成立，则不相交，否则继续判定余下的分离轴；如果所有分离轴都满足此条件，则两包围盒相交。

7.4.2 特殊效果的实现

为了提高系统战场环境的真实性和沉浸感，需要对场景中的特殊效果进行仿真，如导弹尾部火焰、火炮发射火焰、导弹击毁飞机的爆炸效果和战场中的雨雪天气效果等。然而火焰、烟云和爆炸等现象的外观形状非常复杂且不规则，并且会随着时间的变化而变化，所以使用传统的建模技术很难实现上述特殊效果。由 Reeves 提出的粒子系统模型是构造不规则物体最有效的图形生成算法，所以本系统利用粒子系统来实现战场环境的雨雪、云雾效果和火焰、爆炸效果。

7.4.2.1 粒子系统

粒子系统这一概念在 1983 年由 Reeves 首次提出[161]，它是一种构建不规则模糊物体模型（火焰、云雾等）的方法。粒子系统的基本思想是把不规则物体，如火焰、烟云等，看作是由许多个微小的粒子构成的粒子集合。各个微小的粒子拥有不同的属性，包括形状、颜色、大小、位置、速度等。这些属性都与时间有关，随着时间变化每个粒子都会经过产生、运动、死亡三个阶段。粒子的运动特性使得粒子系统始终处于变化状态，所以说用粒子系统构建的物体是不确定的，其状态是一直变化着的。粒子系统这一特性使得构建虚拟战场环境的雨雪、云雾效果和火焰、爆炸效果成为可能。利用粒子系统实现某帧画面渲染的步骤如下：

(1) 在系统中生成新的粒子。
(2) 赋给所有新生成的粒子初始属性。
(3) 遍历所有粒子，对达到生命周期的粒子进行删除。
(4) 根据运动规则和算法对余下粒子进行变换和更新。
(5) 对所有剩余粒子进行渲染绘制。

7.4.2.2 气象仿真模块

在末端防御武器系统视景仿真中，气象仿真模块负责模拟多种战场气候，如雨雪、晴天、多云等。

1. 雨雪效果的粒子模型

(1) 雨雪粒子的静态属性。雨雪粒子的静态属性主要有形状、大小、颜色和透明度等。粒子的形状由三维球体定义,粒子的大小由球体半径决定,粒子颜色与雨雪的外观颜色相一致,粒子透明度决定雨雪外观透明度。

(2) 雨雪粒子的动态特性。本系统中,雪花粒子的质量很小,可以对其忽略不计。排除重力的影响后,可将雨花粒子的运动理解为空气的运动。在实际应用中我们排除掉空气的黏度和粒子间的碰撞,可以得到雪花粒子的运动模型为[162-165]

$$v = v_0 + \int a dt \tag{7.15}$$

$$s = s_0 + \int v dt \tag{7.16}$$

式中,v_0 为粒子初始速度;v 为粒子速度;s_0 为粒子初始位置;s 为粒子位置;粒子加速度为 a。

雨滴的运动特性和雪花不同,雨滴的运动受到重力的影响。系统中,我们将雨滴的运动看作是雨滴受重力影响的自由落体运动与空气运动的结合。g 为粒子重力加速度,雨滴的运动模型如下[166-168]:

$$v = v_0 + \int (a + g) dt \tag{7.17}$$

$$s = s_0 + \int v dt \tag{7.18}$$

2. 云雾效果的粒子模型

云雾模型由 Matthias Unbescheiden 和 Andrzej Trembilski 于 1998 年首次提出。云雾模型的构造采用了粒子系统、纹理映射和物理模型等技术。为了提高云雾粒子系统仿真的实时性,必须减少粒子数量,而采用具有纹理的多面体定点替代粒子群正是 Unbescheiden 构建云雾模型的核心思想。根据浮力原理,冷却定律和理想气体定律,Unbescheiden 等提出的云雾粒子运动模型为[169]

$$F_{up}(t) = \frac{gpV}{R}\left[\frac{\mu_A}{T_A} - \frac{\mu_C}{(T_C(0) - T_A)\exp(-t/\tau) + T_A}\right] \tag{7.19}$$

式中,$\tau = \frac{c_p m_c}{\alpha m_A}$,$c_p$ 为常压下云的热容量;α 为常量;m_c,m_A 为云和空气的质量;F_{up} 为云所受浮力;t 为时间;g 为万有引力常量;p 为大气压力;V 为云的体积;R 为普适气体常量;μ_A,μ_C 分别为空气分子和云分子的平均分子量;T_A,T_C 分别为空气和云的温度。风对雨点的影响可以用摩擦力参数 F_{FR} 表示,如下式[170]:

$$F_{FR} = C_{FR}(V_{wind} - V_{colud}) \tag{7.20}$$

3. 战场气象设计

防御要地的战场气象主要包括晴天、多云、雨雪等，Vega Prime 提供了包括上述气象在内的多种环境模块，能够满足防御要地的气象仿真要求。LynX Prime 中的气象环境默认为晴天，雨雪效果需要在 vpEnvRain 和 vpEnvSnow 中进行设置实现，云雾效果在 vpEnvCloudLayer 中实现。具体方法为在 LynX Prime 界面工具下的 vpEnv 中添加雨雪效果和云雾效果的对应类。

7.4.2.3 火焰及爆炸特效模块

现实世界中，导弹的发射和飞行都会伴随着火焰，导弹击毁目标也会出现爆炸现象。为了提高虚拟场景的真实性和沉浸感，需要对导弹尾部喷出的火焰以及导弹击中目标时的爆炸效果进行设计。

1. 火焰效果的粒子模型

（1）火焰粒子的初始位置。火焰粒子的初始位置位于平行于世界坐标系 XOZ 平面的一个圆内。假设此圆的圆心为 O_x, O_y, O_z，半径为 r，则其方程为

$$(x - o_x)^2 + (z - o_z)^2 = r^2 \tag{7.21}$$

新粒子的初始位置[171-174]如下所示，其中 rand( ) 为随机函数。

$$\begin{cases} x = o_x + \text{rand}(\ ) \times r \\ y = o_y \\ z = o_z + \text{rand}(\ ) \times r \end{cases} \tag{7.22}$$

（2）火焰粒子的速度。采用球面坐标系对火焰粒子运动速度方向进行描述，设速度 v 与世界坐标系 z 轴正方向的夹角为 α，在 XOZ 平面上的投影与 x 轴正方向夹角为 β，则有

$$\begin{cases} v_x = v \times \sin\alpha \times \cos\beta \\ v_y = v \times \sin\alpha \times \sin\beta \\ v_z = v \times \cos\alpha \end{cases} \tag{7.23}$$

（3）火焰粒子的生命周期。在现实世界中，火焰在焰心区域的火苗高度最高，火焰粒子在焰心区域的生命周期比较长，所以在构建火焰效果的粒子模型时应加入位置因子扰动，从而提高火焰粒子周期。位置因子扰动取决于火焰粒子的初始位置，位置因子 k 的定义如下：

$$k = \begin{cases} b, & \sqrt{x^2 + z^2} < r' \\ 0, & \text{其他} \end{cases} \tag{7.24}$$

式中，$b > 0$；r' 为阈值且 $o < r' < r$；加入位置因子扰动后，火焰粒子的生命周期 $L' = (1 + k)L$，L 为未添加扰动的粒子生命周期。

2. 爆炸效果的粒子模型

爆炸特效与火焰特效粒子模拟的区别在于：

（1）爆炸效果的模拟不会产生新粒子，只需改变初始粒子的属性即可。

（2）爆炸粒子的形状属性设计。通过预先构建一系列不同形状的爆炸碎片模型，使用随机函数增加爆炸粒子属性，从而实现爆炸碎片形状的多样性，提高爆炸效果逼真度。

（3）爆炸粒子的旋转运动。运动方程为[175,176]

$$\begin{cases} p(i) = p(i-1) + \omega_x \times (f_i - f_{i-1}) \\ h(i) = h(i-1) + \omega_y \times (f_i - f_{i-1}) \\ r(i) = r(i-1) + \omega_z \times (f_i - f_{i-1}) \end{cases} \quad (7.25)$$

式中，p,h,r 为粒子绕 x,y,z 轴正方向旋转的角度；$\omega_x,\omega_y,\omega_z$ 为角速度。

3. 火焰及爆炸特效设计

系统中火焰及爆炸特效主要包括导弹尾焰和导弹击中飞机时的爆炸效果，Vega Prime 提供了包括上述特效在内的多种效果模块，能够满足本系统火焰及爆炸特效设计要求。

7.5 视景仿真软件实现及运行结果

7.5.1 视景仿真软件实现

视景仿真软件的实现需要调用 Vega Prime 库函数，本系统采用的 Vega Prime2.2 软件编译环境为 VC++8.0。

7.5.1.1 程序结构

为了实现与窗口界面的交互仿真，避免在使用单线程时系统资源被仿真程序帧循环全部占用，末端防御武器系统视景仿真软件采用多线程结构[177,178]，即分别为 Vega Prime 仿真程序帧循环和窗口界面交互控制提供各自的线程。两线程之间通过全局变量进行仿真信息的传递，界面控制程序线程可以将各配置参数通过这种方式发送到 Vega Prime 仿真线程，达到交互仿真的设计要求。视景仿真软件的多线程结构如图 7.16 所示。

图 7.16 中的运动数据为系统监控分析节点发送给视景仿真节点的弹道数据，界面控制线程建立网络通信并监控网络数据，当发现监控分析节点发送信息时，

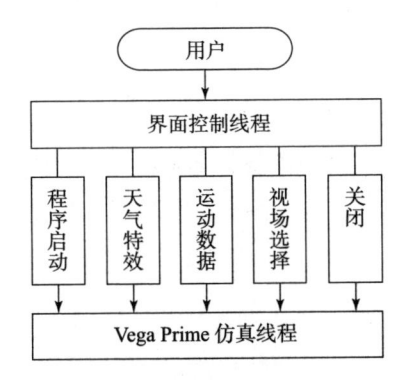

图 7.16 视景仿真程序的多线程结构

接收、处理数据并发送给 Vega Prime 仿真线程，实现实时的视景仿真。视景仿真软件的程序执行流程如图 7.17 所示。

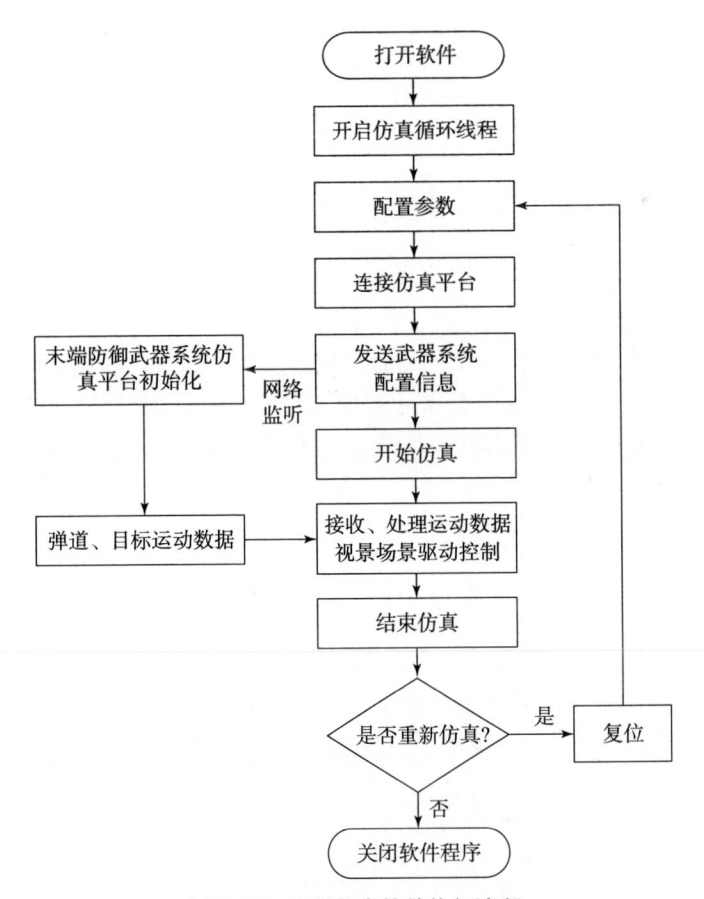

图 7.17 视景仿真软件执行流程

7.5.1.2 网络监听程序设计

视景仿真软件运行时，为了接收弹道、目标运动数据和发送武器系统配置参数信息，需要对网络实时监听。网络监听技术采用 Windows Sockets 网络套接字编程[179,180]。Windows Sockets 支持 TCP 和 UDP 两个传输协议，相比之下，UDP 协议通信开销更小，效率更高，更适合本系统网络数据的实时接收和发送。网络监听程序的流程如图 7.18 所示。

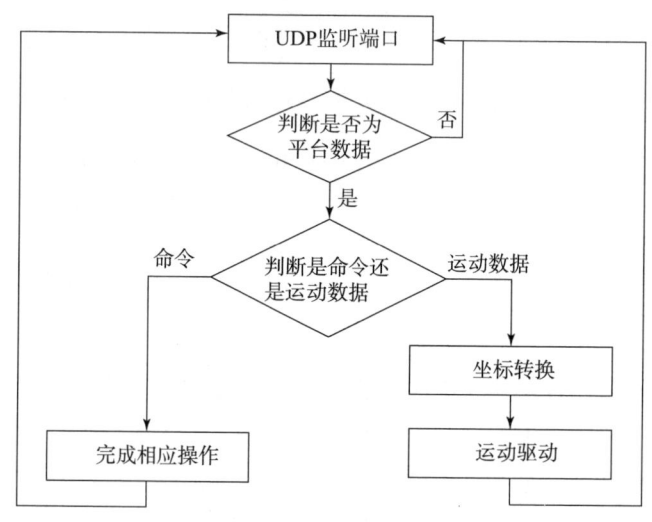

图 7.18 网络监听程序工作流程

本系统通过网络数据包协议检验通信数据，如果监听端口将通信数据判断为控制命令，则对命令相应的全局变量型标志变量赋值；如果判断为运动数据包，则获取相应运动数据，将其存为全局变量并发送给场景驱动，完成对导弹、目标的运动控制。

7.5.1.3 MFC 下的系统界面设计

（1）Vega Prime 的界面需求分析。Vega Prime 拥有多种不同模块的 API，并包含全部的 C++ 应用程序接口，但是其自身并不具备完整的窗口函数，只能提供部分窗口管理函数，所以 Vega Prime 实时仿真程序的实现需要一个功能强大的"窗口"系统。本系统的界面需求主要包括 VP 的启动和关闭按钮、天气特效的选择、视点控制按钮、发射和复位按钮等，按钮数量较多，如果只利用 Vega Prime 自身的窗口、事件管理函数实现，只能达到借助键盘控制的效果，交互性比较差。基于文档和视图结构的 MFC 是常用的界面开发工具，可以为用户提供完整的窗口、时间管理函数，能够满足 Vega Prime 的界面需求。

（2）系统界面规划。本系统的界面设计主要分为两个部分：视景场景显示区域和界面控制区域。视景场景显示区域用于三维虚拟场景的显示；界面控制区域用于放置操作按钮，如天气特效的选择、视点控制按钮、发射和复位按钮等。系统界面的规划结构如图 7.19 所示。

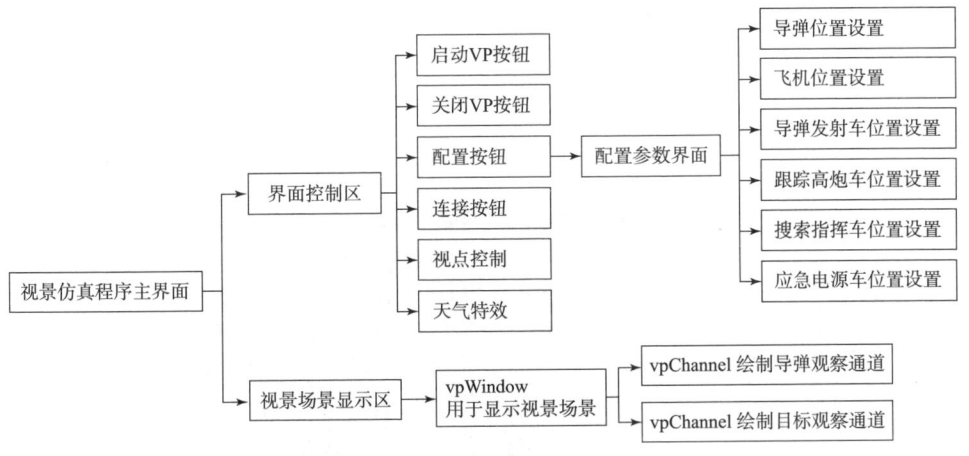

图 7.19　系统界面规划结构框图

（3）窗体嵌入技术。启动程序后，最先显示的是基于 MFC 设计的窗口，按下"启动 VP"按钮后，Vega Prime 将进行初始化配置并建立 Vega Prime 窗口。这样就会出现两个分离的窗口，如图 7.20 所示。

图 7.20　MFC 窗口与 Vega Prime 窗口相互独立

图 7.20 中两窗口相互独立的现象不符合易操作和交互设计的界面要求，本系统采用窗体嵌入技术，设置 Vega Prime 窗口句柄的父亲为 MFC 窗口，实现了窗体界面的嵌入。

7.5.2 仿真运行结果

按照视景仿真软件程序的执行流程，仿真运行结果如下：

(1) 启动仿真软件，单击"VP 启动"按钮，执行视景仿真循环线程，如图 7.21 所示。

图 7.21 仿真软件启动界面

(2) 单击"参数配置"按钮，进入参数配置界面，对导弹发射车、跟踪高炮车、搜索指挥车、应急电源车以及来袭导弹和飞机位置参数进行设置，如图 7.22 所示。

图 7.22 参数配置界面

第 7 章　末端防御武器系统视景仿真软件设计与实现　　255

（3）设置仿真平台 IP 地址，单击"连接"按钮，将软件与仿真平台相连，如图 7.23 所示。

图 7.23　设置平台连接地址

（4）仿真平台初始化，读取配置参数信息，进行弹道数据解算，并发送给视景仿真软件，单击"发射"按钮，进入要地发射场景，跟踪高炮车炮台抬起并随动，导弹发射架起竖，打开发射盖并发射，如图 7.24 所示。

(a)　　　　　　　　　　　　　　(b)

图 7.24　武器系统发射场景
(a) 发射架起竖，炮台抬起；(b) 打开发射盖，发射导弹

（5）通过读取平台弹道数据实现对导弹飞行运动的控制，用户通过"视点控制"按钮调整观察导弹飞行的视点和视距，如图 7.25 所示。通过"天气特效"按钮产生雨雪、云雾等天气效果，如图 7.26 所示。

（6）双通道显示导弹拦截并摧毁敌方目标场景，产生爆炸效果，敌方飞机坠毁并冒烟，完成作战仿真任务，如图 7.27 所示。

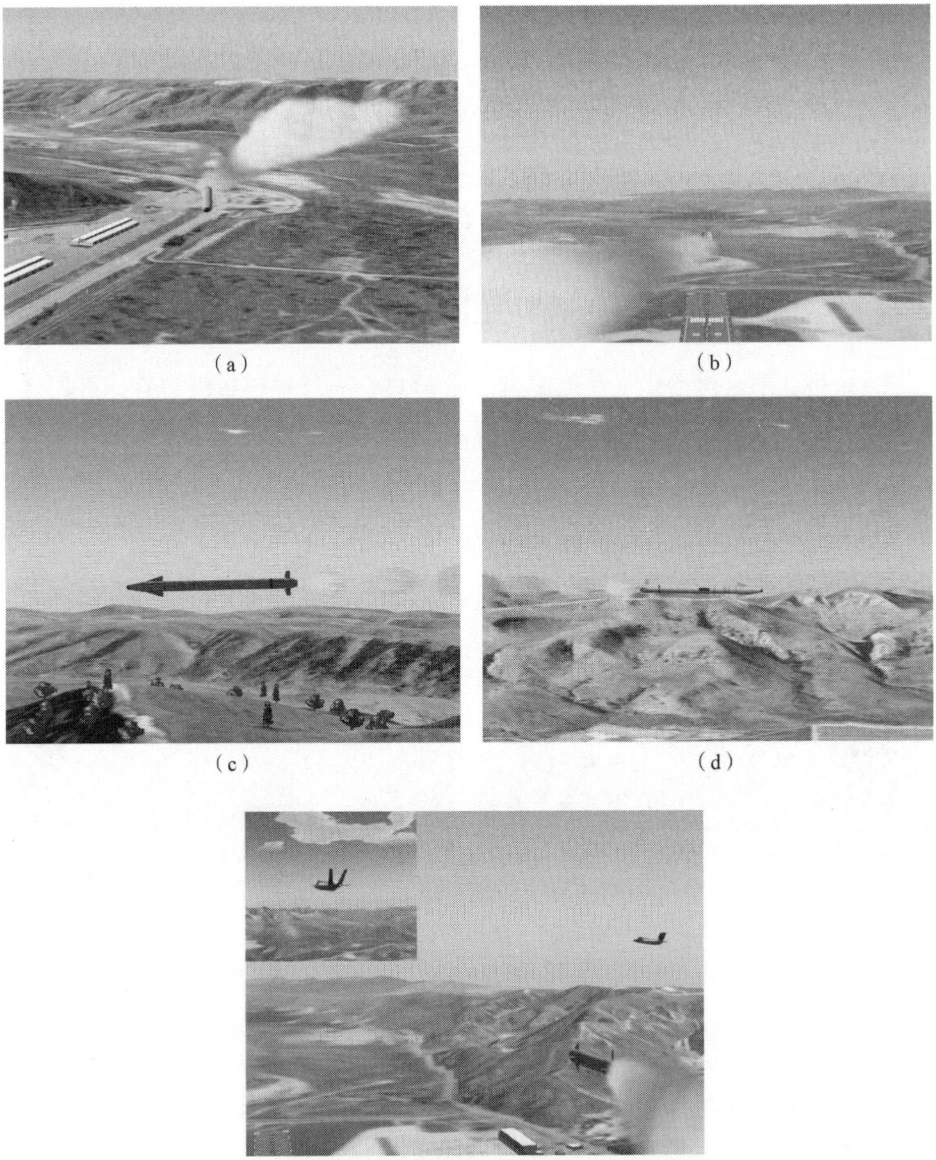

图 7.25　多视点、多通道观察

(a) 前方视点观察导弹飞行；(b) 后方视点观察导弹飞行；(c) 左侧视点观察导弹飞行；
(d) 右侧视点观察导弹飞行；(e) 视点跟随和多通道观察导弹飞行

第7章 末端防御武器系统视景仿真软件设计与实现 257

图 7.26 战场环境天气特效
(a) 雨天天气特效；(b) 雪天天气特效；(c) 云雾天气特效

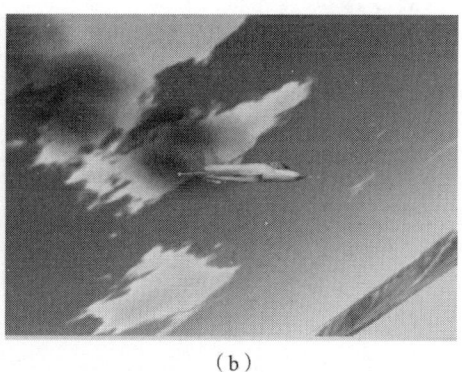

图 7.27 导弹拦截并摧毁敌方目标
(a) 导弹击中敌方飞机并爆炸；(b) 敌方飞机被击落并冒烟

参 考 文 献

[1] 刘兴堂. 现代系统建模与仿真技术 [M]. 西安：西北工业大学出版社, 2011.
[2] 黄文清. 作战仿真理论与技术 [M]. 北京：国防工业出版社, 2011.
[3] 毛保全, 王国辉, 丁烨, 等. 车载武器建模与仿真 [M]. 北京：国防工业出版社, 2011.
[4] 刘杰. 基于仿真的陆军弹炮混编防空火力系统效能分析 [D]. 长沙：国防科技大学, 2008.
[5] M Radulescu, SANDRU, Vasile-loan. Integration of the vshoradmissile with the small caliber anti-aircraft guns-a way for an increasing efficacity [J]. Scientific Research & Education in the Air Force – AFASES, 2013.
[6] 唐勤洪. 弹炮结合末端防御系统部署优化方法研究 [D]. 西安：火箭军工程大学, 2017.
[7] 王伟. 导弹阵地末端防御武器系统作战仿真技术研究 [D]. 西安：火箭军工程大学, 2015.
[8] 王少刚, 李群, 李晨, 等. "密集阵" 武器系统模型与仿真 [J]. 计算机仿真, 2008, 36 (11)：75 – 79.
[9] 范勇. 弹炮结合防空武器系统作战模拟仿真模型研究 [J]. 弹箭与制导学报, 2009, 31 (5)：23 – 26.
[10] 朱少强, 李执力, 吴三宝. 弹炮结合防空武器系统作战仿真模型研究 [J]. 飞航导弹, 2010, 32 (10)：55 – 58.

［11］石继召，张原，段慧卿．近程防御系统分布式仿真平台设计［J］．通信技术，2006（6）：64-66．

［12］王庆江，高晓光．反舰导弹末端机动突防"密集阵"系统的模型与仿真［J］．系统仿真学报，2008，20（6）：1390-1393．

［13］王涛，李桥，基于 ExtendSim 的弹炮结合系统作战效能仿真研究［J］．火炮发射与控制学报，2013（1）：20-24．

［14］徐景硕，秦浩，高扬，等．仿真飞行轨迹的设计及应用［J］．航空电子技术，2012，43（1）：25-29．

［15］杨莉，安红．作战飞机机动飞行航迹仿真建模研究［J］．微计算机信息，2011，27（11）：132-134．

［16］刘迪．空间飞行目标运动轨迹仿真技术研究［D］．北京：北京理工大学，2014．

［17］郭佳音．飞机机动航迹模型及模拟软件设计［D］．西安：西安电子科技大学，2017．

［18］彭峰生，廖振强．弹炮结合防空武器系统毁伤概率分析与仿真［J］．火力与指挥控制，2009，27（3）：59-62．

［19］耿振余，毕义明．弹炮结合武器效能仿真的毁伤模型［J］．火力与指挥控制，2007，23（5）：99-101．

［20］胡建辉，王俱海，姚光伦．基于 Monte-Carlo 方法的弹炮结合防空武器系统毁歼概率仿真研究［J］．军事运筹与系统工程，2008，32（4）：40-44．

［21］张杰，白江，孙旭文．舰载弹炮结合武器系统抗击效率模型［J］．火力与指挥控制，2010，35（7）：102-104．

［22］张迪哲．基于分段插值的雷达遮蔽角绘图的研究和实现［D］．西安：西安电子科技大学，2015．

［23］李晓翠．GIS 技术在空间选址中的应用［D］．西安：长安大学，2009．

［24］杨建军，陈良，陈元喜．结合 GIS 与模糊评价法的快速选择雷达阵地方法［J］．空军雷达学院学报，2011，25（1）：28-30．

［25］陈国生，谭良才，徐长江．基于 BP 神经网络的防空预警雷达阵地选址决策方法［J］．指挥控制与仿真，2013，35（6）：26-30．

［26］陈娇．无人机航摄系统测绘大比例尺地形图应用研究［D］．昆明：昆明理工大学，2013．

［27］黄太山．巧用 GIS 空间叠置分析计算遮蔽角［J］．北京测绘，2014，13（4）：55-57．

［28］吴志林，王涛，张济众，等．基于航测数据的防空雷达部署研究［J］．雷

达科学与技术,2018,16(1):43-48.

[29] 陈杰,陈晨,张娟,等. 基于 Memetic 算法的阵地防空优化部署方法[J]. 自动化学报,2010,36(2):242-248.

[30] 刘立佳,李相民,颜骥. 基于高维多目标多约束分组优化的阵地防空扇形优化部署[J]. 系统工程与电子技术,2013,35(12):2513-2520.

[31] 雷宇曜,姜文志,刘立佳,等. 基于子目标进化算法的阵地防空武器系统优化部署[J]. 系统工程与电子技术,2016,38(2):314-322.

[32] 赵鹏蛟,李建国,李红霞,等. 基于 Memetic 算法的阵地防空兵力机动部署优化方法[J]. 火力与指挥控制,2018,43(9):25-29.

[33] 李执力,王静滨,吴三宝. 弹炮结合防空武器系统作战仿真模型研究[J]. 飞航导弹,2005,25(1):14-19.

[34] 包强,郑钦,张国新. 弹炮结合武器系统作战效能评估[J]. 情报指挥控制系统与仿真技术,2005,27(4):54-58.

[35] 石磊,石德平. 弹炮结合武器系统效能评估方法研究[J]. 现代防御技术,2008,36(1):10-16.

[36] 郭强,张振友,王敬中,等. 弹炮结合防空武器系统作战效能研究[J]. 现代防御技术,2009,31(1):5-8.

[37] 赵广彤,俞一鸣,刘群,等. 基于排队论的防空导弹武器系统作战效能研究[J]. 现代防御技术,2014,42(1):19-24.

[38] 姜海波,邱国新. 针对随机编队攻击的防空武器系统效能分析[J]. 舰船电子工程,2014,34(4):141-144.

[39] 张峰,关永胜. 基于排队论的多通道防空武器系统作战效能研究[J]. 中国电子科学研究院学报,2015,10(3):293-297.

[40] 陈金宏,鲁明,黄凯. 改进的防空导弹武器系统作战效能评估模型[J]. 现代防御技术,2017,45(3):13-20.

[41] 张月星. 弹炮结合武器系统总体设计研究[D]. 太原:中北大学,2014.

[42] 陈伟,刘俊邦. 基于蒙特卡罗方法的防空导弹作战模拟[J]. 现代防御技术,2009,26(2):73-76.

[43] JW D Siegelman, EM Schmidt. Sabot Design Optimization [C]. AIAA Atmospheric Flight Mechanics Conference, 1981:2-6.

[44] 张继传,王声才,现代末端防御武器系统探析[J]. 火力与指挥自动化,2008,32(04):63-66.

[45] 吕超. 弹炮结合武器系统拦截巡航导弹效率模型[J]. 兵工自动化.2011,23(01):45-48.

[46] 范勇,陈有伟,李为民. 弹炮结合防空武器系统火力分配模型 [J]. 火力与指挥控制, 2004, 23 (3): 67-70.

[47] 曾兴平. 弹炮结合武器系统作战仿真模型 [J]. 战术导弹技术, 2005 (4): 37-42.

[48] 李英杰,贾燕军,李相民. 近程防空导弹拦截巡航导弹的建模与仿真 [J]. 兵工自动化, 2010, 36 (12): 38-41.

[49] 马拴柱,刘飞. 地空导弹射击学 [M]. 西安:西北工业大学出版社, 2012.

[50] 田棣华,肖元星,王向威,等. 高射武器系统效能分析 [M]. 北京:国防工业出版社, 1991.

[51] 赵德功,夏永红,匡华星,等. 逻辑航迹起始算法性能研究 [J]. 雷达与对抗, 2016, 36 (1): 18-23.

[52] 温包谦,王涛,成坤,等. 典型空中目标动态 RCS 特性仿真研究 [J]. 弹箭与制导学报, 2020, 40 (2): 5-9.

[53] 方辉煜. 防空导弹武器系统仿真 [M]. 北京:宇航出版社, 1995.

[54] 韩海波. 战斗机空战仿真技术研究 [D]. 南京:南京航空航天大学, 2006.

[55] 朵英贤,宋遒志. 战斧巡航导弹的作战模式与技术发展 [J]. 中北大学学报, 2005, 26 (6): 403-407.

[56] 黄培康,殷红成,许小剑. 雷达目标特性 [M]. 北京:电子工业出版社, 2005.

[57] 陈秦,魏薇,肖冰,等. 国外武器装备 RCS 测试外场研究现状 [J]. 表面技术, 2012, 41 (5): 129-132.

[58] 张居凤,冯德军,王雪松,等. 雷达目标动态 RCS 仿真研究 [J]. 系统仿真学报, 2005, 17 (4): 834-837.

[59] 郭鹏,白亮,武梦洁,等. 基于 FEKO 的雷达散射截面实时计算 [J]. 航空科学技术, 2013, (6): 72-76.

[60] 薛飞. 空中目标动态 RCS 仿真与数据统计研究 [D]. 南京:南京航空航天大学, 2012.

[61] 刘衮,张小宽,袁俊超,等. 空空目标动态 RCS 仿真方法 [J]. 现代雷达, 2018, 10 (40): 49-52.

[62] 庄亚强,张晨新,张小宽,等. 典型隐身飞机动态 RCS 仿真及统计分析 [J]. 微波学报, 2014, 30 (5): 17-21.

[63] 刘玉龙. 基于 FEKO 仿真的室内场景信道特性分析 [D]. 北京:北京交通大学, 2017.

[64] 鲁华杰, 田云鹏. 雷达仿真模型设计与实现 [J]. 电脑编程技巧与维护, 2012, 13 (1): 32-38.

[65] 侯道琪, 齐锋, 杨正. 应用于作战仿真的雷达发现概率计算模型 [J]. 电子信息对抗技术, 2016, 31 (1): 61-63.

[66] 吴志林. 末端防御武器系统效能评估及作战运用研究 [D]. 西安: 火箭军工程大学, 2017.

[67] 周超, 张小宽, 吴国成. 基于坐标转换目标动态 RCS 时间序列研究 [J]. 火力与指挥控制, 2014, 39 (3): 56-59.

[68] 贾晶, 盛文, 卢雷, 等. 基于动态 RCS 模型的天波雷达发现概率计算方法 [J]. 空军工程大学学报 (自然科学版), 2014, 15 (6): 28-31.

[69] P Swerling. Probability of detection for fluctuating targets [J]. IRE Trans. Inf. Theory, 1960, 2 (IT-6): 269-308.

[70] 吴志林, 王涛, 常红伟, 等. 搜索雷达发现概率建模与仿真研究 [J]. 火力与指挥控制, 2018, 43 (1): 141-144.

[71] 罗群. 雷达系统分析与建模 [M]. 北京: 电子工业出版社, 2007.

[72] 王晓君, 裴福俊, 刘红云. 一种改进马氏距离的最近邻数据关联算法 [J]. 导航定位学报, 2015, 3 (4): 50-56.

[73] 申磊. 雷达数据处理关键模型研究与仿真实现 [D]. 长沙: 国防科技大学, 2010.

[74] 赵德功, 夏永红, 匡华星, 等. 逻辑航迹起始算法性能研究 [J]. 雷达与对抗, 2016, 36 (1): 18-23.

[75] 郭璐, 黄鹤, 刘盼芝, 等. 一种基于改进快速 Hough 变换的远程雷达航迹起始方法 [J]. 科学技术与工程, 2016, 16 (19): 225-228.

[76] 何友, 修建娟, 张晶炜, 等. 雷达数据处理及运用 [M]. 北京: 电子工业出版社, 2009.

[77] 张明友, 汪学刚. 雷达系统 [M]. 北京: 电子工业出版社, 2013.

[78] R E Kalman. A New Approach to Liner Filtering and Prediction Problem [J]. Trans. ASME, Journal Basic Engineering, 1960, 82 (1): 34-45.

[79] R E Kalman, R S Bucy. New Results in Liner Filtering and Prediction Theory [J]. Trans ASME, Journal Basic Engineering, 1961, 83 (D): 95-108.

[80] 邹润芳. 交互式多模型滤波算法研究及应用 [D]. 上海: 上海交通大学, 2009.

[81] 赵玲. 防御阵地智能火控及指挥决策系统研究 [D]. 南京: 南京航空航天大学, 2011.

[82] 黄大荣，李云生，郭安学，等. 弹炮结合防空武器系统集群防御的火力分配模型研究［J］. 系统仿真学报，2009，21（8）：2377－2390.

[83] 温包谦，王涛. 弹炮结合武器系统指挥控制模型研究［C］//2018 中国军地信息技术融合发展大会论文集，2018：329－333.

[84] 徐浩，邢清华，王伟，等. 基于改进熵权法的目标威胁灰色综合评估［J］. 信息工程大学学报，2016，17（5）：620－625.

[85] 张肃. 空中目标威胁评估技术［J］. 情报指挥控制系统与仿真技术，2005，27（1）：41－45.

[86] 娄寿春. 地空导弹射击指挥控制模型［M］. 北京：国防工业出版社，2009.

[87] 昌飞，张欣毅，刘莹. 一种改进马氏距离的最近邻数据关联算法［J］. 导航定位学报，2015，3（4）：50－56.

[88] 吉兵，胡建旺，赵凯. 主客观结合灰色关联法的防空目标威胁度排序［C］//第四届中国指挥控制大会论文集，2016：275－278.

[89] 赫娜，孔德鹏，常天庆，等. 基于诱导有序直觉模糊集合集的混合多属性目标威胁评估方法［J］. 装甲兵工程学院学报，2016，30（3）：100－105.

[90] 郭齐胜，张磊. 武器装备系统效能评估方法研究综述［J］. 计算机仿真，2013，30（8）：1－4.

[91] 路建伟，唐松洁，李伟. 弹炮结合多层防空体系服务概率分析［J］. 火力与指挥控制，2007，32（12）：66－68.

[92] 丁江涛. 弹炮结合武器系统目标分配研究［D］. 长沙：国防科学技术大学，2011.

[93] 朱建军. 层次分析法的若干问题研究及运用［D］. 沈阳：东北大学，2005.

[94] 原银忠，韩传久. 用遗传算法实现防空导弹体系的目标分配［J］. 火力与指挥控制，2008，33（3）：80－83.

[95] 孔德金，陈立云，马懿，等. 基于改进遗传算法的防空导弹分队 WTA 问题求解［J］. 计算机应用与软件，2010，27（10）：275－278.

[96] 王涛，吴志林，李艾华，等. 基于排队论的防空高炮服务概率建模与仿真［C］//第四届中国指挥控制大会论文集，2016：211－216.

[97] 曲红绯，李增华. 基于排队论的后方防卫防空兵力需求分析［J］. 兵工自动化制，2007，26（1）：14－15.

[98] 贺江涛，周毅，卢传龙. 基于排队论的弹炮结合武器系统服务时间分析［J］. 四川兵工学报，2009，30（2）：58－59.

[99] 杨建军. 地空导弹武器系统概论［M］. 北京：国防工业出版社，2006.

[100] 雷虎民. 导弹制导与控制原理 [M]. 北京：国防工业出版社，2015.

[101] 王航宇，王士杰，李鹏. 舰载火控原理 [M]. 北京：国防工业出版社，2006.

[102] 邢昌风，李敏勇，吴玲. 舰载武器系统效能分析 [M]. 北京：国防工业出版社，2007.

[103] 吴家明. 地面防空武器系统混合部署方法研究 [D]. 长沙：国防科技大学，2009.

[104] 李可达. 现代空袭作战模式研究 [J]. 航天电子对抗，2010，26 (6)：56 - 60.

[105] 张冬青，蒋琪，叶蕾. 利比亚战争对战术导弹武器装备发展的启示 [J]. 战术导弹技术，2012 (2)：1 - 5.

[106] 杨永明. 无人机遥感系统数据获取与处理关键技术研究 [D]. 昆明：昆明理工大学，2016.

[107] 温包谦. 阵地末端防御武器系统作战运用仿真研究 [D]. 西安：火箭军工程大学，2019.

[108] 吴志林，王涛，李宁，等. 基于无人机航测的防空雷达部署研究 [J]. 现代雷达，2018 (3)：5 - 10.

[109] 国家测绘局 低空数字航空摄影规范（CH/T 3005 - 2010）[M]. 北京：测绘出版社，2010.

[110] 王佩军，徐亚明. 摄影测量学 [M]. 武汉：武汉大学出版社，2010.

[111] 邬伦，刘瑜，张晶，等. 地理信息系统——原理、方法和应用 [M]. 北京：科学出版社，2001.

[112] 温包谦，王涛，成坤，等. 基于 GIS 与模糊评价法的防空雷达阵地选址 [J]. 火力与指挥控制，2020，45 (10)：48 - 53，62.

[113] 金国栋，谭立宁，陈丹琪. 基于无人机航测数据求取雷达遮蔽角分析方法 [M]//刘代志. 国家安全地球物理丛书（十四）——资源、环境与地球物理，2018.

[114] 司守奎，孙玺菁. 数学建模算法与应用 [M]. 北京：国防工业出版社，2015：193 - 203.

[115] 马俊安. 某武器系统效能评估方法研究 [D]. 哈尔滨：哈尔滨工业大学，2008.

[116] 程峰，王杰光，靳丽辉. 模糊数学理论在金属矿山安全评估中的应用 [J]. 金属矿山，2007 (3)：77 - 80.

[117] 贺仲雄. 模糊数学及其应用 [M]. 天津：天津科学出版社，1985.

[118] 刘兆君. 模糊集贴近度的一般表示形式 [J]. 数学的实践与认识, 2009, 39 (18): 163–169.

[119] 刑清华, 刘付显. 区域防空部署优化系统建模 [J]. 系统工程与电子技术, 2006, 28 (5): 712–715.

[120] 张肃, 王颖龙, 曹泽阳. 地面防空战斗部署方案评估模型 [J]. 火力与指挥控制, 2005, 30 (5): 15–18.

[121] 刘鸿福, 翁郁, 王志强. 弹炮结合防空系统作战部署建模与分析 [J]. 现代防御技术, 2016, 44 (6): 7–12.

[122] 刘健. 地空导弹营离保卫目标配置距离确定方法 [J]. 弹箭与制导学报, 2006, 26 (2): 1196–1198.

[123] Kennedy J, Eberhart R C. Particle Swarm Optimization [C]. IEEE International Conference on Natural Networks. Perth, Australia, 1995: 1942–1948.

[124] K K Yan, Y Lu. Sidelobe reduction in array-pattern synthesis using genetic algorithm [J]. IEEE Transactions on Antennas and Propagation, 1997, 45 (7): 1117–1122.

[125] 杜荣华. 一种促进 PSO 全局收敛的参数调整策略 [J]. 系统工程与电子技术, 2009, 31 (6): 1454–1457.

[126] 倪全贵. 粒子群遗传混合算法及其在函数优化上的应用 [D]. 广州: 华南理工大学, 2014.

[127] 刘浩, 韩晶. MATLAB R2016a 完全自学一本通 [M]. 电子工业出版社, 2016.

[128] 李相民, 刘立佳, 朱绍强, 等. 阵地防空阵地低空补盲部署模型及优化 [J]. 火力与指挥控制, 2014, 39 (8): 1376–1379.

[129] 温包谦, 王涛, 成坤, 等. 基于 PSO–GA 混合算法的末端防御兵力优化部署方法 [J]. 兵器装备工程学报, 2019, 40 (11): 45–49.

[130] 汤阳春, 张多林. 对抗条件下防空导弹武器系统的作战效能分析 [J]. 空军工程大学学报 (自然科学版), 2002 (4): 13–15.

[131] 罗宇. 防空导弹武器系统效能评估研究 [D]. 西安: 北工业大学, 2016.

[132] 姜涛. 导弹武器系统作战效能评估方法研究 [D]. 哈尔滨: 哈尔滨工业大学, 2006.

[133] 甄涛. 地地导弹武器作战效能评估方法 [M]. 北京: 国防工业出版社, 2005.

[134] 中国人民解放军总参谋部兵种部. 地面防空作战模拟 [M]. 北京: 解放军出版社, 2001.

[135] 谭乐祖, 杨明军, 向迎春, 等. 武器系统效能评估方法研究 [J]. 兵工自动化, 2010, 29 (8): 13-16.

[136] 谭守林, 闫双卡, 陈雪松. 基于指数法的巡航导弹作战效能评估模型 [J]. 火力与指挥控制, 2010, 35 (5): 173-177.

[137] 陈文奇. 防空导弹武器系统作战效能评估分析 [D]. 厦门: 厦门大学, 2006.

[138] 庞学亮, 程锦房. 基于排队论的协同防空作战效能分析 [J]. 指挥控制与仿真, 2014, 36 (3): 66-69.

[139] 黄大荣, 姜辉. 弹炮结合防空武器系统机动生存能力的综合评估模型 [J]. 兵工学报, 2010 (1): 5-9.

[140] 李桥, 何毅, 邱一文. 弹炮结合武器系统作战效能仿真 [J]. 四川兵工学报, 2013, 34 (1): 39-41.

[141] 吕超, 王光辉, 迟玉玮, 等. 弹炮结合武器系统拦截巡航导弹效率模型 [J]. 兵工自动化, 2011, 30 (1): 22-24.

[142] 姜辉, 黄大荣, 汪鹏. 弹炮结系统集群防御的可靠性综合评估模型 [J]. 火力与指挥控制, 2011, 26 (5): 167-169.

[143] 黄明山, 文云峰, 雷兴明. 弹炮结合武器射击效能仿真研究 [J]. 舰船电子工程, 2011, 31 (7): 99-101.

[144] 王旺, 陶禹, 樊丹瑛. 基于 ADC 方法的复杂武器系统效能评估方法 [J]. 火力与指挥控制, 2016, 41 (2): 113-116.

[145] 杨艺, 刘仁, 胡林. 末端防御武器系统对巡航导弹的作战效能分析 [J]. 现代防御技术, 2008, 36 (4): 11-14.

[146] 谢春燕, 高俊峰, 朱齐阳. 末端防御弹炮结合武器系统综合效能评估模型研究 [J]. 上海航天, 2010 (4): 49-55.

[147] 汪荣鑫. 随机过程 [M]. 西安: 西安交通大学出版社, 2015.

[148] 朱雪平. 防空兵作战资源需求理论研究 [M]. 北京: 军事科学出版社, 2006.

[149] 王伟, 石林锁, 王涛. 阵地末端防御武器系统作战仿真平台设计 [J]. 第二炮兵工程大学学报 (自然科学版), 2015, 29 (3): 47-52.

[150] Johnson E N, Proctor A A, Jincheol H. Recent Flight Test Results of Active-vision Control Systems [J]. American Control Conference, 2005 (7): 5097-5102.

[151] 孔中武, 石林锁, 王涛. 基于 Creator 和 Vega Prime 的导弹飞行视景仿真系统设计与实现 [J]. 四川兵工学报, 2014, 35 (10): 111-113.

［152］李亚臣，胡健，黎远忠，等. 基于 Vega Prime 的航天器视景仿真中的多坐标系问题［J］. 系统仿真学报，2007，19（3）：575－578.

［153］Ericson. Real-Time Collision Detection［M］. CRC Press，2004.

［154］孔中武，石林锁，王涛. 导弹飞行视景仿真中的碰撞检测算法［J］. 计算机系统应用，2015，24（1）：176－179.

［155］Gottachalk S, Lin M, Manocha D. OBB-Tree：A Hierarchical Structure for Rapid Interference Detection［C］. The Proceedings of ACM SIGGRAPH，1996：171－180.

［156］王孝平，董秀成. 运动物体仿真中的碰撞检测研究［J］. 成都：西华大学学报，2013，32（5）：15－17.

［157］郑延斌，郭凌云，刘晶晶. 运动物体仿真中的碰撞检测研究［J］. 计算机工程与科学，2013，35（4）：87－92.

［158］杜星玥，卢昱，陈立云，等. 视景仿真中的新型高效碰撞检测算法研究［J］. 计算机应用于软件，2013，30（7）：271－275.

［159］文卫蔚，范利君，白云菲. 基于 Sphere 和 OBB 混合的碰撞检测算法［J］. 软件，2011，32（5）：21－23.

［160］王祎. 虚拟现实中碰撞检测关键技术研究［D］. 吉林：吉林大学，2011.

［161］Revees WT. Particle Systems-A Technique for Modeling a Class of Fuzzy Objects［J］. Computer Graphics（SIGGRAPH83），1983，17（3）：359－376.

［162］王润杰，田景全，倪政国. 基于粒子系统的实时雨雪模拟［J］. 系统仿真学报，2003，15（4）：495－496.

［163］杨述华，廖守亿，王仕成，等. 基于粒子系统和 Vega 的实时雨雪模拟［J］. 计算机应用，2008（28）：238－240.

［164］王乘，李利军，周均清，等. Vega 实时三维视景仿真技术［M］. 武汉：华中科技大学出版社，2005.

［165］徐利明，姜昱明. 基于粒子系统与 OpenGL 的实时雨雪模拟［J］. 计算机仿真，2005，22（7）：242－245.

［166］张芹，吴慧中，张健. 基于粒子系统的建模方法研究［J］. 计算机科学，2003，30（8）：144－146.

［167］董志明，彭文成，郭齐胜. 基于粒子系统的战场环境特效仿真［J］. 系统仿真学报，2006，18（2）：470－482.

［168］罗维佳，都金康，谢顺平. 基于粒子系统的三维场地降雨实时模拟［J］. 中国图象图形学报，2004，9（4）：495－500.

［169］尹小菡. 大规模虚拟战场环境三维生成技术研究［J］. 系统仿真学报，

2000, 12 (5): 514-516.

[170] 张芹, 谢隽毅, 吴慧中. 火焰、烟、云等不规则物体的建模方法研究综述 [J]. 中国图象图形学报, 2000, 5 (3): 186-190.

[171] 王治刚, 陈和平, 刘心雄. 基于粒子系统和纹理映射的火焰模拟 [J] 工程图学学报, 2002 (4): 49-53.

[172] 王静秋, 钱志峰. 基于粒子系统的焰火模拟研究 [J]. 南京航空航天大学学报, 2001, 33 (2): 166-170.

[173] 谢隽毅, 张芹. 一个基于粒子系统的战场火焰模型及其实现 [J]. 系统仿真学报, 2001, 13 (5): 596-598.

[174] 贾彦国, 张伟, 唐勇. 基于层次化结构粒子系统的实时火焰模拟 [J]. 系统仿真学报, 2006, 18 (1): 39-41.

[175] 廖炎平, 刘莉, 杜小菁, 等. Vega Prime 实时视景仿真中粒子系统的应用研究 [J]. 系统仿真学报, 2010, 22 (4): 938-941.

[176] 周洁琼. 基于粒子系统的实时火焰模拟技术研究与实现 [D]. 长沙: 湖南大学, 2005.

[177] 李军, 王绍棣, 常建刚, 等. 基于 Vega 的视景驱动软件的分析与设计 [J]. 系统仿真学报, 2003, 15 (3): 397-400.

[178] 张德锋, 王华兵, 薛原, 等. 基于 Vega Prime 的视景仿真技术研究与应用 [J]. 计算机仿真, 2006, 23 (7): 191-195.

[179] 刘腾红. Windows 程序设计技术 [M]. 北京: 清华大学出版社, 2004.

[180] 喻其炳. 多媒体信息处理在 Windows 编程中的实现 [J]. 重庆工商大学学报 (自然科学版), 2003, 1 (20): 86-90.